我国生态工业园模式创新发展研究

Woguo Shengtai Gongyeyuan Moshi
Chuangxin Fazhan Yanjiu

闫二旺　著

中国财经出版传媒集团
中国财政经济出版社

图书在版编目（CIP）数据

我国生态工业园模式创新发展研究／闫二旺著. --北京：中国财政经济出版社，2021.11

ISBN 978－7－5223－0866－1

Ⅰ.①我… Ⅱ.①闫… Ⅲ.①工业园区－经济发展－研究－中国 Ⅳ.①F424

中国版本图书馆 CIP 数据核字（2021）第 217382 号

责任编辑：李筱文　　责任校对：张　凡
封面设计：思梵星尚　　责任印制：党　辉

中国财政经济出版社 出版

URL：http：//www.cfeph.cn

E－mail：cfeph@cfeph.cn

社址：北京市海淀区阜成路甲 28 号　邮政编码：100142

营销中心电话：010－88191522

天猫网店：中国财政经济出版社旗舰店

网址：https：//zgczjjcbs.tmall.com

北京财经印刷厂印刷　各地新华书店经销

成品尺寸：170mm×240mm　16 开　16.5 印张　271 000 字

2021 年 11 月第 1 版　2021 年 11 月北京第 1 次印刷

定价：66.00 元

ISBN 978－7－5223－0866－1

（图书出现印装问题，本社负责调换，电话：010－88190548）

本社质量投诉电话：010－88190744

打击盗版举报热线：010－88191661　QQ：2242791300

2013年度国家社会科学基金项目“我国生态工业园模式创新发展研究”（项目编号：13BJL090）

2019年度山西省软科学研究计划项目“山西省开发区可持续发展能力与分类建设研究”（项目编号：2019041005－2）

前　言

生态工业园区是工业集群或工业园区建设和发展的标杆，发展生态工业园区是各国政府推动循环经济的重要手段。在近20年的生态工业园区建设过程中，我国积累了丰富的经验，也面临发展的瓶颈。处于习近平新时代中国特色社会主义经济发展时期，我们需要在总结经验和教训的基础上，不断创新我国生态工业园发展模式，持续保持经济社会发展的竞争优势。为此，课题组借鉴国际经验，结合中国生态工业园区建设的经验，通过生态工业园区的SWOT分析，构建了我国生态工业园区循环经济合力模型。在理论上，循环经济合力模型大幅度拓展了生态工业园区的研究范围；在实践中，该模型能够指导生态工业园区系统解决发展中遇到的问题。

与欧美国家不同，我国生态工业园区建设具有自身的特殊性，突出表现为绿色技术创新能力不强、循环经济内生动力不足等情况。基于我国的特殊性，通过我国生态工业园区SWOT分析，我国生态工业园区发展策略共包括四大类12项；经过策略整合和梳理，得出5项主要策略：发展循环经济、环境保护、区域创新网络、开放合作和产城融合；分析5项策略之间的地位与关系，构建了以循环经济发展为核心，其他4项策略与发展循环经济策略相互补充、相互促进、协调联动的策略体系，构建了循环经济合力模型。

在总结我国生态工业园区发展的经验基础上，本书探索和创新了我国生态工业园区发展策略。在循环经济发展方面，从产业共生的载体、范围、方式和形成路径等方面进行全方位剖析，并提出了发展生态工业园区的排他性政策建议；在环境保护方面，引入精细化管理思想和方法，系统整合我国生态工业园区环境保护的项目和事务，构建了我国生态工业园区环境保护精细化管理模式，即环境管理信息平台—环境管理体系—环境管理长效机制—环境保护社会化。同时，运用戴明环构建了生态环境精细化管理PDCA体系。在区域创新网络方面，总结苏州工业园区创新生态圈建设的经验，为其他园区建设区域创新网络提供经验借鉴。在开放合作方面，课题组紧扣小型开放经济区的特性，在探索新一轮开放创新过程中，我国生态工业园区“引进来”“走出去”和开展国际合作的新路径，提出了混合链招商、创业招商等开放新路径。在产城融合方面，从运营机制、空间布局和制度创新三个方面展开分析，提出必须统筹协调生产空间、生活空间和生态空间，重点建设新型社区商业服务中心体系，推动生态工业园区向生态产业新城转变。

为了精准分析我国生态工业园区建设发展成效，本书采用定量分析方法，基于主成分分析，建立生态工业园区发展水平评价指标体系，测度生态工业园区发展水平综合指数和协调系数，结果显示我国国家级生态工业园区呈现具有高水平、强协调的基本态势。

面对发达国家再工业化的挑战，我国生态工业园区可以借鉴循环经济合力模型，围绕循环经济发展，率先实现绿色、低碳、循环发展，率先实现产业结构转型和自主技术创新，成为新一轮改革开放的排头兵、示范区。同时，本书还展望了我国生态工业园区发展的六大趋势：低碳行动社会化、循环利用虚拟化、绿色技术产业化、社区营造向心力、构建国际合作的新高地和推行环境污染第三方治理，有助于引领生态工业园区明确发展理念，推动园区可持续发展。

本书是国家社会科学基金项目“我国生态工业园模式创新发展研究”（项目编号：13BJL090）和山西省软科学研究计划项目“山西省开发区可持续发展能力与分类建设研究”（项目编号：2019041005－2）的研究成果，是课题组成员集体智慧的结晶。在课题研究和书稿写作过程中，南开大学周京奎教授、华东理工大学吴玉鸣教授、徐州师范大学苗天青教授、首都经济贸易大学安树伟教授、太原师范学院赵满华教授、太原工业学院刘晓辉副教授和山西省能源局一级调研员高道平给予重要的支持和协助，在此一并致以衷心感谢！

闫二旺

2021 年 8 月 30 日

目　录

第一章

研究思路与方法

第一节　研究背景

20世纪后期，我国依靠粗放型的增长方式实现了20多年的高速增长，GDP（国内生产总值）总量已经跃居世界前列。但是，严重的资源浪费和环境污染也引发了国内外的关注，特别是工业基地和工业园区尤为突出。为了彻底扭转此种不利局面，我国开始积极推行循环经济发展模式，走可持续发展之路。1999年，原国家环保总局起草《关于加快发展循环经济的意见》，并开始在重点行业、工业园区和省市等层面开展循环经济建设试点工作，并把工业园区作为我国循环经济建设的重点。

一、生态工业示范园区建设

1999年10月，国家环保总局与联合国环境规划署共同组织实施“中国工业园区的环境管理”研究项目，确定天津经济技术开发区、大连经济技术开发区、烟台经济技术开发区和苏州高新技术产业开发区为循环经济试点单位。2001年8月，原国家环保总局批准建设贵港国家生态工业（制糖）示范园区，标志着我国正式启动生态工业园区建设项目。之后五年，又有大连经济技术开发区、南海国家生态工业建设示范园区暨华南环保科技产业园、贵阳市开阳磷煤化工（国家）生态工业示范基地、福州经济技术开发区、包头国家生态工业（铝业）建设示范园区和山西安泰集团等13家工业园区开展国家生态工业示范园区创建。2007年，原国家环境保护总局发布《关于开展国家生态工业示范园区建设工作的通知》（环发〔2007〕51号），进一步规范了国家生态工业示范园区的申报条件和程序、创建和验收方式以及绩效评估等，并鼓励和支持国家级开发区（经济技术开发区、高新技术产业开发区、保税区等）通过生态化改造申报生态工业示范园区。之后，国家生态工业示范园建设步入快速发展阶段，批准建设和正式命名的国家生态工业示范园区的数量快速增加，形成一批具有代表性的国家生态工业示范园区。截至2016年年底，经国家生态环境部批准设立的国家生态工业示范园已达48个，已经批准开展国家生态工业示范园建设的园区已达45个。在国家战略的引导下，北京市（19个）、天津（31个）、江苏省（45个）、江西省（20个）、山东省（6个）和广东省（7个）等省份，也根据本地实际开展省级生态工业园区的建设，构建起国家—地方两级生态工业示范园体系。

在引入生态工业园模式的过程中，我国碰到一些特殊性问题：其一，资源税、环保税体系不完善，资源与能源循环利用的市场调节机制较弱。其二，我国处于工业化中后期，生态工业技术开发能力较弱，工业园区循环化改造的技术门槛较高。其三，大多数生态工业园区是在政府推动下自上而下形成和发展起来的，园区运营和管理过分依赖园区管理委员会和地方政府。其四，产业集聚的主要因素是低廉的要素价格和优惠政策等可复制因素，企业的根植性弱，园区的生产协作、产业共生、协同创新等网络稳定性差。面对这些特殊情况，我们不能完全模仿国际生态工业园模式，而必须对其进行改进和创新，建立具有中国特色的生态工业园发展模式，才能有效指导我国工业园区循环经济发展实践。

二、工业园区的循环化改造

随着生态工业园区的建设，我国在循环经济发展方面积累了一定经验和基础，为全面推动工业园区循环化改造创造了条件。2012年3月，国家发展和改革委员会、财政部联合印发《关于推进园区循环化改造的意见》（发改环资〔2012〕765号），开始在更大范围内推动园区的绿色、低碳、循环发展。“十二五”时期，国家发展和改革委员会共确定5批100个循环化改造示范试点园区，政府在关键补链项目、公共服务设施建设等方面给予财政支持，循环化改造积累了一定的经验，包括地方循环经济政策体系、产业共生的风险分担机制、一般固废物的联单制度与全过程管理、环境污染第三方治理、“互联网+”资源循环利用、产城融合以及园区大数据与绩效评价等。《中华人民共和国国民经济和社会发展第十三个五年规划》明确提出要实施循环发展引领计划，不断推进园区循环化改造，形成园区产业间耦合共生。“十三五”时期，发展和改革委员会将进一步扩大园区循环化改造的范围，计划在75%的国家级园区和50%的省级园区实施循环化改造，循环经济模式将在我国工业园区普遍推广。为此，我国需要总结工业园区循环化改造的经验与教训，充分借鉴我国生态工业园区发展过程中凝练形成的模式，以便指导工业园区的循环经济建设，推动更多的工业园区向生态工业园区转变。

第二节 研究思路

一、基本概念

（一）生态工业园区

与传统的产业集群不同，生态工业园区十分注重集聚行为的环境影响，融入生态、绿色发展理念和方式。它是指依据循环经济理念设计，采用产业共生方式推动资源与能源循环利用，实现经济、生态和社会协调发展的工业园区。20世纪80年代，随着工业生态学的发展，工业园区资源循环利用模式的研究在一些发达国家悄然兴起。区别于传统的工业集聚区和高新技术园区，美国学者Emcat Lowe（1992）把这种以生态产业链为特征的产业园区称为“生态工业园区”（EIP）。Cote和Hall（1995）、Chertow和Portlock（2002）、Peter Laybourn（2006）等学者都强调EIP是企业之间相互合作形成的产业共生系统。在丹麦成功建立卡伦堡生态工业园以后，美国、加拿大、英国、法国、德国、丹麦、瑞典、荷兰、澳大利亚、日本、韩国和新加坡等环境管理先进国家的生态工业园实践也得到长足发展。

（二）我国生态工业园区

21世纪初，顺应经济增长方式转型的形势，生态工业园模式在国内受到关注，并采取自上而下的方式开始生态工业示范园区建设试点。我国环保总局（2003）在《生态工业示范园区规划指南（试行）》中指出，“生态工业示范园区是依据清洁生产要求、循环经济理念和工业生态学原理而设计建立的一种新型工业园区。它通过物流或能流传递等方式把不同工厂或企业连接起来，形成共享资源和互换副产品的产业共生组合，使一家工厂的废弃物或副产品成为另一家工厂的原料或能源，模拟自然系统，在产业系统中建立‘生产者—消费者—分解者’的循环途径，寻求物质闭环循环、能量多级利用和废物产生最小化”。经过近20年的建设，我国已经建设了93个国家级生态工业示范园区，天津经济技术开发区、苏州工业园区、广州开发区、北京经济技术开发区、青岛经济技术开发区等园区脱颖而出，形成强大的可持续发展能力，具有明显的示范效应。与此同时，江苏省（2008年）、江西省（2010年）和山东省（2017年）等省市依据《国家生态工业示范园区管理办法》的精神，制定省级生态工业园区管理办法，并据此组织开展省级生态工业园区建设。各省、自治区、直辖市根据国家发展和改革委员会、财政部《关于推进园区循环化改造的意见》（发改环资〔2012〕765号）的战略部署，组织开展省级园区循环化改造示范试点工作。

（三）我国生态工业园区的创新发展

我国生态工业园区的发展是一个模仿创新的过程，要在借鉴发达国家生态工业园区发展经验的基础上，结合我国的具体实际，不断探索生态工业园区模式在我国的创新方向和模式，发现具有中国特色的生态工业园区可持续发展策略。循环经济、环境保护、区域创新网络、开放合作和产城融合是我国生态工业园区创新发展的主要方向，也是构建我国生态工业园区循环经济合力模型的主要策略。

1. 循环经济。循环经济是指物料和能源循环利用的经济系统，循环经济的完美形式是一个闭合循环经济系统。20世纪60年代，欧美国家出现循环经济思想萌芽；80年代循环经济“3R”原则形成；90年代，工业生态学的兴起为循环经济提供了理论基础和分析方法，也为生态工业园区实践提供了重要指导。

20世纪60年代，面对日趋严重的环境污染问题，人们开始反思传统经济增长模式，循环经济思想开始萌芽。美国经济学家鲍尔丁（K. Boulding，1966）在其“即将到来的宇宙飞船地球经济”一文中把人类赖以生存的地球比喻为“太空船”，主张人类用“循环式经济”代替“单程式经济”，以免生态环境恶化引致经济增长停滞。

20 世纪 70 年代以来，针对生态环境问题，联合国教科文组织、联合国环境规划署以及世界环境与发展委员会致力推动可持续发展战略。80 年代，联合国环境规划署工业发展局组织各国专家总结清洁生产的经验，提出了清洁生产“3R”原则，即 Reduce（减量化）、Reuse（再利用）和 Recycle（再循环）。“3R”原则不仅在杜邦公司等企业实践中起到很好的效果，而且在产业和区域层面的循环经济发展中得到广泛的应用，并拓展成为循环经济的基本原则。90 年代，以“3R”原则为核心的循环经济理念传播进入我国，循环经济发展方式开始向各行各业渗透。《中华人民共和国循环经济促进法》规定，循环经济是指在生产、流通和消费等过程中进行的减量化、再利用、资源化活动的总称。减量化是指在生产、流通和消费等过程中减少资源消耗和废弃物产生；再利用是指将废弃物直接作为产品或者经修复、翻新、再制造后继续作为产品使用，或者将废弃物的全部或者部分作为其他产品的部件予以使用；资源化是指将废弃物直接作为原料进行利用或者对废弃物进行再生利用。

从本质上来看，循环经济是工业生态经济，循环经济依赖工业共生机制和工业生态系统。20 世纪 90 年代以来，在可持续发展战略及实践的推动下，工业生态学迅速兴起，并发展成为循环经济研究和实践的理论基础。1989 年，弗罗施与加勒朴勒斯（R. Frosch 和 N. Gallopoulos）发表“制造业的战略”一文，提出工业生态学的概念，认为可以借鉴和模仿生态系统中的食物链来建立工业企业之间的生产联系，以减少对自然生态环境的影响。艾尔斯（R. Ayres，1988）等人在研究能量和物料流动对环境的影响后提出了工业代谢概念，并开创了工业代谢理论及物质流分析方法（MFA）。由于工业园区是实践和研究工业生态系统的理想环境，因此生态工业园区成为工业生态学研究的重点领域。美国学者劳爱乐（E. Lowe，1992）、科特和豪（R. Cote 和 J. Hall，1995）、Chertow 和 Portlock（2002）分析了生态工业园区产业共生系统的原理及其效应，为产业共生网络的弹性、适应性和网络复杂性等国际学术前沿研究奠定了基础。我国学者王兆华（2002）、武春友（2005）、袁增伟（2007）、张萌（2007）、冯之俊（2008）、李勇（2012）、杨丽花（2012）、李湘梅（2014）从不同角度探讨了生态工业园区工业生态系统的运行机制及稳定性。

2. 环境保护。环境保护是指人类为了适度利用自然资源、维持生态系统稳定而采取的行动和策略。20 世纪 60 年代以来，环境保护在发达国家得到重视，环保理念逐渐兴起，环保行动逐步展开；90 年代，联合国确立了经济发展与环境保护协调的可持续发展观；我国认真履行国际环境协议，把环境保护作为一项基本国策；生态工业园区作为低碳、绿色、循环发展的示范区域，在环境保护方面率先进行了大量探索，积累了丰富的经验。

18 世纪以来的工业化，人类社会采用了先污染后治理的模式。到 20 世纪 60 年代，空气污染、淡水资源危机、有害废弃物污染、土壤退化等环境问题日趋严重，影响到各国公民的福利和经济增长能力，从而倒逼人类社会关注自然环境变化，寻求改善和保护环境的措施。1972 年联合国人类环境会议通过《联合国人类环境会议宣言》，反映了世界各国对环境问题及环境保护达成共识，各国政府和人民能够在环境保护方面不懈努力，并积极寻求改善生态环境的国际合作途径。1992 年联合国环境与发展大会通过和签署了《里约热内卢环境与发展宣言》，全面接受环境与发展不可分割的可持续发展理念，经济持续发展必须以良好的生态环境为基础，必须兼顾环境保护与治理；而要预防和治理环境则必须依靠强大的经济和技术支撑，必定是在经济发展方式转变和技术创新中得以实现。这一阶段，环境治理的重点也开始由末端治理转向全程控制，清洁生产在联合国倡导下在全球范围内推广。

在资源与环境问题方面，中国一贯认真履行有关国际合约或协议，并把坚持资源节约和保护环境作为一项基本国策。1979 年全国人大常委会颁布《中华人民共和国环境保护法（试行）》，依法依规开展保护自然环境、防治污染及公害以及环保宣传等工作。之后，我国又陆续颁布了《中华人民共和国水污染防治法》（1984）、《中华人民共和国大气污染防治法》（1987）、《中华人民共和国环境保护法》（1989）、《中华人民共和国固体废物污染环境防治法》（2004）等环保专项法规，编制《中国 21 世纪议程》（1994）以及不同时期的生态环境保护规划等，深入、全面推进环境保护工作。党的十八大以来，生态文明建设上升为国家战略，国家组织实施大气、水、土壤污染防治行动计划，我国在节能减排、环境监管、生态修复以及生态制度建设方面取得明显成效。

我国生态工业园区的基础是各级各类开发区，是工业集聚和污染物排放较为集中的区域，因而也是国家和地方政府环境保护的主要单元，是环保基础设施投资、环境监管的重点区域；同时，生态工业园区又是更为注重生态效益的区域单元，它们在清洁生产审核、环境监管网格化、环境监管信息平台等方面进行了有益的探索，形成了值得推广的环境保护模式。

3. 区域创新网络。区域创新网络是指在一定区域范围内，企业、高校、科研院所、政府及金融机构之间的交互作用形成的知识、技术流动网络及协同创新系统。新产业区、产业集群和创新系统的研究从不同角度探讨了区域创新网络的机制及效率，而且不同流派都不约而同地强调地理集聚有助于强化企业间的互动交流，产业园区是区域创新网络的最有效载体。

新社会经济学家在分析新产业区时引入社会嵌入性观点，巴卡提尼（G. Bacattini，1978）认为企业的经济行为根植于地方文化和社会关系网络，由此形成基于信任和依靠为根基的默契合作关系，减少机会主义行为和交易成本，激发企业之间开展互动合作。新竞争经济学在分析产业集群的创新机制时强调产业间合作的重要性，波特（M. Porter，1990）认为供应商、客户以及研究机构的合作不仅激发出创新的灵感，也创造出合作创新的机会。技术创新理论在分析创新系统时注重开放的创新环境，贝鲁西（F. Belussi，2010）认为无论是同业之间，还是产业之间，集体学习必须克服企业边界、区域边界对知识、技术流动的限制。

这些流派对区域创新网络的解释各有侧重，但有一个共同观点：地理临近有助于企业之间形成面对面交流，有效提升企业间交互的频度和深度，从而促进知识和技术的流动。我国生态工业园区是工业企业、服务业企业以及科研院所集聚形成的产业集群，又拥有生态产业链合作的基础、园区生态文化氛围，从而为园区创新网络建设奠定了良好的基础。

4. 开放合作。开放合作是指一个国家逐步取消国家间贸易与投资的限制，放开国内市场和投资场所，通过签订双边或多边经济关系协议开展经贸合作的策略。开放合作是我国的一项基本国策，是推动我国经济社会发展和体制改革的重要动力。生态工业园区是我国各地的产业密集和技术先进的区域，始终处于我国改革开放和国际合作的前沿，它们通过“引进来”和“走出去”，不断增强经济增长和技术创新的活力。

我国生态工业园区是国家和地方政府对外开放的窗口。改革开放初期，“引进来”是这些园区发展初期集聚产业的主要策略。在招商引资过程中，这些工业园区积极改善投资环境，包括以“七通一平”为主的基础设施建设、以土地租让价格优惠为主的要素价格优惠政策、以税收减免或投资抵免为主的财税政策、以“一站式”服务为主的亲商服务体系等，在国际产业转移中形成强大的吸引力，有效加快了产业集聚的进程。在新一轮开放合作时期，

“走出去”也成为这些园区加快产业结构转型的重要策略，东部地区生态工业园区表现尤为明显。苏州工业园区、杭州经济技术开发区、广州开发区等园区积极搭建企业对外交流平台，积极参与建设国际经贸合作园区，鼓励企业对外投资，助推企业“抱团出海”。

5. 产城融合。产城融合是指工业扩张与城市建设有序联动，产业支撑与城市服务有机融合的过程。在工业化与城市化互动过程中，超前城镇化、滞后城镇化都会造成生产和生活的错位发展，影响城市秩序和经济发展。只有产业与城市协调发展，才能实现以产兴城、以城促产，相互促动的高效优质发展模式。我国生态工业园区正在由工业园区向产业新城发展，产城融合面临的主要问题是滞后城镇化。

在发展中国家工业化与城市化过程中，普遍出现的问题是超前城市化（过度城市化），即城市化率与工业化率的比值明显高于合理范围（1.4—2.5）[①]，就业机会远远低于城市人口的就业需求，从而导致高失业率、城市贫困和环境污染等问题。20 世纪 30 年代以来，巴西开始了工业化进程，但工业化滞后于城市化。到 90 年代，巴西城市化率与工业化率的比值超过 2.9 以上[②]，出现大量失业和严重贫困等问题，在城市郊区形成大量“贫民窟”。20 世纪末，我国终止福利分房制度，各级地方政府开始大力发展房地产行业，新城新区建设速度也随之加快。但在一些产业发展缓慢、可持续增长能力低下的城镇，出现“有城无市、有城无业、有城无人”的萧条景象，甚至出现了所谓的“空城”“睡城”。

与此不同，我国生态工业园区面临的问题是滞后城镇化。我国生态工业园区是产业集聚的生产型园区，大多数园区已经形成雄厚的工业基础，集聚了大量的流动人口，并对服务业产生大量需求。例如，2015 年苏州工业园区户籍人口为 45.95 万人，流动人口则达到 67.60 万人，他（她）们对住房、子女教育、医疗、保险等服务有着大量潜在需求；同时，工业产业规模扩张对生产性服务业的需求也在持续增加。快速增长的城市服务需求与薄弱的城市服务供给的矛盾已经形成，加快发展服务业、提升城市服务功能是生态工业园区向产业新城发展的必由之路。

---

① 黄汉权、李华刚、胡拥军：“四大体制障碍制约新型城镇化发展”，《中国发展观察》，2013 年第 9 期，第 6—9 页。

② 曹宗平：“巴西城市化‘超前’与产业和就业结构‘滞后’间失衡性研究”，《求索》，2014 年第 9 期，第 50—55 页。

二、技术路线

本课题研究对象是我国生态工业园区，研究的主要任务是探索我国生态工业园区可持续发展的模式及其策略。为了完成这一任务，课题研究按照现状分析—模型建立—绩效分析与发展趋势三个阶段展开，并据此形成课题研究的技术路线（见图1－1）。

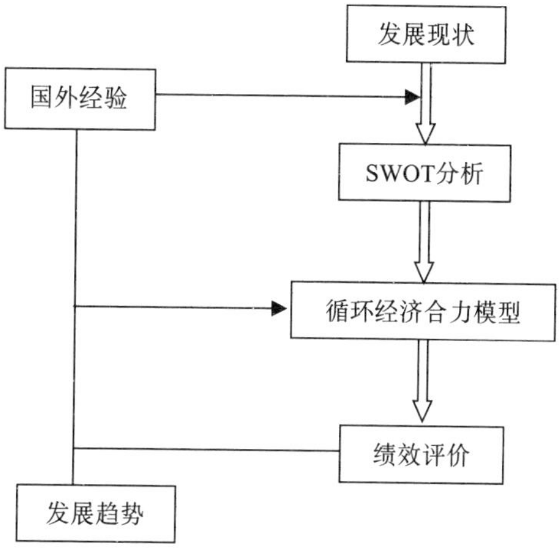

图1－1　我国生态工业园区创新发展模式研究框架

（一）现状分析

现状分析是我国生态工业园区创新发展模式建立的基础。现状分析由两部分组成：一是了解国外生态工业园区发展的经验和教训，辨析我国发展生态工业园区的特殊性，为我国生态工业园区提供借鉴；二是通过SWOT分析明确我国生态工业园区发展的优势、劣势、机遇和挑战，并建立我国生态工业园区创新发展的策略集。

（二）模型建立

基于现状分析建立循环经济合力模型，分为三个步骤：首先，梳理和整合SWOT分析的策略集，从中筛选出我国生态工业园区创新发展的主要策略；其次，根据主要策略之间的关系，建立以循环经济发展为核心，环境保护、区域创新网络、开放合作和产城融合联动的循环经济合力模型；最后，对五大发展策略展开详细论述，重点是介绍已有的经验和可值得借鉴的模式。

（三）绩效评价

基于我国国家生态工业示范园区标准，采用定量研究与定性研究相结合的方法，对我国生态工业园区发展水平和建设绩效进行分析和评价，据此解析循环经济合理模型运行中需要着重发力的环节。

（四）趋势预测

发展趋势是对未来我国生态工业园区特征的一种描述，它既是循环经济合力模型及其策略作用的结果，也是人们对未来生态工业园区形式的预期。发展趋势分析的主要作用体现在两个方面：一方面，通过发展趋势分析，有助于强化人们对循环经济合力模型的理解，减少策略实施过程中的阻力；另一方面，发展趋势是多种因素综合作用形成的结果，这就要求我们要在不断发展变化的环境中及时补充或修正循环经济合力模型及其策略。

第三节 研究内容与观点

生态工业园区是工业集群或工业园区建设和发展的标杆，发展生态工业园区是各国政府推动循环经济的重要手段。在近 20 年的生态工业园区建设过程中，我国生态工业园区在投资环境建设、招商引资、生态产业链建设、环境保护等方面积累了丰富的经验，但也遇到了如循环经济的市场调节作用较弱、生态产业链不完善、绿色技术研发能力薄弱等问题。为此，我国需要总结生态工业园区建设的经验，探索新时代生态工业园区的新模式，持续推动循环经济的发展。课题组基于我国的特殊性，通过生态工业园区的 SWOT 分析，构建了我国生态工业园区循环经济合力模型。研究的具体内容包括国际经验与中国的特殊性、SWOT 分析、循环经济合力模型解析、建设成效评价和发展趋势展望五个方面。

一、国际经验与我国的特殊性

20 世纪 70 年代，位于丹麦卡伦堡市的 Asnaes 火力发电厂、Statiol 炼油厂、Gyproc 石膏制板厂、Novo Nordisk 制药厂等企业自发建立起污水、余热和废渣等的循环利用体系。随着循环经济、清洁生产等可持续发展思想的渗透，世界各国开始研究卡伦堡生态工业园区模式，欧美、日本等发达国家的生态工业园实践取得显著效果，并为我国开展生态工业园区实践提供宝贵的经验，这些经验包括环境管理严格、能源与化工产业为主导、政府管理不占主导、绿色技术支撑、生态价值观突出、虚拟生态工业园区兴起和居民参与度高等。

与欧美国家不同，我国生态工业园区建设具有自身的特殊性，主要表现在以下几个方面：一是生态工业园区建设起步较晚，产业共生的基础薄弱，循环化改造的成本较大；二是我国处于工业化中后期，科技发展水平较高，但绿色技术的开发与应用能力不足；三是市场机制不完善，产业共生缺少内生动力，影响产业共生网络的稳定性；四是园区实行自上而下的管理模式，政府在园区运营和管理中发挥主导作用；五是居民社区自治程度低，居民缺乏参与社区活动的动机、意愿和组织依托；六是资源环境价格机制不完善，在循环经济和环境保护中的调节作用较低。

二、生态工业园区的 SWOT 分析

我国生态工业园区起步于 2001 年，2007 年进入快速发展阶段，2014 年以来园区建设的重点由数量扩张转向质量提升。截至 2016 年，我国共有 93 个生态工业示范园区。从园区产业结构来看，综合类产业园区数量最多，达到 84 个，占园区总数的 90.32%；从园区的发展基础来看，国家经济技术开发区数量最多，达到 54 个，占园区总数的 58.06%；从地区分布来看，东部地区生态工业示范园区数量最多，达到 68 个，占园区总数的 73.12%。

SWOT 分析是确立我国生态工业园区发展模式的重要基础，其基本思路是在分析我国生态工业园区优势、劣势、机遇和挑战的基础上，制定生态工业园区的发展策略。在内部优势方面，我国生态工业园区树立先进的发展理念，拥有雄厚的产业基础，维持良好的生态环境，构建高效的“亲商”服务体系；在内部劣势方面，我国生态工业园区的表现为受土地、环境的自然约束明显，自主创新能力不强，产业共生网络不成熟，产业布局固化等。在外部机遇方面，我国生态工业园区在未来发展中要把握国际服务业转移、“一带一路”建设、供给侧结构性改革、生态文明建设和工业革命 4.0 所蕴藏的产业发展、技术创新和结构调整的机会；在外部挑战方面，我国生态工业园区

必须在缺乏国内排他性政策和国际经济复苏疲软的环境下，迎接发达国家“再工业化”的挑战。

基于我国的特殊性和 SWOT 分析，我国生态工业园区发展策略共包括四大类 12 项。其中，SO（Strengths – Opportunities）策略是发挥优势、利用机遇的率先发展策略，包括发展循环经济、技术赶超和招商引资；ST（Strengths – Threats）战略是发挥优势、迎接挑战的扬长避短策略，包括区域创新网络、管理体制改革和产业结构转型；WO（Weaknesses – Opprortunities）策略是利用机遇、克服劣势的寻找机会策略，包括环境保护、“走出去”策略和土地“二次开发”；WT（Weakness – Threats）策略是克服劣势、迎接挑战的防御性策略，包括产城融合、引进高端人才和优化营商环境等。

三、循环经济合力模型解析

基于 SWOT 分析得出的 12 种策略，我们整合得出 5 种主要策略：发展循环经济、环境保护、区域创新网络、开放合作和产城融合；分析 5 种主要策略之间的关系，形成以发展循环经济为核心，其他四项策略与发展循环经济策略相互补充、相互促进、协调联动的策略体系：循环经济合力模型。

（一）发展循环经济

发展循环经济是生态工业园区的核心策略，是彰显生态工业园区特色和可持续发展的首要策略。我国生态工业园区循环经济发展的核心是产业共生网络的形成和发展，需要从产业共生的载体、范围、方式和形成路径等方面进行全方位剖析。从产业共生的载体来看，我国综合类生态工业园区的数量和质量明显超过了行业类和静脉类产业园区。从产业共生的范围来看，企业小循环在清洁生产审核等推动下已经基本成熟；园区中循环在迅速发展，而社会大循环发展相对滞后。从产业共生的组织方式来看，我国大部分生态工业园区属于多核共生模式，单核共生模式较少，嵌套型共生模式还没有形成。从产业共生的形成路径来看，我国生态工业园区大部分属于规划建设型，但不属于全新规划型生态工业园区。在实践中，我国生态工业示范园区在发展循环经济中有明显的政策诉求，其中，企业债券融资政策、技术创新支持政策、环保基础设施投资、绩效奖励基金和全新规划园区建设等排他性政策具有针对性和可操作性，可供国家和地方政府参考。

（二）环境保护

由于技术和成本的限制，循环经济不可能实现闭合循环，因而环境保护就成为循环经济发展的必要补充。我国生态工业园区环境保护正在从规范化管理向精细化管理转变，为此构建了由环境管理信息平台、环境管理体系、环境保护长效机制和环境保护社会化构成的环境保护精细化管理模式。环境管理信息平台建设来源于精细化管理的数据支撑思想，它为环境精细化管理提供必要的数据和资料。我国只有 26.39% 的生态工业园区建立了环境综合监测系统（平台），其他工业园区只能开展单一污染物监测或多元污染物监测。环境管理体系来源于精细化管理的流程管理思想，是实现环境系统化管理的重要手段。引入戴明 PDCA 循环，我国生态工业园区的环境管理体系由环境管理计划（P）、环境治理（D）、环境监管（C）和督查督办（A）组成。环境保护长效机制来源于精细化管理的持续改进思想，它是确保生态环境持续改善和稳定向好的重要机制和政策，主要包括环境意识培养、制度机制建设、环境经济政策和园区“二次开发”等。环境保护社会化来源于精细化管理的全员参与思想，它是弥补环境管理漏洞、提升环境管理效率的有效方法。天津经济技术开发区在发展非营利性环保组织、大力推进企业环境信息公开制度，创新自愿性环境协议，健全完善社会监督员制度，组织开展生态管理标识活动等方面取得了显著的成效，对其他生态工业园区具有重要的借鉴价值。

（三）区域创新网络

区域创新网络是一定区域内政、产、学、研之间协同创新的开放式合作平台和创新系统，是发展循环经济的重要推动力量。基于区域创新网络理论，苏州工业园区积极创建园区创新生态圈，突出创新元素之间的互动与反馈，在集聚全球创新要素、强化创新要素链接和打造创新高地等方面进行了大量的探索和实践，生物医药产业创新生态圈已经初步形成，纳米技术应用产业和人工智能产业创新生态圈已成加速集聚态势。苏州工业园区创新生态圈建设为其他园区带来如下启示：一是注重创新网络的整体设计，并制订有序推进方案；二是多链耦合发展，同步推进产业链、创新链、资金链和服务链，形成产业、科技、金融、服务深度融合的创新系统；三是政策支持。人才引进政策、设立创投引导基金、建设实验室或研究中心在创新网络建设中发挥了重要引导作用。

（四）开放与合作

生态工业园区发展循环经济需要开放合作的环境，需要在一个更大的平台上解决生态环境问题和经济结构转型升级问题。作为一个小型开放经济区，我国生态工业园区始终处于我国改革开放的前沿。在新一轮改革开放中，我国生态工业园区沿着“引进来”“走出去”开放战略，主动对接自由贸易试验区和开放创新综合试验区的经验，创新“引进来”的方法、探索“走出去”的路径、寻求国际合作建设园区的机制。招商引资由产业链招商转变为产业链与价值链相结合的混合链招商；由引进外资转向引资与增资相结合的内增外引模式；由引进资本转向资本与人才结合的创业招商。积极探索对外直接投资、飞地经济和虚拟工业园区等走出去的模式，进一步拓展发展空间。紧密结合国家“一带一路”倡议，通过国际合作推动境内中外合作生态园区、境外经贸合作区和两国“双园”的发展。

（五）产城融合

产城融合是生态工业园区向产业新城嬗变的必要过程，更是实现生态工业园区人口、产业和生态环境协调发展的主要手段。随着我国城市化的不断推进，我国生态工业园区的产城融合也进入快速发展阶段，积累了一定的经验。在运营机制方面，产城融合出现了政府开发、大型国有企业开发、公私合作伙伴关系三种模式；在空间布局方面，产城融合不仅需要处理好中心城区与产业新城的衔接，还需要统筹布局产业新城的生产空间、生活空间和生态空间；在体制创新方面，园区运营体制、户籍制度、环境监管体系以及社区运营面临挑战。

四、建设绩效评价

绩效评价是对我国生态工业园区建设效果的评价，也为完善循环经济合力模型提供依据。生态工业园区绩效评价分为发展水平评价和建设绩效分析两个部分。发展水平评价采用定量研究方法，通过构建目标层、准则层、方案层三级指标体系，测度生态工业园区发展水平综合指数和协调系数。结论显示：82.76%的样本园区属于高水平园区；65.52%的园区属于强协调园区。建设绩效分析采用定性研究方法，依据国家生态工业示范园区标准（五大类

32 项指标)，对郑州经济技术开发区进行了典型案例剖析，发现资源再生利用产业增加值占园区工业增加值比例（经济发展类)、可再生能源使用比例（资源节约类）和再生水（中水）回用率（资源节约类）未达标，其焦点问题是废弃物回收和利用能力薄弱，静脉产业发展不足。

五、发展趋势展望

追踪国际生态工业园区发展的方向，结合我国生态工业园区发展的实际和面临的问题，分析和展望我国生态工业园区发展的六大趋势：低碳行动社会化、循环利用虚拟化、绿色技术产业化、社区营造向心力、构建国际合作的新高地和推行环境污染第三方治理。

第四节 研究方法

生态工业园区是一种小型开放经济系统，园区企业之间、园区经济与自然环境之间、园区与其他地域空间之间存在极为复杂的联系。这就要求我们在研究生态工业园区时，把生态工业园区作为一个系统来理解和分析，把一般系统论作为生态工业园区研究的方法论基础。在一般系统论指导下，结合各部分研究内容选择具体的研究方法，如态势分析法、戴明循环分析法和物质流分析法等。

一、方法论

一般系统论创始人冯·贝塔朗菲（L. Von Bertalanffy，1968）认为，系统是由若干因素有机联系形成的具有新的功能的有机整体。生态工业园区作为一个有机整体，具有系统的一般属性：整体性、有机关联性、开放性和动态性。

（一）整体性

生态工业园区是工业企业、服务业企业、大学、研究机构、政府管理机构的集聚体，由于企业、机构间存在有机联系，该集聚体成为一个有机整体，成为集经济功能、生态功能和创新功能为一体的聚合体。生态工业园区存在专业化分工与协作关系，形成较高的弹性生产能力，能够向社会提供其所需的产品和服务；生态工业园区采用循环经济理念，通过资源和能源循环利用，减少了污染物排放，保护了生态环境；生态工业园区机构之间存在广泛的知识与技术交流，形成较强的知识外溢和创新能力。

（二）有机关联性

作为一个系统，组成生态工业园区的各企业和机构之间存在复杂的、有机的联系。我们以企业为核心探讨不同层面的关联关系（见图 1－2）。其一，企业之间的关联。企业之间存在基于投入产出关系的专业分工与协作；基于资源与能源循环利用的产业共生关系。其二，企业与科研院所的关联。按照内生增长理论的两部门模型，企业是生产和提供产品和服务的部门，科研院所及高校是生产和提供知识的部门，企业与科研院所在技术创新过程中形成紧密的联系。其三，企业与政府的关联。作为地方政府的派出机构，园区管理委员会为企业入园、生产运营、技术改造、上市融资以及节能减排等领域提供全方位、高效率的服务，营造了重商、亲商的政企关系。其四，企业与社区的关联。为满足园区劳动力的生活需求，生态工业园区逐步开展社区建设，提供相应的生活服务。企业是生产空间、社区是生活空间，企业与社区关系体现了生产和生活的关系，发生在消费、就业、生态环境和地方文化等领域。

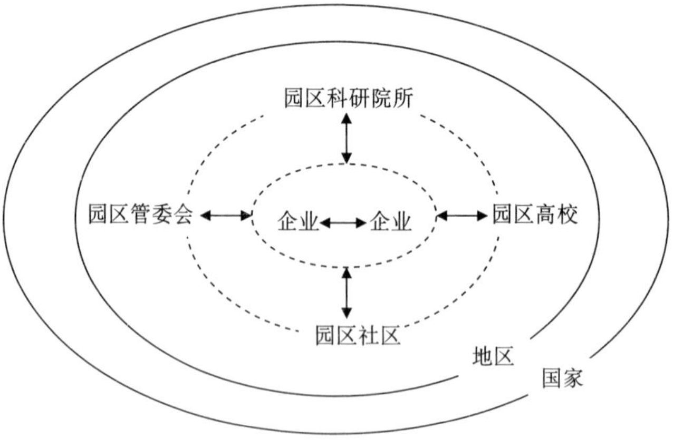

图 1－2　生态工业园区的有机关联性分解

（三）开放性

我国生态工业园区是一个小型开放型经济，它与我国其他区域之间，与国外部门之间存在着多层次、多领域的联系与交流。在国际产业转移过程中，生态工业园区一直是我国“引进来”和“走出去”的排头兵，在招商引资和“抱团出海”等开放合作中起到了示范作用。在资源与能源循环利用方面，生态工业园区不仅组织开展小循环、中循环建设，而且大力推动大循环，积极寻求区际、国际的循环经济合作和环境保护联动。在技术创新方面，生态工业园区需要集聚国内外高端生产要素和创新型人才，通过广泛的交流与合作，建立自主创新能力。总之，只有在开放中，生态工业园区才能实现要素的流动，实现资源与能源的循环利用，实现经济增长方式的转变。

（四）动态性

我国生态工业园区一直处于动态变化之中，体现在以下几个方面：一是，生态工业园区的经济社会活动与生态环境存在持续的、广泛的物质交换。依据生态经济学的观点（H. Daly，2014），资源开发利用是一种从低熵源到高熵汇的单向流动，而循环经济是整个单向流动过程中的一个环形漩涡。二是，生态工业园区的经济持续发展。在经济增长方面，生态工业园区保持着较高的经济增长率，国民经济和社会发展“十二五”时期，苏州工业园区、青岛经济技术开发区、北京经济技术开发区等园区的地区生产总值都保持9%以上的年均增长率；在产业结构方面，东部地区生态工业园区已经全面进入转型升级阶段，其他三大板块的生态工业园区正处于去产能、调结构的关键时期；在科技创新方面，生态工业园区也是我国发明专利申请量和授权量最多的区域。例如，截至2016年年底，武汉经济技术开发区有效发明专利拥有量达到1 097件，每万人有效发明专利拥有量超过42.8件，高出全国平均数8.02件的433%①。

二、具体方法

在一般系统论指导下，根据各环节研究需要，课题组选择了不同的方法

① 武汉经济技术开发区管委会．国家生态工业示范园区建设年度评价报告（2016）［EB/OL］. http：//kjs. mee. gov. cn/stgysfyq/glwj/，2017－09－27.

进行针对性研究。

1. 态势分析法。在生态工业园区现状分析部分，课题组采用了态势分析法（SWOT），从园区内部条件：优势与劣势；园区外部环境：机遇与挑战两类条件四个因素进行综合分析，并给出了相应的策略体系。

2. 物质流分析方法。在生态工业园区循环经济发展策略分析部分，课题组采用了物质流分析方法（MFA），对不同类型园区的产业共生网络给予分析和评价，并提出了建议和对策。由于园区资源与能源流动的数据难以搜集，因此物质流分析仅限于定性研究，缺乏精确的流量分析。

3. 戴明循环。在生态工业园区环境保护研究部分，课题组引入精细化管理思想，运用戴明循环（PDCA 循环）对生态工业园区生态环境管理体系进行分析，建立由环境管理计划（P）、环境治理（D）、环境监管（C）和督查督办（A）组成的精细化环境管理体系。

4. 案例分析法。为了详细分析我国生态工业园区建设和发展的模式和做法，研究采用案例分析法。其中，在循环经济发展部分，选择了苏州工业园区、贵港国家生态工业示范园区、天津子牙经济技术开发区等 7 个案例进行分析；区域创新网络建设选取苏州工业园区为例进行分析；园区综合绩效选取郑州经济技术开发区为例进行分析；环保社会化机制选取天津经济技术开发区为例进行分析等。

5. 层次分析法。我国生态工业园区建设发展的绩效采用定量分析，测度我国生态工业园区发展水平综合指数和协调系数。在生态工业园区发展水平指标体系建立后，研究运用层次分析方法，经过专家打分，构造判断矩阵，计算单排序权向量和总排序权向量，进而确定目的层和准测层各指标权重，为生态工业园区发展水平综合指数测算奠定基础。

第五节　创新与不足

一、创新之处

（一）构建循环经济合力模型

从现有研究来看，生态工业园区发展模式主要是围绕循环经济展开，体现了生态工业园区的特色，但对于指导我国生态工业园区持续发展却存在明显的局限性。基于一般系统论思想，借鉴国外生态工业园区的成功经验，根据中国生态工业园区发展的实际，课题组建立了循环经济发展与环境保护、开放合作、区域创新网络和产城融合联动发展的多维度、立体化的循环经济合力模型，拓宽了生态工业园区研究的视野，有助于系统解决生态工业园区面临的复杂问题，对于我国生态工业园区持续发展具有重要的引导作用。

（二）构建 PDCA 环境管理体系

遵循环境精细化管理的思想，依据戴明 PDCA 循环，构建生态工业园区 PDCA 环境管理体系。该体系包括计划（P）、执行（D）、检查（C）和处置（A）四大环境管理环节、14 项环境管理内容。课题组认真梳理了生态工业园区环境管理的主要内容，将其有机整合到 PDCA 的各个环节中，形成一个环状动态反馈、持续改进的生态环境管理体系。与现有的环境管理体系相比，PCDA 环境管理体系增加了动态性特征，使环境管理具有了动态更新、自我完善的功能，进一步完善了我国生态工业园区环境管理体系。在实践中，PDCA 环境管理体系能够有效克服生态工业园区环境管理中存在的短期性和片面性问题、提升生态工业园区环境管理的绩效；同时，对于其他类型区域的环境管理改革也具有一定的借鉴价值。

（三）我国生态工业园区排他性政策

在充分掌握我国循环经济发展政策的基础上，针对我国生态工业园区建设过程中的政策诉求，提出了园区企业债券融资、绿色技术研发支持、环保基础设施投资、综合绩效奖励基金和全新规划园区建设 5 项排他性政策。这些政策的目标是推动生态工业园区循环经济发展，具有较强的针对性；而且这些排他性政策也具有可操作性。建议政府在修订国家生态工业园区管理办法时能够予以参考。

二、不足之处

（一）物质流分析

在调研过程中，课题组计划搜集典型生态工业园区的物料、能源流动的数据，组织开展物质流动的定量分析。但是，面临的问题是数据资料不全，而且有些数据涉及园区或企业的技术信息无法公开，因此物质流分析只能是局部链条的分析，没有进行完整园区的生态产业链的物质流分析。这是目前课题研究中遇到的主要问题，也是未来该领域研究中面临的挑战。

（二）生态工业园区的覆盖面

在国家推动建设国家级生态工业示范园区的同时，我国各省、自治区、直辖市也同步开始建设省级生态工业园区，并出台了相应的政策和措施，形成一定特色。由于研究时间所限，本次课题研究的范围只限定在国家级生态工业示范园区层面，未对省级生态工业示范园区及其以下级别的生态工业园区进行分析。在未来研究中，计划把研究范围拓展到省级生态工业园区，开展分级分类研究，为地方园区循环化改造提供依据。

第二章

生态工业园区的国际经验及我国的特殊性

第一节　国内外生态工业园区发展述评

20 世纪 80 年代，随着工业生态学的发展，工业园区资源循环利用模式的研究在一些发达国家悄然兴起。区别于传统的工业集聚区和高新技术园区，美国工业生态学家劳爱乐（E. Lowe，1992）认为，生态工业园区（EIP）是一个由制造业企业和服务业企业组成的企业群落，企业之间通过能源、水、原料的联合利用和管理，获得高于单个企业运营收益的园区整体效益。Cote 和 Hall（1995）、Chertow 和 Portlock（2002）、Peter Laybourn（2006）等学者都基于工业共生观点，强调 EIP 是企业间、企业与其他机构间相互合作形成的产业共生网络。国家环境保护总局（2007）在《生态工业园区建设规划编制指南》中指出，“生态工业园区是指依据清洁生产要求，循环经济理念和工业生态学原理而设计建立的一种新型工业园区”。它是物料和能源在园区企业之间流动过程中形成的产业共生组合，与自然生态系统的物质与能量循环相似，它有助于园区实现能量梯级利用、水的再生利用和物料的循环利用，减少园区的废弃物排放量。2015 年，中国生态环境部发布的《国家生态工业示范园区标准》与《国家生态工业示范园区管理办法》指出，国家生态工业示范园区（NDEIP）是指依据循环经济理念、工业生态学原理和清洁生产要求，符合《国家生态工业示范园区标准》及其他相关要求，并按规定程序通过审查，被授予相应称号的新型工业园区。

从现有的文献来看，生态工业园区发展研究主要集中于规划与设计、产业共生系统、管理模式、招商引资和绩效评价等方面，环境保护、技术创新、开放合作、产城融合、信息化建设、法律法规等方面的针对性研究较少，这些方面的研究散布在国家、地区以及工业园区等层面的研究之中。

一、规划与设计

生态工业园区是基于循环经济理念，依据工业生态学原理设计而形成的经济发展与生态环境保护并重的工业园区。生态工业园区规划的基本原则（柯金虎，2002）是保持当地的生态特征和自然景观、能源与物料的闭环流动、清洁生产等。生态工业园区规划设计包括两大部分（Roberts，2004）：项目背景规划与细节规划，前者是指工业园区所在地区（城市）的物料、能源循环现状及其变化趋势的基本判断，为生态工业园区产业和空间定位提供依据；后者是指生态工业园区本身的规划与设计，它是一个复杂的系统工程，其设计要素包括共生网络设计、景观设计和生态文化培育。其中，工业共生网络是规划与设计的核心，重点是分析园区内部资源与能源流动的方向，识别可利用的废弃物或副产品的种类和数量（Robert，2004），发现企业间共生耦合的可行路径（Murat，2004）进而设计生态工业园区生态产业链及产业共生网络。王灵梅（2003）、金永红（2008）等学者认为，在共生链网结构设计中要注重柔性设计，培育调节链。景观设计与规划主要包括原有景观的维护、人造景观（绿色廊道和斑块）的建设、低碳节能建筑设计等，目的是稳定和提升生态工业园区的生态功能。生态文化规划主要包括生态文明主题公园、生态教育基地、生态文明行为公约的设计与规划。柯金虎（2002）、刘娟（2009）、陈朝刚（2013）认为，生态工业园区规划还应该包括运行机制、管理体系、道路交通、信息网络等支持体系。

综上所述，生态工业园区的规划研究聚焦于生态工业园区规划的原则、步骤及成功的案例，但在具体的设计方法及标准等方面的研究还比较欠缺，缺乏可操作性。

二、产业共生系统

产业共生系统是生态工业园区建立和发展的核心。国内外学者对生态工业园区的生态产业链及产业共生网络进行了大量的研究，在产业共生关系、产业共生系统以及产业共生系统的稳定性等方面取得大量学术成果。

（一）产业共生关系

产业共生关系是产业共生系统形成的基础。共生来源于生物学（A. Bary，1879），原意是不同种属生活在一起，存在永久性物质联系。共生关系是共生单元之间在一定的生存环境中结成的依存关系。经过归纳总结，社会生物学创始人威尔逊（E. Wilson，1975）提出并详细解释了群体寄生、偏利共生和互利共生三种共生关系。

20世纪90年代，工业生态学引入生物学共生现象，分析工业企业之间物质代谢关系，开创工业共生网络研究领域。丹麦卡伦堡公司的《工业共生》报告指出，工业共生是指企业之间的合作，通过这种合作不仅能够提升企业的获利能力，而且能够实现资源节约和环境保护①。在生态工业园区运行中，工业共生就表现为企业间相互利用副产品的工业合作关系。根据共生双方的利益关系，工业共生模式分为偏利共生、共栖共生、互利共生三种。其中，偏利共生是指合作关系中的企业，一方因联合而得益，但另一方并未受损；共栖共生是指两个企业均因对方的存在而获益，但双方相对独立；互利共生是指两个企业均因对方而获益，但双方依存；随着研究的深入，研究人员对工业共生关系的特殊性也进行分析。与自然生态系统相比，工业共生关系具有以下几个方面的特性：其一，工业共生关系不仅限于企业间副产品的交换和循环，同时还存在技术合作、人才交流和知识共享等全方位的合作（Ehrenfeld，2004）；其二，影响工业共生关系的因素十分复杂，包括企业组织结构（Ayres，1996）、企业多样性（R. Cote 和 Cohen Rosenthal，1998）交易成本（王兆华，2004）、共生效益（赵红，2004）、技术水平（郭莉，2005）、社会资本（苑清敏，2008）等；其三，工业共生关系是一种竞争与合作关系，它并非完全自发，因而需要对企业间组织关系进行人为管理（Bonns 和 Baas，1997）。

（二）工业共生系统的生态结构

与自然生态系统的物质循环体系类似，园区企业之间以产业共生关系为

① 转引自王兆华、武春友："基于交易费用理论的生态工业园中企业共生机理研究"，《科学学与科学技术管理》，2002年第8期，第9-13页。

纽带形成工业代谢网络（生态产业链）；生态产业链的串联延伸和并联耦合，形成多重耦合的产业共生网络。在工业共生网络中，工业企业被看作是资源转换器，投入的原材料、能源等生产要素来自其他企业，生产的产品、副产品供其他企业生产消耗。这样，工业共生网络就表现为物质和能量的循环流动，形成资源—产品/废弃物—再生资源的循环体系，有效解决了资源—产品—废弃物的线性模式的资源枯竭与环境恶化问题。R. Frosch 和 N. Gallopoulos（1989）、E. Lowe（1997）、J. Korhonen（2000）、S. Erkman（2001）、M. Chertow（2003）、D. Gibbs 和 P. Deutz（2005）等学者深入分析了工业生态系统，一致认为原材料循环利用且融入自然生态系统是工业生态系统的显著特征。吉野敏行（1996）仿照动物体血液循环过程，把工业共生体中物料与能源的循环流动也分为动脉过程（正向物流）和静脉过程（逆向物流），参与共生的产业也相应分为动脉产业和静脉产业。其中，动脉产业是指从处于原料开采、加工、使用和废弃等环节的产业；静脉产业是指从事废弃物的收集、再生和安全处置的产业。

工业代谢法（R. Ayres，1988）是基于模拟生物和自然界新陈代谢功能的一种系统分析方法。工业代谢分析是追踪物质和能量的流动的方法，它是在工业共生系统物质和能量流动网络和路径上，采集网络各节点物质和能量输入与输出的数据信息，据此分析和判断污染产生的环节，进而创新和再造循环路径，进一步完善工业共生网络，提升工业共生系统功能。工业代谢法是研究一定区域产业共生组合的有效方法（R. Rasmussen，1997）。徐大伟等学者（2005）运用工业代谢分析方法，建立工业生态链的物质流动关系及其数学表达式，试图揭示工业共生网络中工业代谢活动的规律。秦荪涛（2007）运用系统仿真技术，在定义各企业和剩余物产品的属性和配对规则基础上，进行配对选优仿真演化，直至得到最优生态工业园区产业共生链网。在实证研究方面，我国学者段宁（2004）、夏训峰（2006）、郭颖（2008）、王越（2009）、陈洪波（2016）采用工业代谢法对不同类型工业园区的物质代谢或能源代谢进行了定量分析；武娟妮、石磊（2010）采用工业代谢法对工业园区的氮、氨元素流动进行了追踪分析。虽然工业代谢法在技术和方法方面已经成熟，但应用中存在较多问题。其中，最主要的是数据的可获得性差，不仅基础数据还未实现指标全覆盖，而且缺乏统一的、连续性的数据，从而影响了时间序列的形成，降低了评价结果的准确性。

（三）工业共生系统的组织结构

工业共生系统的组织结构是指企业之间的地位与相互关系。组织结构是影响循环经济效果和工业共生系统稳定性的重要因素，因而也是工业共生研究的内容之一。

借鉴生物群落的关键种理论，工业共生系统的组织结构研究取得突破。美国学者罗伯特·艾尔斯（R. Ayres，1996）认为，生态工业园区内应至少包含一家“大型轴心企业”，它通过投入产出关联，吸引卫星型企业集聚，进而实现资源与能源的循环利用，并将废弃物再生为可用资源。在此基础上，王兆华（2002）根据核心企业的数量及相互依赖关系提出了工业共生系统的不同组织结构形式，分别是平等型共生网络、依托型共生网络、嵌套型共生网络，以及虚拟型共生网络。其中，依托型共生网络又分为单中心依托共生和多中心依托共生。冯之浚等人（2008）划分出自组织单一共生、自组织网络共生和自组织虚拟共生三种类型，其中自组织网络共生又分为自组织简单网络共生和自组织复杂网络共生。总结已有文献，课题组认为工业共生网络宜划分为单核共生、多核共生、嵌套型共生三种类型，以清晰反映工业共生系统组织结构的演进规律。其中，单核共生型是指园区企业受控或依赖于一家大公司或集团，通过投入与产出关系与这个核心企业形成关联关系，从而形成产业共生体。类似于自组织单一共生和单中心依托共生。多核共生是指园区存在多个核心企业，核心企业之间、核心企业与外围企业之间有机联系、紧密合作形成的产业共生体，类似于多中心依托共生和自组织简单网络共生。嵌套型共生是指多个核心企业间、核心企业与外围企业间通过多重循环路径和反馈回路耦合形成的复杂共生网络。其显著的特征是核心企业之间存在关联关系，外围企业与核心企业及其他企业之间存在多重联系，类似于自组织复杂网络。在工业共生网络演进过程中，企业之间的关联方式更加多样，联系日趋紧密，并依次经历点共生、间歇共生、连续共生和一体化共生四个阶段（袁纯清，1998）。点共生是指园区循环经济参与单元之间偶尔会发生副产品或废料的交换，但合作对象是随机选择，合作时间也不固定，基本方式是采用合同方式一次性完成交易。随着园区企业数量的增加和循环经济网络的发育，核心企业与卫星企业之间合作的意愿提高，双方开始建立针对性的联系，副产品和废弃物的交易伙伴逐渐明确和固定，产业共生由点共生进入间歇性共生。经过合作双方进一步磨合，核心企业、卫星企业和研发机构之间逐渐形成长期的、连续的、稳定的合作关系，合作双方在物流、信息流、资金流等方面形成多方面的交流和互动，合作的默契和信任程度进一步提升，副产品和废弃物交易出现周期性规律，产业共生进入连续共生阶段。为确保园区产业共生体的稳定性和利益，参与共生体的企业之间缔结明确的合作条款和保障机制，规定各方的权利和义务，从而形成一体化的产业共生体。

模糊认知图（S. Fons，2004）是一种评估生态工业园区组成单元之间相互影响的重要工具，可用来解析园区企业之间存在的产业共生链网。近年来，社会网络分析和复杂网络理论逐渐应用于产业共生网络的组织结构研究。杨丽花、佟连军（2012）应用社会网络分析法分析了国内外典型生态工业园区的组织结构和网络结构特征，包括节点之间的联系性、传递性，共生网络的复杂性和稳定性等。宋雨萌（2008）、萧忠东（2010）、Domenech（2011）、汪小帆（2013）、李湘梅（2014）等学者将复杂网络理论运用于工业共生网络结构分析，试图建立工业园区共生网络的拓扑结构，分析工业共生网络的结构和特征，并进而分析工业共生网络的稳定性或脆弱性。

（四）工业共生系统的调节机制

T. Sterr 和 T. Ott（2004）认为，如果生态工业园区存在不可替代的企业，从而使共生关系丧失了灵活性和适应性，那么当这类企业运营出现重大变化时，就会直接影响共生系统。跨国公司产业转移、产业结构转型升级也对我国生态工业园区的产业共生网络产生冲击。如果完全依靠市场调节，工业共生系统可能出现大幅波动。多数学者认为政府与其他中介组织在产业共生系统运行中应发挥更重要的作用。李强（2006）、任肖嫦（2008）等学者强调市场机制是产业链运行的基本调节手段，认为共生规模经济收益是生态产业链发展的根本动力；刘富贵（2007）、苑清敏（2008）等学者强调社会资本的作用，认为信任是产业链各节点企业间成功合作和稳定发展的前提；孔令丞（2005）、王崇梅（2007）、周宏春（2008）等一批研究人员强调政府在园区规划、清洁生产政策、生态补偿激励机制以及园区综合评价等方面的重要作用。马成慧（2008）重视社会中介组织的作用，系统论述了行业协会介入循环经济运行的角色、功能、方式等内容。这一领域研究成果颇丰，但政策体系不能完全支撑我国不同类型园区的需要，可操作性的建议也较少。

三、管理模式

从历史演进的角度，生态工业园区分为自组织模式和有意设计模式两种类型（E. lowe，1997）。其中，自组织模式是在经济利益驱动下企业之间自发组织形成的产业共生系统（Marata，2004）；有意设计模式是在政府主导和推动下形成的产业共生系统，其主要目的是控制环境污染和降低资源消耗。这种分类模式不仅反映了生态工业园区形成和发展的机制，也揭示了生态工业园区管理中政府的角色定位和承担的功能。沿着这一思路，生态工业园区管理模式研究逐渐展开。洪璐（2011）从发展导向、管理主体、公共参与、投资模式、核心企业以及项目选择六个方面对比分析了自组织模式与有意设计模式。作为一种特殊的园区形式，企业主导型生态工业园区由一个大型企业集团的成员企业组成，其产业共生网络演进和发展主要依靠集团发展计划和行政命令，如美国的杜邦公司、日本的藤泽生态工业园和中国的贵港国家生态工业示范园等。由于各国的经济体制和社会文明存在一定区别，因此各国生态工业园区的管理模式也存在较大差别。

文娱（2006）、赵玲玲（2007）、韩威（2009）、洪璐（2011）、闫二旺（2015）、廖敏（2016）等学者分析了美国、加拿大、日本、欧盟等国家生态工业园区建设和管理模式，并进行了中外生态工业园区管理模式比较。总结和归纳以上这些文献，国外生态工业园区管理的基本特点如下：（1）从管理模式来看，国外生态工业园区采用了自组织（市场自发）和有意设计（政府规划）两种不同模式。但实践表明，有意设计的生态工业园区存在规划成本高、利益激励弱、链接不稳定等问题。（2）从管理主体来看，国外生态工业园区管理主体呈现多元化，包括政府、私人部门、研究机构和环保组织，其中政府的管理职能表现为宏观统筹和监管，具体、直接的干预较少。（3）从管理手段来看，国外生态工业园区建设依靠完善的法律法规体系，明确政府、企业和社会团体在建设中的权责关系。

黄晓林（2004）、黄福波（2011）、梁树广（2015）、李洁（2016）等学者分析了我国生态工业园区管理模式，基本结论包括：（1）从管理模式来看，我国生态工业园区采用了自组织和有意设计两种不同模式，但大多数生态工业园区属于有意设计模式，包括全新规划型和循环化改造型。（2）从管理主体来看，我国生态工业园区管理主体呈现单一化。除少数企业主导型园区外，绝大多数园区的管理主体是园区管委会，政府承担了管理和运营两大任务。为了进一步提高管理和服务效率，园区深化“政企分开”改革，推广“管委会+公司”模式，园区管委会负责管理（政策、规划、审批和监管等），运营公司负责园区的运营（土地开发、投融资、基础设施建设和招商引资等），逐步推进投资主体多元化、运营管理市场化。（3）从管理手段来看，行政规制是生态工业园区管理的主要手段，地方政府和管委会通过条例、规定和办法等政令来促进循环经济、控制环境污染等。（4）从管理内容来看，管委会不仅要不断提升经济职能，还要增强社会服务职能，以适应产城融合的要求。白静（2012）、栾坤（2013）、王卉青（2014）等学者认为，在工业园区向产业新城发展过程中，管委会体制存在向行政建制转变的趋势，潜藏着体制回归的可能，带来园区管理机构庞大、管理方式僵化、经济功能弱化，从而削弱了管委会体制精简高效的优势，值得学术界和政府的关注。

四、绩效评价

绩效评价是反映生态工业园区运行绩效的重要工具，也是激励和推动园区可持续发展的重要手段。生态工业园区绩效评价一般分为综合绩效评价和专项评价两种类型。其中，综合绩效评价是对工业生态系统整体功能的评价，而专项评价只是针对工业生态系统的循环经济绩效进行评价。

（一）综合绩效评价

综合评价是对工业生态系统运行的整体性评价，其指标体系应该涵盖经济效益、环境效益和社会效益三大类。在经济效益指标设计方面，B. Kurup（2004）、把经济效益指标分为存量指标和流量指标，前者包括工业资产和公共设施；后者包括产值、利润、税收、工资收入、环境成本等。D. Gibbs 和 P. Deutz（2007）则强调因产业共生引起的成本节约，如原材料成本、废弃物管理成本等。我国学者黄鹃（2004）、郝艳红（2006）、张成考（2006）注重经济可持续发展能力，增加了资源潜力、循环再生能力、科技创新能力等指标。在环境效益指标设计方面，水体质量、空气质量、生物多样性是存量指标；污染物排放量、资源消耗量是流量指标（B. Kunp，2005）。我国学者钟书华（2007）在设计生态环境指标时加入了工业废弃物综合利用率、废弃物资源化比例等生态效率指标。在社会效益指标设计方面，教育水平、培训条件、民主决策等为存量指标；就业机会、社区服务、能力发展等为流量指标。我国综合评价指标体系中缺失了社会效益指标，而增加了园区管理类指标（元炯亮，2003），具体包括清洁生产企业所占比例、污染治理占工业产值比重、单位 GDP 烟尘排放量、单位 GDP 固体废弃物排放量等 8 个指标（黄海风，2005）。2015 年我国生态环境部发布《国家生态工业示范园区标准》，其评价指标分为经济发展、产业共生、资源节约、环境保护、信息公开五项一级指标、32 项二级指标，其中产业共生、资源节约体现了生态环境效益，环境保护类指标体现了园区环境管理水平。

生态工业园区综合评价方法主要包括三重底线法（TBL）、模糊综合评价法（FCEM）、灰色聚类分析法（GCM）、层次分析法（AHP）和数据包络分析（DEA）等方法。借鉴三重底线理论（经济底线、环境底线和社会底线），J. Altham 和 R. Berbel（2004）、B. Kurup（2005）、R. Berkel（2006）等学者先后采用三重底线法对工业共生系统的经济、生态和社会效益进行综合评价。依据模糊数学原理，郝艳红（2006）、李仁安（2006）、曹玉昆（2015）、陈共荣（2016）等学者采用模糊综合评价法，通过建立指标体系、获得模糊评价矩阵，对生态工业园区进行综合评价。张成考（2006）、黄海风（2005）采用灰色聚类分析法，通过建立指标体系—数据标准化处理—白化函数—聚类系数等分析环节，对生态工业园区进行综合评价。黄方（2007）采用层次分析法建立了包含四大类 18 项指标的评价指标体系，据此建立判断矩阵，得到总排序权值，并对成都高新技术产业开发区进行综合评价；赵涛（2011）则是综合运用层次分析法和模糊综合评价法展开园区综合评价。刘戈（2013）、王喜梅（2014）利用数据包络分析法，建立 DEA 模型，运用 DEAP2.1 计算得到生态工业园区投入产出综合效率，分别对河南省（10 家）和上海市（9 家）的生态工业园区运行效率进行了测度。总体来看，生态工业园区综合绩效评价研究比较规范，但与普通工业园区的综合评价区别不大，需要进一步修正指标体系，凸显生态工业园区评价的特色，增强中国生态工业园区评价的针对性。

（二）专项评价

生态工业园区的显著特征是资源与能源的循环利用，考察循环经济绩效成为生态工业园区专项评价的重点，其评价标准主要有生态效率、共生效率和可持续发展。

生态效率（世界经济合作和发展组织，1998）是指生态资源用于满足人类需要的效率。一般用产出与输入的比率表示生态效率。从园区角度讲，产出是园区经济整体生产的产品和服务，而输入是园区经济向生态环境排放的污染物及其影响。生态效率能够反映生态工业园区资源消耗与产出、污染排放与产出之间的相对强度，从而揭示园区循环经济发展的效果。生态工业园区生态效率评价的主要方法有模糊综合评价法、数据包络分析法、绩效指数法、主成分分析法、生态足迹法等。许乃中（2010）对比了灰色聚类分析和模糊综合评价法，认为模糊综合评价更适合于生态工业园区生态效率评价；刘巍（2012）、附丽娜（2014）采用超效率 DEA 方法对生态工业园区生态效率进行评价和实证分析。其中，附丽娜采用结构方程模型分析生态效率的影响因素具有开拓性，刘巍提供的定量化环境调控建议具有较大参考价值。王金德（2010）、赖玢洁（2014）采用绩效指数方法展开定量评价。其中，赖玢洁选取 2 项经济指标和 6 项生态效率指标，赋予不同的权重值，经过无量纲化处理，应用加权平均法计算求得环境绩效指数；王金德依据生态效率公式，构建园区生态效率指数，分别对我国 3 个国家级高新技术产业园区的生态效率进行评价和比较。刘宁（2008）、沈江和宋叙言（2015）采用主成分分析方法对生态工业园区生态效率进行评价。在准则层设计方面，刘宁设计为四层，包括经济发展、资源效率、环境效率和循环利用率；沈江和宋叙言按照 3R 原则设计为三层，舍弃经济发展层。芮俊伟（2013）采用生态足迹核算方法，在生物资源需求账户和能源资源账户基础上，增加环境污染账户，建立了生态工业园生态效率评价模型。

共生效率（吴文东，2007）是指以单位共生投入为代价，工业共生体所获得的共生产出的最大值。共生投入表示共生单元在生产过程中所造成的环境污染和资源消耗；共生产出表示因共生带来的收益，包括产品服务的价值、成本的节约、共生效应（知识外溢、人才流动）等。甘永辉（2008）、王曙光（2013）把共生效率公式化，即共生所获收益与共生所投入成本的比值。产业共生效率是判断产业共生网络运行状况和水平的重要指标，因而也是评价生态工业园区循环经济发展水平的重要指标。由于共生效率提出的时间较晚，其研究方法还处于探索阶段，研究的成果也较少。吴文东（2007）、王曙光（2013）参照共生效率指标标准值，采用距离函数计算距离函数值，据此分析评价对象与标准园区之间的差距。王曙光在指标设置中用共生体稳定性取代了共生效应，其指标包括产业链运行稳定性和产业链关联率，由此将结构变量指标引入指标体系，取得一定突破。王元亮（2015）进一步完善产业共生效率的指标体系，舍去产业链稳定性，而引入共生企业数量、可再生能源所占比重两个指标，进一步增强了结构性指标及其可操作性。

可持续发展（世界环境与发展委员会，1987）是指既满足当代人的需要，又不损害后代人满足需要的能力的发展。经济和社会发展不能超越资源和环境的承载能力是可持续发展的基本原则，这与生态工业园区循环经济发展的目标和宗旨是一致的。因此，生态工业园区可持续发展水平是反映生态工业园区循环经济绩效的重要标准。21 世纪初，在联合国可持续发展委员会、联合国统计局和世界银行的推动下，国家层面、地方层面可持续发展评估工作相继展开，生态工业园区可持续发展评价研究随之展开。黄鹍（2004）构建了生态工业园区可持续发展水平评价指标体系，包括 3 个准则层（园区发展水平、园区发展能力和园区发展协调度）、12 个领域层和 47 个指标。程磊（2007）构建了化工生态工业园区可持续发展评价指标体系，包括 3 个准则层（发展现状、发展协调度和发展潜力）和 36 个指标，运用层次分析法确定指标权重，采用混合评分法计算可持续发展总评价指数，据此进行判断和分析。陈秀珍（2008）、杨译（2010）采用层次分析法确定指标权重，通过模糊综合评价方法计算目标层（可持续发展）的综合评价值，形成一个较为规范的园区可持续发展评价模型。曲英（2013）基于因子分析确定指标层和指标权重，构建了生态工业园区可持续发展水平评价指标体系，具有较大的参考价值。比较而言，生态工业园区可持续发展评价落后于大尺度区域的研究，现有的指标体系针对性不强，评价模型和技术还不够成熟。

五、招商引资与国际合作

（一）招商引资

在招商引资方面，我国学者基于循环经济发展的要求提出了“绿色招商”“产业链招商”“无地招商”“中外合作招商”等观点。

绿色招商是指在招商引资中提高项目准入的技术含量和环境标准，以促进园区经济和生态环境可持续发展的一种招商模式。马玲（2005）、吴兵（2013）从理论和实践两个层面分别探讨了生态工业园区绿色招商，马玲探讨了绿色招商的概念，并依据循环经济理念、按照废弃物最小化原则，提出了 4

项一级指标和8项二级绿色招商指标；吴兵总结了马鞍山经济技术开发区绿色招商的实践经验，介绍了针对三种不同类型项目的招商策略：大力引进无污染、低能耗的先进制造业和高新技术产业；拒绝引进污染大、能耗高的产业；对于存在环境疑问的项目，邀请环保部门和环保专家进行会商把关。

产业链招商的理论基础是产业链的纵向延伸，它是指围绕主导产品的生产，吸引其上游产业和下游产业的生产企业集聚，从而构建专业化分工与协作生产体系的一种招商模式。对于生态工业园区而言，产业链招商的重点是“补链招商”，即围绕生态产业链建设，引进补链项目和配套产业，不断延长产业链条，强化产业链间的耦合，推动产业共生网络发展。姜杰（2005）、王滨（2010）在分析青岛经济技术开发区、广州开发区、昆山经济技术开发区等开发区招商引资的基础上，总结认为通过引进大项目，带动一批上、下游配套项目，从而拉长产业链，促进产业集群发展是招商引资的成功之道。陈耀（2006）认为产业链招商是一种差别化竞争的手段，有利于形成实现产业资源的全面整合和充分利用，也有利于形成根植性强的地方生产网路，由此形成专业化特色鲜明的产业集群。焦斌龙（2017）建议在开发区产业链招商时实施“一链一策”的政策，并把产业链招商确立为开发区招商引资的主导方式。

无地招商是指通过盘活现有土地资源，在不增加土地供给的条件下创造性地引进资金和项目的招商模式。无地招商模式突破了土地资源的约束和建设用地指标的限制，它是我国开发区面对产业结构转型和新增土地供给不足的尖锐矛盾而采取的招商模式。资文（2004）、胡春贺（2004）总结了长三角地区开发区外商增资扩产、“零土地技改”、二次招商、海外上市等招商经验，以期向其他地区推广。浙江省发展和改革委员会（2005）总结了浙江省诸暨、绍兴、东阳、余姚、平湖等地“零土地技改”和“无地招商”的做法，并提出了进一步推进“无地招商”的三项策略：摸清土地资源底细、制定盘活存量土地的政策、完善集约用地制度。汪德和（2006）提出了开发楼宇地和提高集约用地标准等思路；曾季敏（2016）基于产权关系，提出了以租金换股权，以产权换股权和产权合股经营三种产权招商机制。关鹏（2013）总结了肇庆高新技术产业开发区“零土地招商”的经验，并提出了闲置土地认定难、新旧企业对接成本高和土地回购资金不足等问题及解决对策。

中外合作招商是指中外合作园区充分发挥国外合作方的影响力，通过分工协作共同引进外资项目的招商模式。刘舒亚（2015）把这种模式称为机制招商，并提出以下两种途径：一是与外方机构紧密联系，实现信息共享，以充分利用外方机构的社会资源；二是成立海外办事处，共同创设投资推介会、技术研讨会、经贸文化交流等平台，共同洽谈客商等。

（二）国际合作

中外合作产业园区是产业园区国际合作的重要形式，它是以特定国家为产业合作目标，按照双方政府或相关机构签署的合作协议和协商机制，共同运营和管理的产业园区。它是合作国家根据全球生产体系而开展的国际合作形式，已经成为各国产能合作、协同创新和文化交流的重要平台（贺丹，2018）。1994 年，中新苏州工业园开始建设，我国启动了工业园区的国际合作进程。2007 年以来，在中新苏州工业园区示范带动下，我国境内中外合作园区的数量迅速增长（柏露露，2018）。在实践推动下，中外合作园区的研究成果也不断涌现，内容包括发展方向、分类、合作内容、问题与对策等。

关于中外合作园区发展方向，刘雯（2013）认为，境内国际合作园区的领域已经从国际工业合作园拓展到国际生态合作园、国际科技合作园、国际创新产业园、国际健康智慧园等形式，其中“绿色、低碳、宜业、宜居”生态园将是未来发展的重点。

关于中外合作园区分类，我国学者以合作方级别、合作程度、产业构成等为标准进行了分类研究。按照合作方的级别，分为国家级中外合作园区、省级中外合作园区和市级中外合作园区。刘舒亚（2015）在总结江苏省中外合作园区的基础上，把中外合作园区分为政府主导型和企业主导型。其中政府主导型又根据中外双方合作的程度分为紧密型和松散型。柏露露（2018）按照园区定位及产业构成，把中外合作园区分为工业园区、生态新城、商贸物流园和综合新城四类，其中数量最多的类型是工业园区。

关于中外合作园区的国际合作内容，邹莹（2016）、梁署霞（2016）、魏铖（2016）、贺丹（2018）等学者从不同角度进行了论述，概括起来包括以下内容：一是，借鉴合作外方先进的环保理念和规划技术，依托外方规划设计研发团队，合作编制高水平的园区发展规划；二是，充分发挥合作外方在国外的信息渠道、社会网络和影响力，合作开展招商引资，深度嫁接本地产业资源，推动产业集聚与升级；三是，引入合作外方园区运营和管理模式，通过合资、合作等方式联合管理园区，提高园区管理效率。四是，通过政府间协商，制定排他性优惠政策，形成多方支持的保障机制。五是，拓展合作空间，在合作双方国家同步建设产业园区，开始探索两国双园、两国多园的合作开发模式。

关于中外合作园区存在的问题与对策，贺丹（2018）认为，中外合作园区缺乏相应的交流组织机构和制度，导致合作交流局限于园区规划和招商等基本层次，人才流动、科技创新和产品开发等深层次交流比较少。柏露露（2018）认为，中外合作园建设目标具有双向性，双方的合作意愿存在一定偏差，因而在发展过程中要坚持互利共赢理念，实现共建共享、多元化发展。贺丹（2018）认为，中外合作园区缺乏本地资源和产业的支持，过度依赖外方的技术和资源，缺乏可持续发展能力。李垚（2018）认为，除了重视与开发企业的合作外，中外合作园区还需与外方不同领域的专门机构加强合作。刘舒亚（2015）、蔡苏文（2016）等学者认为，加强知识产权保护有助于吸引高技术含量项目。张立军（2015）总结了中、新两国在支持天津生态新城建设、开展跨境人民币创新业务等方面的做法，值得其他园区借鉴参考。

六、环境保护与清洁生产

在实践中，环境保护已经成为生态工业园区建设的主要工作，但基于生态工业园区视角的针对性研究却比较少，大都是基于工业园区或开发区视角的一般性研究。

（一）环境保护

在环境保护方面，生态工业园区坚持发展循环经济为本，环境保护为先的基本思路，取得一定成效。苏州工业园区（苏州工业园区管理委员会，2007）坚持可持续发展战略，在加快经济发展的同时，加强环境基础设施建设，构建环境治理全过程监管体系，开创了科技驱动、环境友好、增长持续的新型工业化道路。天津经济技术开发区（天津市环境保护局，2008）围绕电子信息、汽车制造、食品饮料和生物医药建立产业共生网络，并将新能源项目、环境保护项目作为招商重点，积极建设资源再生项目，经济发展和环境保护形成双赢。黄福波（2011）探讨了生态工业园区环境管理对策，提出了提高生态管理认识水平、注重综合决策和管理、加强环境保护规划的制定和落实、搞好环境服务、加大宣传教育、鼓励技术创新 6 条措施。近年来，围绕“互联网 +”环境保护的实践与研究不断增加，金盛杨（2018）结合苏北生态工业园区的实践，总结了苏北生态工业园区环境保护信息化平台建设存在的问题和对策，其中技术性问题是网络覆盖范围和信息共享的范围有限；管理问题是环保部门与执法、城市建设、土地管理、气象等部门之间协同和共享不足，信息交流不畅等。

（二）清洁生产

清洁生产是环境保护从末端治理到污染预防转变的重要手段。清洁生产（联合国环境规划署，1989）是指将整体预防的环境战略持续应用于生产过程和产品中，以期减少对人类和环境的风险。清洁生产方式得到世界大多数国家的响应，我国在《中国21世纪议程》（1994）中，把推广清洁生产工艺技术列为中国可持续发展的重要对策，并于1994年成立中国国家清洁生产中心进行技术指导和培训。石磊（2002）详细介绍了国外推行清洁生产的做法，包括自愿协议、经济政策、科技发展、教育宣传以及国际合作等。

在工业园区层面，杜新宪（2009）结合新疆工业园区的实践认为，资源节约和环境友好是生态工业园区的内在要求，因此入园企业必须推行清洁生产，实施清洁生产审核。陈梓玉（2015）认为工业园区推进清洁生产的主要方法有：鼓励企业多使用清洁能源和绿色环保原材料、引进先进的工艺技术、强化废弃物的回收处理等。刘铮（2017）、罗宁（2017）等学者认为清洁生产不能仅限于企业，应该拓展到园区产业共生系统。刘铮就此提出了工业园区推进清洁生产的三层框架，认为工业园区应从园区整体（宏观）、企业间（中观）和企业（微观）三个层面同时推进清洁生产。陈伟亚（2007）根据武汉化工新城全面推进清洁生产的要求，设计了化工新城行业清洁生产综合指标，包括原料、能源消耗量和污染物产生量两大类6项指标，并提出化工新城准入行业清洁生产技术水平标准。

七、技术创新研究

生态工业园区的技术创新研究主要集中在绿色技术的构成、生态工业园区技术创新的动因以及技术创新的路径等。

（一）绿色技术

基于生态工业园区发展的生态价值观，绿色技术成为生态工业园区技术创新研究的重点。绿色技术，也称为生态技术，是指具有节约资源、减少环境污染功能的生产技术。张英杰（2005）、郭莉（2008）、张艳（2010）、虞剑锋（2011）等学者都认为绿色技术是生态工业园区资源与能源循环利用或产业共生的支撑手段；李江利（2012）认为生态工业园区倡导的生态文化和产业共生意识为绿色技术创新提供良好的文化氛围。

（二）绿色技术的重点领域

对于生态工业园区来说，绿色技术的发展方向是废弃物分离、处理和资源再生技术。万伦来（2004）、张英杰（2005）等学者认为生态工业园区的资源循环利用具有网络化特征，因此绿色技术创新不仅仅是单向的技术创新，还需要考虑绿色技术的集成，包括物料消耗最小化的系统技术、环境治理集成化的技术等。

（三）绿色技术创新的动力

按照理性人假设，企业技术创新的动力主要来源于利润最大化，是对未来创新收益的预期。在生态工业园区，企业技术创新也是基于利润最大化，但来自政府的政策和环保要求也是重要的诱发因素。杨贵彬（2007）认为生态工业园区技术创新的特殊动因包括基于产业共生的合作创新、基于绿色环保产品的技术创新、基于政府政策支持的技术创新等。

（四）绿色技术支撑体系

生态工业园区只有不断创新和利用这些技术，才能不断提高资源与能源的利用效率。王崇梅（2007）认为建设绿色技术支撑体系对于发展工业园区生态产业链具有重要意义，其中包括资源化技术、环境无害化技术、高附加值、少污染排放技术等。

第二节　国外生态工业园区建设的经验

在丹麦成功建立卡伦堡生态工业园以后，许多国家对生态工业园的发展产生了浓厚的兴趣。20 世纪 90 年代，德国、美国、加拿大、日本等发达国家的生态工业园区得到快速发展，印度、南非、巴西等发展中国家也在模仿中不断创新生态工业园区发展模式。国外生态工业园区发展的经验，对于我国开展生态工业园区建设实践具有重要的参考价值。

一、环境管理严格

美国、瑞典和德国等发达国家已经形成完善的环境法律体系，并对违反法规者给予重罚，倒逼企业和居民养成遵守环境法规的习惯，从而为生态工业园区循环经济发展和环境保护奠定良好的社会基础。瑞典是环境保护最为严格的国家，该国已经制定了一整套环保法规，还成立了解决环境法律纠纷的环境法庭。在完善的环境法律法规基础上，瑞典的环境管理从法律、市场和教育等方面同步推进。其一，瑞典政府严格执行环境法规，让违法者遭受重罚、付出代价；其二，通过征收排污费、排污权交易、押金制度以及环境准入等手段引导企业注重环保；其三，通过学校教育，从小培养公民的环保意识。

二、能源与化工产业为主导

能源与化工产业具有原材料投入多，副产品和废弃物种类多等特征，如电力、石油化工、煤化工、冶金等产业。围绕这类产业，构建产业共生网络，是实现资源循环利用和减少环境污染的有效方法。在发达国家，以能源与化工为主导的产业园区都在自发或政府推动下形成了发达的产业共生网络。例如，卡伦堡生态工业园区（发电、炼油、石膏制板等）、荷兰的鹿特丹临港工业园（化工）、英国的诺尔斯蒂工业园区（化工）、芬兰的约恩苏生态工业园区（发电厂）、德国的瓦利生态工业园区（化工）、加拿大的安大略提库克生态工业园区（电力、炼油、钢铁、水泥等）、加拿大伯恩赛德生态工业园（印刷、石油、化学、机械和金属加工）、韩国的蔚山工业园（石油化工、重型装备制造）等。丹麦卡伦堡生态工业园是以发电厂、炼油厂、制药厂和石膏制板厂为核心构建的产业共生网络，最初形成的 10 条生态产业链是围绕炼油厂的副产品燃气和发电厂的飞灰、余热的循环利用展开。目前该园区生态产业链已经发展到 31 条，形成能够有效利用 10 余种副产品以及废水、余热的产业共生网络（见图 2-1）。

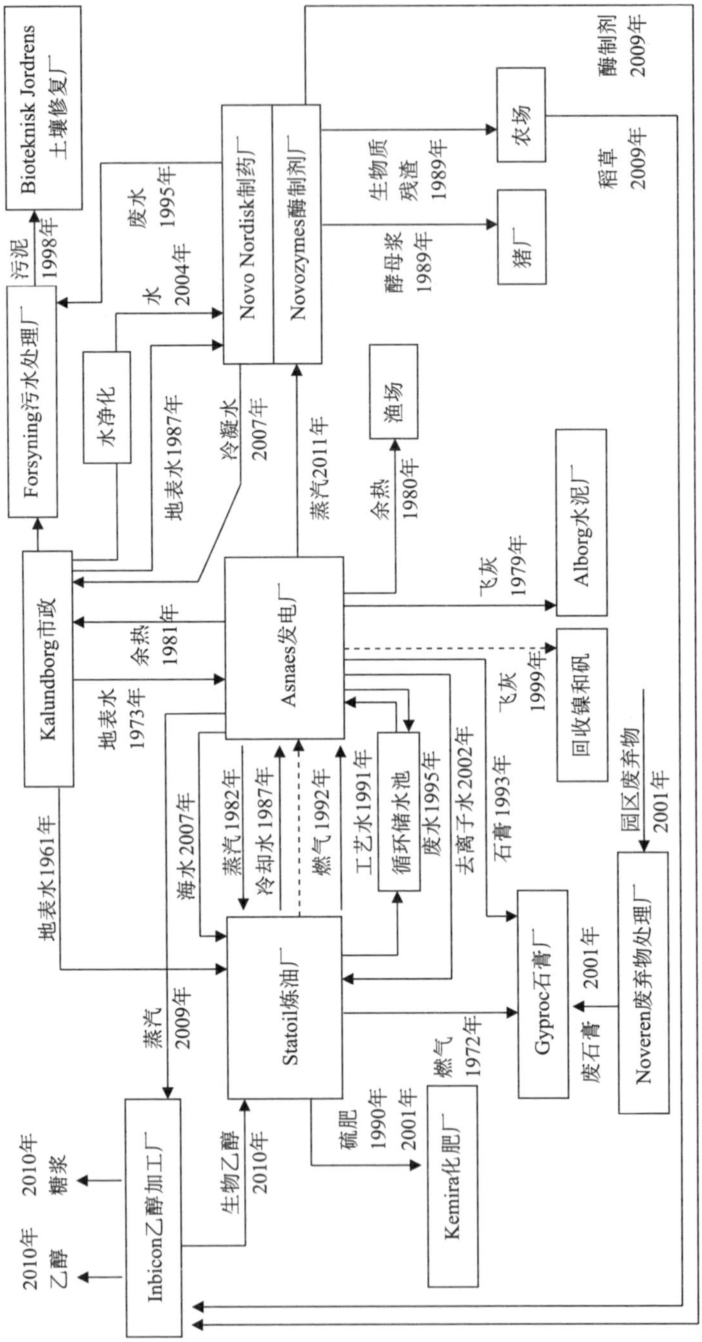

图2－1 丹麦卡伦堡生态工业园产业共生示意图

三、政府管理不占主导地位

欧美、日本等发达国家都十分重视生态工业区的建设，但是政府在园区管理中并不占主导地位。在美国、欧盟国家，政府在生态工业园区管理中的主要职能是宏观层面的管理，如循环经济的法律法规建设、产业共生指导和协调、信息咨询与信息共享等；园区具体的管理事务则主要由园区运营商或园区企业来负责，形成企业为主导的园区运行模式。美国生态工业园区实施双主体管理，物业管理者是园区的开发运营公司，主要的职能是维护基础设施、招商引资、支持服务等；而社区管理者是企业自发形成的行业协会或商会，负责协调企业间的利益关系，并在对外活动中发挥组织协调作用。日本生态工业园区采取官、产、学、研一体化管理方式，在园区管理过程中，企业是主体，金融机构、科研院所、行政部门及其他利益相关者积极参与。无论是企业主导模式，还是共同管理模式，市场自发力量是园区建设和循环经济发展最为主要的力量。

四、绿色技术支撑

发达国家的生态工业园区十分重视绿色技术的开发与应用，特别是废弃物再生利用技术。园区企业积极开发绿色技术，而且园区运营商注重吸引那些具有“绿色制造技术”的企业入园，并创建相关基础设施和条件实现废水、余热的再利用。日本藤泽生态工业园是日本的茌原公司和零排放机构等部门合作而建立的生态工业园区。园区依托茌原公司开发和应用绿色技术，实现了废弃物的再生利用。一是运用硫化床气化燃烧和处理技术，把垃圾、污水等转化为氨气、甲烷和氢气等可用气体；二是烟道气矗立系统回收并利用氮气和二氧化硫；三是运用污水加热交换泵从所回收的污水中吸收热量等。

五、生态价值观突出

西方国家在生态工业园区发展规划中充分体现生态价值观，其基本原则包括：保持生态特征和自然景观；废弃物预防；鼓励生产对环境没有影响并在其使用过程中安全的产品等。新加坡十分注重工业环境的生态化建设，特别是绿化标准。新加坡裕廊工业园区是石油提炼和石油化工的集中地，是新加坡污染管制最为严格的地区。为此，在裕廊工业园区发展规划十分突出生态化建设；其一，水道与工业生态项目建设，由河道与输送管道组成一个水循环网络系统；其二，微型园林建设，微型园林景观分布在园区各处，对园区环境产生强大的调节作用。其三，能源替代项目，从矿石能源转变为以水或海水为基础的清洁能源。

六、虚拟生态工业园区兴起

虚拟工业园突破了行政区域的限制，可以在更大范围内组织资源与能源的循环利用，进一步提高了资源利用效率。在现代信息技术支撑下，美国、日本等发达国家的虚拟工业园区不断发展，并成为生态工业园区位未来的发展趋势。美国的布朗斯维尔生态工业园位于美国和墨西哥的边境，该园区借助现代信息技术尝试建设虚拟生态工业园区，在现有企业开展物质与能量循环利用的基础上，不断吸收区外“补链”企业加入产业共生体系，其地域范围波及美国及墨西哥的马塔莫罗斯等地，开辟了一种跨行政区域的循环经济模式。为了提升产业集聚区域的灵活性和稳定性，21 世纪初日本构想并建设了虚拟工业园产业平台，以此强化企业之间、企业与消费者之间的联系，形成了适应消费者需求的开放型生产和供应链。

七、民众参与度高

发达国家已经进入高度民主社会，居民对政治、经济和社会问题比较关注，对生态环境问题高度敏感，并积极参与环境保护的行动，形成浓厚的生态文化氛围。而且，发达国家的环境法规比较完善，居民参与环境保护的渠道多样，民间环保组织发达，社区与民间社会组织已经成为地方自治体系的重要组成部分。同时，生态工业园区积极组织和参与社区活动，强化与社区团体和居民之间的交流，寻求合作机会，减少各类摩擦，例如，大学与研究机构联合举行学术研讨会、资助开展社区知识普及、技术竞赛以及参加社区的公益活动等。

第三节　我国生态工业园区建设的特殊性

我国生态工业园区虽然起步较晚，但是发展迅速。与国外生态工业园区发展相比，我国生态工业园区发展具有体制、经济以及社会等方面的特殊性。

一、起步晚

最早的丹麦卡伦堡生态工业共生体到现在已经有30多年的历史，大多数发达国家的生态工业园区实践起始于20世纪90年代。与此相比，我国生态工业园区试点的起始时间为2001年，不仅实践时间晚，而且相关理论研究也十分缺乏。由于起步晚，我国生态工业园区都是在原有工业园区（国家经济技术开发区、国家高新技术产业开发区或省级经济开发区等）基础上改造而成，属于现有改造型生态工业园区。由于园区建立初期缺乏产业共生的系统设计和规划，已有的产业之间缺乏内在的投入产出关联，园区循环化改造的产业共生基础比较薄弱，循环化改造的动迁成本较高。

二、处于工业化中后期

西方发达国家在开始建设生态工业园区时，经济社会已经完成了工业化，进入了后工业化时期。其科技水平高，绿色技术的开发能力强，从而为产业共生提供必要的技术支撑。目前，我国大多数地区仍然处于工业化中后期，与发达国家的科技发展水平存在较大差距，特别是绿色技术开发与应用能力较低，较为先进的生态化技术储备不足，不能有效满足循环经济发展的要求。生态工业园区建设是一个系统工程，只有依靠开发和利用副产品加工利用技术、能源综合利用技术、废弃物资源化技术、污水再生利用技术、物流连接技术的支撑，才能形成一个物质、能源、信息的传输网络。我国生态工业园区存在技术创新和科技人才方面的制约，不仅绿色技术开发能力较弱，而且要全面应用这些技术的难度也较大。因此，中国是在工业化未完成的情况下跨越式进入生态工业园建设阶段。造成的问题是发展比较仓促，没有充分的技术基础，从而导致生态工业园发展“先天发育不足，后天成长畸形”的状态。

三、市场机制不完善

发达国家成熟的市场机制使这些国家的生态工业园建设更加具有自主性和自发性，企业之间交换副产品和废弃物主要是为了降低成本，是一种市场行为，而并非来自政府的干预。我国是一个处于经济体制转型时期的发展中国家，虽然我国已经初步建立了社会主义市场经济制度，但政府调控仍然是市场机制的必要补充，政府过当干预现象依然存在①，许多产业项目还是由政府规划和组织推动。在生态工业园区建设过程中，地方政府和园区管委会不仅要投资建设环保基础设施等公共产品，而且还设立创投基金支持关键生态项目建设。而相比之下，企业在环保设施设备建设、开展资源循环利用等方面缺乏积极性，大多是在强大的环境监管压力下被动进行，企业不愿意在资源循环利用和环境保护方面进行充足的投资。显然，在不成熟的市场机制下，我国生态工业园区未能建立稳定的、可持续的资金保障机制。这种状况不仅直接制约了在建的生态工业示范园区的建设进度和质量，而且还影响着其他园区对生态工业园创建活动的响应。显然，我国是在缺乏内生动力的条件下发展循环经济，这是我们必须考虑和面对的特殊体制环境。

四、自上而下的管理方式

与国外不同，我国地方政府在工业园区管理中处于主导地位，企业和行业协会在园区管理中发挥的作用较小。我国工业园区一般采取管委会体制，由地方政府设立的园区管理委员会代表政府对工业园区的工作实行统一领导和管理。目前，大多数工业园区实行管委会+运营公司的管理模式，即管委会负责园区的行政审批和管理，由园区管委会或地方政府投资组建的园区开发与运营公司负责园区的开发与运营。通过政企分开改革，虽然激发了园区建设的市场活力，但政府主导园区发展的基本格局并没有实质性改变，仍然具有浓厚的行政色彩。一方面，园区管理委员会不仅承担规划制定、项目准入、环境监管、市场秩序维护等宏观管理任务，而且还涉足土地开发、招商

① 国务院发展研究中心课题组："转变政府职能完善市场经济体制"，《经济研究参考》，2003年第2期，第2-10页。

引资推介、环保基础设施建设、企业共生关系协调、项目建设帮办等微观层面的工作。另一方面，园区开发与运营公司大多是园区管委会或地方政府的独资公司或控股公司，其经营战略和模式受政府决策的影响。

五、居民社区自治程度低

社区及社区文化是国外生态工业园区规划的重要内容，也是园区经济、社会活动的重要组成部分。而在中国，大多数生态工业园区缺乏对社区的关注，从规划论证、园区建设以及环境监管等方面企业、政府和科研机构参与的较多，而社区居民参与的最少。这种情况不利于形成园区文化、积累园区社会资本，也不利于发挥和调动各种资源和要素的积极性。究其原因，一是生态工业园区不注重营造社区共同的利益，如生态环境、社区文化、治安状况等，居民缺乏参与园区管理的动机；二是工业园区一般处于城市边缘，与主城区隔离形成"孤岛型经济"，而且由于公共服务供给水平较低，导致生态工业园区的社区的凝聚力较低，出现大量的"钟摆"型人口，他（她）们缺乏参与社区活动的意愿；三是生态工业园区的民间社团组织较少，如文艺团体、环保组织等，大多数的社区活动能由政府来承担，居民缺乏参与社区活动的组织依托。

六、资源环境价格机制不完善

西方发达国家资源环境价格机制比较完善，环境税征税范围广泛、税率设置较高，对环境污染行为形成强大的约束。而且，差别化税率制度对于外部性很强的污染物排放实行高收费政策，迫使污染物排放成本上升；同时，水、能源等的价格较高，大大超过循环利用的中水和余热的价格，从而倒逼企业减少投入、减少排放和加强循环利用。与国外相比，我国的资源环境价格体系并不完善，一些种类的资源税还未纳入资源税法，环保税在企业成本结构中并不显著，资源环境价格对环境保护的调节作用十分有限。为此，国家发展和改革委员会印发《关于创新和完善促进绿色发展价格机制的意见》（发改价规〔2018〕943 号），从污水处理、固废处理、用水、用电四个方面着手，推动价格机制改革，以促进资源节约和污染防治。

第三章

我国生态工业园区的SWOT分析

第一节　我国生态工业园区的发展现状

一、我国生态工业园区的发展历程

进入21世纪，我国开始实践生态工业园区模式，探索循环经济发展的路径，并历经试点、全面建设和质量提升三个阶段。

（一）试点阶段（2000—2006年）

2001年，我国启动建设第一个国家生态工业示范园区：生态工业（制糖）建设示范园区——贵港，标志着我国开始在工业园区探索循环经济发展模式。2001—2006年，生态环境部连续印发《生态工业示范园区规划指南（试行）》《国家生态工业示范园区申报、命名和管理规定（试行）》《静脉产业类生态工业园区标准（试行）》《行业类生态工业园区标准（试行）》《综合类生态工业园区标准（试行）》等文件，并批复苏州工业园区、苏州高新技术产业开发区、天津经济技术开发区等23个工业园区开始创建国家生态工业示范园区。

（二）全面建设阶段（2007—2013年）

2007年，国家生态环境部印发《国家生态工业示范园区管理办法（试行)》《关于开展国家生态工业示范园区建设工作的通知》，开始在全国范围整体推进国家生态工业示范园区创建工作，我国生态工业示范园区进入快速、规范发展的轨道。在国家生态工业园区数量增长的同时，生态环境部对已经开展创建工作的园区进行动态管理，通过检查、评估和验收，命名一批、撤销一批。截至 2013 年年底，国家生态工业示范园区达到 85 家，其中已经命名的国家生态工业示范园区为 26 家，正在创建的国家生态工业示范园区为 59 家。经过 15 年的探索实践，我国生态工业示范园区发展迅速，取得了一定经验，涌现出苏州工业园区、天津经济技术开发区、北京经济技术开发区等发展典型。但是，大多数生态工业示范园区的发展还存在资金制约、政策缺位、生态技术创新不足等问题，其循环经济发展和生态环境保护水平有待进一步提升。

（三）质量提升阶段（2014 至今）

为了进一步提升我国生态工业示范园区的建设质量，2014 年 10 月，国家生态环境部开始着手修订国家生态工业示范园区管理办法和标准，并于 2015 年 12 月先后印发《国家生态工业示范园区管理办法》（环法〔2015〕167 号）和《国家生态工业示范园区标准》（公告 2015 年第 91 号），不断加强对国家生态工业示范园区的管理，引领国家生态工业示范园区向更高的生态目标发展。与此同步，2014 年 10 月，国务院发布《关于促进国家级经济技术开发区转型升级创新发展的实施意见》，2017 年科技部印发《国家高新技术产业开发区“十三五”发展规划》，进一步激发国家级开发区的创新创业水平，进一步发挥其在创新驱动发展和产业结构转型中的示范引领作用。在国家生态文明建设、创新驱动发展战略中，我国生态工业园区建设的重点转向规范管理、提档升级。截至 2016 年年底，国家生态工业示范园区达到 93 家。其中，已经命名的国家生态工业示范园区为 48 家，正在创建的国家生态工业示范园区为 45 家。

二、建设基础

我国生态工业示范园区建设的基础来源于五种区域组织形式，分别是国家级经济技术开发区、国家级高新技术产业开发区、国家级保税区、省级开发区和其他类型（企业类、其他职能区等）。其中，国家经济技术开发区 54

个，国家高新技术产业开发区 24 个，国家保税区 2 个，省级各类开发区 10 个，其他类型3 个（见表3－1）。这些区域建区早、经济发展水平高。大多数生态工业园区始建于 20 世纪末期。其中，20 世纪 80 年代起步的园区有 17 个，占总数的 18.28%；20 世纪 90 年代建设的园区有 59 个，占总数的 63.44%；进入 21 世纪建设的园区有 17 个，占总数的 18.28%。这些园区技术创新较高、经济增长速度较快，在国家和地方经济发展中具有增长极功能，发挥着技术引领和经济扩散的作用。2016 年，苏州工业园区 GDP 为 2192 亿元，占同期苏州市 GDP 的 14.16%；苏州高新技术产业开发区 GDP 为 3049.83 亿元，占同期苏州市 GDP 的 19.71%；两者 GDP 占苏州市总量的 33.87%。

表 3－1　　我国生态工业园区建设的基础　　单位：个

建设类型	国家级经济技术开发区	国家级高新技术产业开发区	国家级保税区	省级开发区	其他	合计
已批准为国家生态工业示范园区的园区	29	13	1	5	0	48
开展国家生态工业示范园区建设的园区	25	11	1	5	3	45
合计	54	24	2	10	3	93

资料来源：根据《国家生态工业示范园区名单（2016 年）》整理。

三、类型

按照产业构成特点，我国把生态工业示范园区分为综合类、行业类和静脉类三种类型①。其中，综合类生态工业示范园区是由不同工业行业的企业组成的工业园区；行业类生态工业示范园区是围绕某一类工业行业的企业，多种行业企业共生耦合形成的具有专业化特色的生态工业园区；静脉产业类生态工业示范园区是以静脉类产业为主导，静脉类产业与动脉类产业有机结合

① 国家环境保护总局．关于发布《行业类生态工业园区标准（试行）》等 3 项国家环境保护行业标准的公告［EB/OL］．http://www.mee.gov.cn/gkml/zj/gg/200910/t20091021_171633.htm，2006－6－2.

形成的生态工业园区。在 93 个国家生态工业示范园区中，综合类生态工业示范园区为 84 个；行业类生态工业示范园区为 8 个；静脉产业类生态工业示范园区为 1 个（天津子牙经济技术开发区）（见图 3 - 1）。

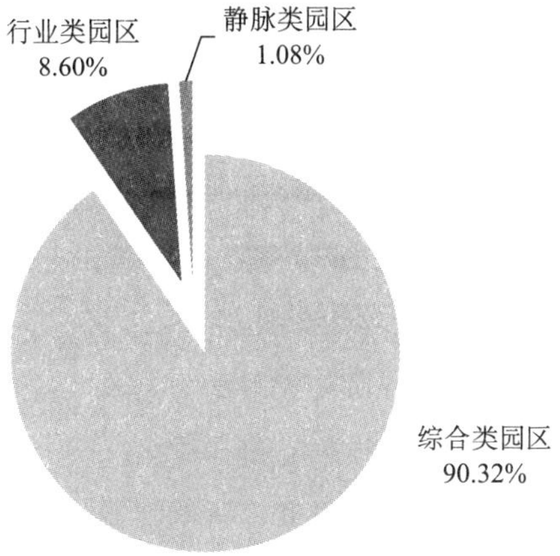

图3 - 1　国家级生态工业示范园区的类型

综合类园区发展良好。综合类生态工业园区占园区总数的 90. 32% ，是我国生态工业示范园区的主要种类。该类园区的建设基础主要是国家级经济技术开发区和国家级高新技术产业开发区，其主导产业多样，经济实力雄厚，技术水平较高，具有发展循环经济的良好条件和可持续发展能力。

行业类园区发展不稳定。行业类生态工业示范园区较少，仅占园区总数的 8. 06% 。2008 年以来，包头国家生态工业示范园区（电解铝）、抚顺矿业集团（矿山开采）、贵阳开阳磷煤化工国家生态工业示范基地（煤化工）、包头钢铁（集团）有限责任公司（钢铁）、山西安泰集团（炼焦）和郑州市上街区国家生态工业示范园区（氧化铝）相继退出生态工业示范园区建设，行业类园区的比重有所下降。

静脉类生态工业园区发展缓慢。2015 年天津子牙经济技术开发区被批准开展国家生态工业示范园区创建工作，2016 年青岛新天地静脉产业园被撤销国家生态工业示范园区称号。

四、区域分布

我国生态工业示范园区的地域分布与经济发展水平高度相关，经济发达的东部地区生态工业示范园区的数量最多，多达 68 个，占园区总数的 73.12%；其次是中部地区，生态工业示范园区数量为 13 个，占总数的 13.98%；西部地区分布有 8 个，占总数的 8.60%；东北地区分布 4 个，占总数的 4.30%（见表 3－2）。各大区域板块内部，生态工业示范园区分布的省际差异也十分明显。

在东部地区，江苏省生态工业示范园区数量最多，达到 28 个，占东部地区生态工业示范园区总数的 41.76%；依次是山东省（11 个）；上海市（9 个）、浙江省（8 个）、广东省（5 个）、天津市（4 个）、北京市（1 个）、河北省（1 个）和福建省（1 个）。

在中部地区，安徽省生态工业示范园区最多，数量为 4 个；湖南省和江西省各为 3 个；河南省、山西省、湖北省各有 1 个。

在西部地区，内蒙古自治区生态工业示范园区最多，数量为 2 个；广西壮族自治区、陕西省、贵州省、成都市、新疆维吾尔自治区、云南省各 1 个。

在东北地区，辽宁省和吉林省各有 2 个生态工业示范园区。

表 3－2　我国生态工业示范园区的分布　单位：个

建设类型	东部地区	中部地区	西部地区	东北地区	合计
已批准为国家生态工业示范园区的园区	43	3	0	2	48
开展国家生态工业示范园区建设的园区	25	10	8	2	45
合计	68	13	8	4	93

资料来源：根据《国家生态工业示范园区名单（2016 年）》整理。

第二节　我国生态工业园区的 SWOT 分析

一、内部优势（S）

（一）先进的发展理念

我国生态工业园区秉持生态优先、绿色发展的可持续发展理念，引领自然、经济和社会协调发展之路。1999 年，原国家环境保护总局与联合国环境规划署合作实施“中国工业园区的环境管理研究项目”，开始引入工业生态学原理，开展生态工业示范园区建设工作。在借鉴发达国家生态工业园区的基本思想和模式的基础上，我国把循环经济理念、产业共生模式、低碳经济、生态文明建设等绿色、循环、低碳发展贯穿到生态工业园区的申报、建设和验收各个环节。原国家环保总局（2003）在《生态工业示范园区规划指南（试行）》中指出，生态工业示范园区是通过物流或能流传递等方式把不同工厂或企业连接起来，形成共享资源和互换副产品的产业共生组合。2006 年，原国家环保总局根据生态工业的特征和生态工业园区建设的关键环节，围绕经济发展、污染控制、资源循环与利用（或物质减量与循环）与园区管理四个大类的基本要求，制定并发布《行业类生态工业园区标准（试行）》（19 项指标）、《综合类生态工业园区标准（试行）》（20 项指标）、《静脉产业类生态工业园区标准（试行）》（20 项指标），作为生态工业园区建设、管理和验收的标准。2010 年生态环境部、商务部和科技部联合发布《关于在国家生态工业示范园区中加强发展低碳经济的通知》，要求自 2010 年起，国家生态工业示范园区要将发展低碳经济列为园区重点建设任务。2015 年，国家生态环境部将各类园区标准修订合并为统一标准：《国家生态工业示范园区标准》。该标准包括经济发展、产业共生、资源节约、环境保护和信息公开五大类、32 项指标。近年来，随着我国生态文明建设的推进，以绿色为导向的生态发展观融入我国生态工业示范园区的建设中，绿色制造、绿色生活、绿水青山、生态宜居为深化生态工业园区创新发展提供了重要的理论来源。

（二）雄厚的产业基础

我国国家级生态工业示范园区是在国家级高新技术产业开发区和国家级经济技术开发区基础上发展而来。这些国家级开发区大都建立于 20 世纪 90 年代，主要职能是在排他性政策扶持下，快速发展现代工业和高新技术产业，打造我国的投资高地、技术高地和产业高地。经过 20 多年的高速发展，这些开发区建立规模庞大的制造业体系，形成较大的生产能力，在区域经济发展中承担着增长极的职能。天津经济技术开发区成立于 1984 年 12 月，国民经济和社会发展第十二个五年规划时期地区生产总值年均增长率达到 18%，2015 年地区生产总值为 2905.59 亿元，占天津市地区生产总值的 17.57%，形成电子、汽车、石化三个产值超 1000 亿元级产业和装备、食品两个超 500 亿元级产业；战略性新兴产业也加速聚集，拥有飞旋科技磁悬浮轴承真空分子泵、赛诺医疗生物降解药物涂层冠脉支架等一批具有国际领先水平的科技创新成果，园区已经成为天津市乃至我国新一代信息技术产业的创新源头。

在生态工业示范园区建设过程中，环保基础设施不断完善，环保产业和环境服务业也得到发展，特别是环境服务业发展迅速。随着环境监管要求的不断提升，生态工业园区环境服务需求不断上升，环境监测服务、环境咨询服务、第三方治理服务等产业规模随之扩大，已经成为园区经济的新增长点。在烟台经济技术开发区，大量企业和资金纷纷进入环保产业链条，环境技术咨询、环境监测服务、环境污染第三方治理等领域的环境服务企业迅速发展，有效提高了环境管理的效率，增强了节能减排的效果。

（三）良好的生态环境

国家生态工业示范园区创建活动促使园区建立了以环境保护委员会为主导，网格化监管为主要形式，企业环境自律和公众广泛参与的环境管理体系；促使企业开展清洁生产，启动了园区生态产业链建设，取得了较好的效果。在国家验收、复查等环节中，大多数创建园区都达到了节能减排目标，其环境质量持续改善，空气质量优良率上升，PM2.5 平均浓度下降、水质优良（Ⅰ－Ⅲ类）断面比例上升、环境信访举报下降，提升了生态服务功能。《2015 年苏州工业园区环境质量报告》显示，2015 年苏州工业园区实现地区生产总值 2060 亿元，占当年苏州市地区生产总值的 14.21%。在经济持续增长的同时，苏州工业园区的环境质量也呈现明显改观：2015 年园区各观测点空气优良天数介于 191—254 天；在水环境质量方面，园区地表水环境质量总体稳定，集中式饮用水水源水质符合地表水Ⅲ类标准，达标率为 100%；在声环境质量方面，园区声环境质量总体稳定，平均等效声级为 53.6Db（A），总体质量达到二级（较好）水平；在土壤环境质量方面，苏州工业园区各个土壤环境质量监测点位的检测结果均达到《土壤环境质量标准》（GB15618－1995）二级标准。

（四）高效的“亲商”服务体系

大多数生态工业示范园区的基础是经济技术开发区或者高新技术产业园区。在开发区建设初期，这些园区紧紧围绕“生产功能”，采用“亲商”“重商”和“护商”理念，为引进的项目提供事前、事中和事后的全程服务，形成先进的服务理念和高效的服务体系，对国内外优质生产要素产生强大的吸引力。其中“一站式”服务模式在各个园区中广泛推广，并得到修正和完善。“一站式”服务是指工业园区建设“一站式”服务大厅，为投资者提供从前期投资考察接待、投资方案建议到企业设立审批的“一站式”服务，以及项目建设后期的人力资源、生产运营、保税仓储、电子通关等方面的专业服务。近年来，各园区充分利用现代信息技术开发建立“一站式”服务中心或企业公共服务平台，为企业提供注册登记、规划建设、厂房场地、股权融资、报关、税务、科技项目申请、市场调研、人力资源等全流程、全方位创新创业发展服务。如合肥经济技术开发区中小企业公共服务平台、北京亦庄中小企业服务平台、天津经济技术开发区政务服务平台、苏州工业园区企业发展服务中心等。

在积极引进外资的同时，开发区十分注重民营企业的发展，为民营企业扎根发展提供一种公平的营商环境、活跃的创新氛围和宽松的融资环境。针对民营企业的融资“高山”，大多数生态工业园区都推出了创业投资引导基金，专项引导创业投资企业投资于符合园区产业发展方向的创业企业，积极为民营企业和中小企业提供融资担保服务。北京经济技术开发区北京亦庄国际担保有限公司推出了针对高层次人才创业的融资担保服务，最高担保金额高达500万元。针对民营企业的营商环境，开发区正在探索政府与企业间的“资源服务—创业信息动态反馈机制，政府要通过网站、座谈培训等形式让企业了解民营企业的发展政策，企业也要通过项目申报、信息备案等环节向政府反馈创新创业信息，政企信息对称有效提高了服务企业的效率。针对创新氛围建设，天津经济技术开发区、大连经济技术开发区、嘉兴港区等生态工业园区实施面向企业推出“专家＋服务团队”，组织专家与企业代表面对面交流，并提供解决方案；服务团队则针对专家方案，协助企业开展落实。

二、内部劣势（W）

（一）土地、环境等自然约束明显

经过20多年的高强度开发建设，大多数生态工业园区的资源、环境约束加剧，尤其是土地和环境容量约束明显。在土地资源方面，大多数生态工业园区土地已基本利用，可用于开发建设的土地面积所剩无几。面对新兴产业项目入园的土地需求，新增工业用地明显不足，土地供求矛盾尖锐，土地资源瓶颈已成为重要制约因素。1992 年，北京经济技术开发区出让第一宗土地使用权，2007 年起步区所有土地使用权出让完毕；天津经济技术开发区（东区）成立于1984 年，规划面积4012.05 公顷，截至2016 年年末，供应建设用地仅剩 141.39 公顷，占总面积的 3.52%。常州高新技术产业开发区未开发利用土地仅剩 0.27 平方公里。与上述两个开发区相似，东部地区大部分生态工业园区的工业用地基本使用完毕，土地供求矛盾日趋尖锐。中西部地区生态工业园区的未利用土地也十分有限，土地供求矛盾开始显现。

在环境容量约束方面，生态工业园区自创建生态工业园区以来，通过实施一系列节能减排措施，污染物减量排放效果明显，园区企业污染物均采用先进治理技术达标排放，但是在技术水平没有根本性变化的条件下，节能减排空间有限，资源优化空间收窄。大多数工业园区发展的污染物总量指标不足，企业发展需求与总量指标缺乏的矛盾日趋尖锐，环境承载能力的刚性约束加剧，节能减排面临巨大压力，可持续发展面临巨大挑战。郑州经济技术开发区 2015 年碳排放削减率为 15%，2016 年降为 11%，虽然二氧化碳有一定程度的削减，但在能源结构没有根本性变化的条件下，碳排放削减空间十分有限。

（二）自主创新能力不强

生态工业园区的基础是国家级经济技术开发区或者是高新技术产业开发区。在技术领域，它们是引领我国技术创新和高新技术产业发展的引擎。但是，从全球价值链结构来看，我国生态工业园区的主导产业大多处于全球价值链中低端，产品技术含量比较低，在国际经济中缺乏竞争优势，在国内经济中缺乏引领作用。在这些园区，新兴制造业和现代服务业发展较快，但缺乏核心技术和自主创新能力，在装备、工艺等方面与国际前沿仍存在一定差距，并依赖技术引进。在生态化技术创新方面，生态设计技术、资源与能源循环利用技术、生态工业关键链技术尚显薄弱，无论是科研项目数量还是成果转化数量，都不能满足园区产业链纵向延伸和横向耦合的需求。潍坊滨海经济技术开发区主导行业为海洋化工产业，但盐碱化工、溴化工、苦卤化工、精细化工等产业的产品多属于初级产品，而溴素深加工、氯系精细化工等深加工产业规模小，有机化学、合成材料和精细化工新产品规模小、品种少。

自主创新能力薄弱主要表现为以下几个方面：一是高层次研发创新人才短缺。虽然各园区都制定了人才引进的政策或办法，但是高端人才紧缺仍然是各园区技术创新面临的首要问题，表现为人才资源储备不足，经营管理和科技人才较为缺乏，满足高精尖产业结构的高端要素储备不足等。二是创新生态圈不完善。各园区普遍缺少国家级孵化器、工程中心和研发平台，政产学研一体化创新机制尚不成熟，不能有机融合项目开发、企业孵化、科技加速、金融支持、产业化等各个环节。三是创新浓度不足。大多数园区的创新型企业数量少、规模小，缺乏具有带动产业结构调整的大项目或龙头企业，没有出现强大的知识、技术的溢出效应，从而难以对创新因素产生强大的吸引力。

（三）产业共生网络不成熟

产业共生网络是生态工业园区开展资源、能源循环利用的基本途径。在循环经济理念指导下，我国生态工业园区在产业链建设过程中，融入“3R”思想，积极建设了一批涵盖水资源循环利用、能源梯级利用、废弃物综合利用等内容的生态工业项目，构建基于生态环境保护目标的产业共生网络，推动了资源与能源的循环利用进程。但是，生态产业链比较短、企业之间耦合不稳定、专业化分工体系不健全等问题依然存在，产业共生网络尚不成熟，具体表现在以下几个方面：其一，产业链条短，且主要处于产业链的上游或中游偏上位置，产业链下游和高端化延伸不足，深度加工产业规模偏小，导致初级产品多、精加工产品少，传统产品多、新产品少等现象。其二，各产业的链条初步形成，但产业间耦合度相对较低，产业间资源、能源循环利用的回路少，产业生态系统的稳定性不高。例如，常州高新技术产业开发区三大主导产业（创意产业、先进装备制造业、生命健康产业）的生态产业链建设相对完善，但电子信息、新材料产业企业之间的资源能源利用尚处于分散状态，循环经济产业链尚未形成。其三，新兴产业与原有产业链的有机融合存在“短路”现象。为推动产业园区转型升级，生态工业园区扶持发展新兴制造业和生产性服务业，但这些产业不能很好融入原有的产业链网之中。南京江宁经济技术开发区的主导产业是汽车整车生产、零部件制造与电子信息产业，这些主导产业之间的关联性较高，但是主导产业与智能电网、软件、航空制造、生命科学等新兴产业的关联性较弱。其四，废弃物综合利用项目在环评审批环节通过率不高，而且在环保、安监、消防等方面受到严格的限制，补链发展与相关的政策法规存在冲突。

（四）产业布局的固化

经过多年的开发与建设，生态工业园区土地利用与功能布局已经相对稳定，由于园区初期建设缺乏产业生态学和景观生态学的指导，已经存在的部分不合理布局与当前发展生态工业园区产生了一定矛盾，对建成区进行循环化改造面临一定困难。宁波经济技术开发区产业分布比较集中，且在发展过程中形成了居民区与工业区混杂的格局，其重工业区位于霞浦和柴桥街道的上风向，对周围人群产生较大的影响。

为了解决上述问题，部分生态工业园区开始了“一区多园”的布局调整，建立专业化、功能性园区，旨在形成协作性更强的生产区域。如天津经济技术开发区实施“一区十园”、漕河泾新兴技术开发区采取“一区六园”等。但是，各园区在地理上较为分散，区域面积、区位特点等基础条件不同，在发展阶段、配套能力和服务水平等方面存在较大差异，项目土地置换和企业搬迁任务艰巨。

三、外部机遇（O）

（一）国际产业转移

1. 国际服务业转移。20 世纪 80 年代，美国、欧洲、日本等发达国家已经完成了由产品经济向服务经济的转型，金融保险、医疗、教育、文化、专业服务等服务行业成为这些国家经济增长的引擎。与此同时，随着工业化的推进和人们生活水平的提高，发展中国家形成巨大的服务需求，特别是在高端服务市场出现供不应求的局面。全球服务经济发展的不平衡，使发达国家的跨国公司纷纷向发展中国家转移服务项目，掀起了国际服务业转移的浪潮。21 世纪，服务业外商直接投资已占全球外商直接投资总额的 70% 以上，服务业已经取代制造业成为国际产业转移的主要产业。作为改革开放的前沿阵地，生态工业园区成为国际服务业输出的理想区域，为园区发展生产性服务业提供了难得的机遇。

2. “一带一路”倡议。“一带一路”是我国寻求国际合作、实现传统产能国际转移的经济通道。“一带一路”贯穿欧亚大陆，东部是新兴的东亚区域，西部是发达的欧洲经济，而中间地区分布着潜力巨大的发展中国家，传统产业的市场需求旺盛。"一带一路"沿线国家都处于工业化进程，有半数国家处于工业化前期和中期①，用进口替代是这些国家推动工业化的基本手段，这些国家都希望依托"一带一路"倡议的建设迅速发展本国工业产业。目前，处于经济新常态的中国正在进行供给侧结构性改革，面临转移传统产业、发展高端制造业和现代服务业的挑战。中国有意愿，也有能力向沿线国家提供工业化的经验，转移一部分优质产能。这类产业包括纺织、服装、食品和饮料等轻工业，钢铁、建材、水泥、锅炉、金属架、手工工具等重工业。"一带一路"倡议的建设是我国企业"走出去"战略的重要组成部分，将引导生态工业园区的传统产业企业重新调整生产区位，为工业园区新兴产业发展"释放"生产要素，解除资源和环境对园区"二次创业"和转型升级的制约，从而赢得新一轮发展空间。

（二）供给侧结构性改革

面对 2008 年以来的经济危机，中国政府积极采取扩张性的宏观经济政策刺激总需求，进而扩大总产出，推动了总量增长。但是，由于供求信息不对称等原因，我国宏观经济出现了供求结构性失衡，高端产品市场供不应求，中低端产品市场供过于求，并引发"海外抢购"现象。为此，2015 年我国开始启动供给侧结构性改革，采取减税降费、简政放权、放宽准入和鼓励创新等系列政策，不断激活市场主体的生产和创新活力，引导资源和要素从产能过剩的行业流向高端制造业和现代服务业，使供给结构适应需求结构而变化。在此之前，2014 年 10 月国务院发布《关于促进国家级经济技术开发区转型升级创新发展的实施意见》，要求国家级经济技术开发区积极转变发展方式，按照新型工业化的要求，以提质增效升级为核心，协调发展先进制造业和现代服务业，构建科技创新驱动和绿色集约发展的示范区。在新一轮的转型升级过程中，我国生态工业园区已经走在了全国的前列，形成了一定技术和管理基础，未来也必将是国家和区域经济转型的重点和示范区。

（三）生态文明建设

2012 年 11 月 8 日，党的十八大报告《坚定不移沿着中国特色社会主义道

---

① 黄群慧、韵江、李方芳：《工业化蓝皮书："一带一路"沿线国家工业化进程报告》，社会科学文献出版社 2015 年版，第 10—18 页。

路前进为全面建成小康社会而奋斗》确立了生态文明建设的战略地位，提出要大力推进绿色、循环和低碳发展。2017 年 10 月 18 日，党的十九大报告《决胜全面建成小康社会夺取新时代中国特色社会主义伟大胜利》明确了“五位一体”的总体布局框架，坚定走生产发展、生活富裕、生态良好的文明发展道路。在世界可持续发展和我国生态文明建设背景下，全国各地在环境保护、资源集约利用、生态修复和生态环境制度建设等方面开展了大量工作，基本形成了亲近自然、保护环境的社会风气。在可持续发展理念指导下，生态工业园区在循环经济、环境保护等方面已经进行了多年的探索，形成了可供借鉴的经验。在中国生态文明建设过程中，生态工业园区将发挥强大的示范效应，凭借优良的生态环境和可持续发展能力获得更多的政策支持、集聚更优质的生产要素，迎来更为优越的发展环境。

（四）工业革命 4.0

2013 年，德国联邦教研部与联邦经济技术部在汉诺威工业博览会上正式提出“工业 4.0”国家战略，旨在推进德国制造业的智能化进程。2013 年，美国、日本、中国等国家开始引领制造业向数字化、网络化、智能化方向发展，这预示着人类社会正在进入以智能制造系统为标志的第四次工业革命。近年来，智能工厂、智能交通、智能家庭、智能城市也将不断涌现，智能机器人、传感器、3D 打印机、无人驾驶交通工具、云计算软硬件、新材料、基因测序等产品和服务的潜在市场需求将逐步释放，一大批新兴产业将迅速形成和发展。在重大的技术变革时期，各国之间、各区域之间、各企业之间在智能制造领域的竞争日趋激烈，谁能够抢先占领新市场，谁就能够在市场竞争中占据主导地位。对于我国而言，工业革命 4.0 的到来，为我们后来居上，实现弯道超车提供了一个重大机遇。目前，我国东部地区的生态工业园区正积极采取政策扶持“机器换人”项目，推动智能制造，培育制造业新优势。

四、外部挑战（T）

（一）缺乏排他性政策

我国政府对生态工业园区建设的支持主要在宣传和引导层面，鼓励生态工业园区发展的宏观调控、财政金融优惠、激励机制等方面的排他性政策还存在一定缺失，针对节能降耗、提高能源、资源利用率、废弃物资源化利用率的相关规定不完善，缺乏相关的强制、激励、惩罚等办法和措施。已出台的相关办法和文件的可操作性不强，对循环经济项目的支持力度小、激励效果弱。与其他区域相比，国家生态环境部对生态工业园区的资源节约和节能减排制定了更高的标准，生态化建设给园区企业造成巨大的资金压力，但目前国家及地方政府对生态工业园区缺乏有针对性的扶持政策，导致园区治污减排设施改造工程资金短缺，工程建设无法按期完工。为此，许多生态工业园区都提出了寻求资金支持的政策诉求。显然，在普惠政策环境下，生态工业园区要达到更高的生态环境标准，要持续推进节能减排，在资金、技术和管理等领域都面临较大的挑战。

（二）经济复苏乏力

在全球经济复苏乏力和我国经济增速趋缓的宏观经济形势下，传统产业的国际、国内市场行情持续低迷，生态工业园区的重点企业运行大多出现了不同程度的下滑，企业家和客商投资的积极性受到影响，项目建设进度迟缓，直接导致部分经济指标特别是一般预算收入、固定资产投资、到账外资等重要指标出现波动，园区经济增长放缓。虽然各园区新兴产业发展迅速，但是其产业规模小、市场竞争优势不强，对园区经济增长的贡献率较低，难以补偿传统产业市场萎缩带来的经济损失。显然，如何在经济下行压力不能缓解的情况下，保持或提高园区经济增长速度面临着较大的挑战。

（三）发达国家的“再工业化”

2008年金融危机爆发后，发达国家经济抗危机能力不足的弱点充分暴露，从而催生了欧美国家的再工业化战略，跨国公司的制造业投资和生产能力开始“回流”母国。当然，再工业化的目标是发展高端制造业，谋求产业结构的高级化，以继续保持在制造业价值链的高端位置，进一步强化在制造业领域的技术领先优势。发达国家在高端制造业的强势回归，全球产业格局和价值链重构，对我国生态工业园区造成强大的竞争压力。我国正在推进供给侧结构性改革，生态工业园区转型升级普遍展开，而高端制造业成为转型发展的突破点。未来，我国势必与欧美发达国家在高端制造业领域形成竞争，生态工业园区面临着来自欧美发达国家的竞争压力，面临着如何重构国际竞争优势的巨大挑战。

（四）管理体制回归

经过20多年的建设发展，生态工业园区面积不断扩大，居住人口不断增加，管委会职能中融入城市管理权和社会管理权，改变了原有的单一的经济管理职能和精简高效的特色，管理体制行政化现象日益加剧，出现体制回归的迹象。有些园区的管理体制开始从管委会体制向园政合一的体制转换。过大的管理幅度和程序化的管理方式在一定程度上削弱和转移了项目建设和生态环境保护的效率，造成园区的开发、开放功能相对弱化，经济增长和技术创新的引擎地位开始下降。例如青岛经济技术开发区（黄岛区）、张家港保税区（金港镇）、成都经济技术开发区（龙泉驿区）、吴江经济技术开发区（同里镇）、昆山高新技术产业开发区（玉山镇）等园区都实行了园政合一的管理体制。

第三节 基于SWOT分析的发展策略

根据SWOT的两个维度（内部条件和外部环境）和四个因素（优势、劣势、机遇和挑战），建立生态工业园区可持续发展策略矩阵（见表3-3）。四个因素交叉组合形成四个象限：SO、ST、WO和WT。按照各个象限因素组合的特点，本着扬长避短、因势利导的原则，制定各象限的对应策略，并按照轻重缓急加以排序。

表3-3 我国生态工业园区SWOT策略矩阵

内部能力 / 外部环境		优势（S）	劣势（W）
		先进的发展理念 雄厚的产业基础 良好的生态环境 高效的亲商服务	土地、环境等自然约束 自主创新能力不强 产业共生网络不成熟 产业布局固化
机遇（O）	国际产业转移 供给侧结构性改革 生态文明建设 工业革命4.0	发展循环经济 技术赶超战略 招商引资	环境保护 “走出去”策略 土地“二次开发”
挑战（T）	缺乏排他性政策 经济复苏乏力 发达国家的再工业化 管理体制回归	区域创新网络 管理体制改革 产业结构转型	引导产城融合 引进高端人才 优化营商环境

一、SO 策略

SO 策略是基于内部优势与外部机遇的策略，是一种率先发展策略，该策略象限包括发展循环经济、技术赶超战略和招商引资策略。

（一）发展循环经济

基于先进的发展理念、良好的生态环境基础，抓住生态文明建设和供给侧结构性改革的机遇，生态工业园区应坚持低碳、绿色和循环发展方式，充分利用生态文明建设和供给侧结构性改革的有利环境，持续开展生态产业链网建设，推动资源与能源的循环利用，提高生产效率和生态效率。无论是在建园之初，还是在未来发展过程中，发展循环经济始终是生态工业园区的特色所在、优势所在。

（二）技术赶超战略

基于工业革命 4.0、供给侧结构性改革外部机遇，综合考虑生态工业园区雄厚的产业基础和经济实力，作为我国弯道超车的重点区域单元，生态工业园区要加大技术创新力度，力争在新一代信息技术、高端制造、生物、绿色低碳、数字创意等领域取得技术突破，加快推进战略性新兴产业快速发展，打造具有国际竞争优势的产业及产业集群。北京经济技术开发区已经把智能制造列为园区“十三五”时期及未来发展的主要方向；江苏吴中经济技术开发区机器人、智能制造、大数据等一批新兴产业不断集聚。

对于生态工业园区来说，技术创新和技术赶超的一个重要方向是生态化技术创新，例如，固体废弃物综合利用技术、再生资源回收利用技术、土壤、大气、温室气体等环境监测预警网络系统及关键技术、生态环境修复技术等。

（三）招商引资

基于国际产业转移和国家级经济技术开发区转型升级的机遇，综合考虑生态工业园区良好的生态环境和高效的亲商服务所具有的投资吸引力，生态工业园区应在管理体制、科技创新平台、产业配套等方面培育引进外资的新优势，稳定和提升吸引外资的能力，力争在第四次国际产业转移浪潮中，以外商直接投资或服务外包形式承接发达国家的现代服务业，特别是生产性服务业，迅速提高园区的服务业水平和服务能力。

二、ST 策略

ST 策略是基于内部优势与外部挑战的策略，这是扬长避短策略，该策略象限包括区域创新网络、管理体制改革和产业结构转型。

（一）区域创新网络

面对经济复苏乏力、发达国家再工业化竞争的挑战，又缺乏有效的排他性政策支持的外部环境下，生态工业园区实现领先发展的新优势在于，要充分发挥良好生态环境、高效的亲商服务的优势，不断吸引和集聚技术创新因素，构建政产学研一体化创新机制，形成知识、技术外溢明显的区域创新网络。苏州工业园区正在积极探索和建设创新生态圈，集聚全球创新要素，构建技术创新链，有效激发了新产品、新工艺、新模式的创造和应用。

（二）管理体制改革

为了继续发挥精简高效的亲商服务体系，应对园区管理体制回归和发达国家再工业化的挑战，我国生态工业园区管理体制必须进行重新设计，在完成由园区管理委员会体制向行政区管理体制转型过程中，必须保留管委会体制中优质属性：服务的灵活性和高效性，保持管理体制的先进性和吸引力；同时利用政区合一带来的空间拓展和资源统筹等优势，不断提升园区的投资环境质量和承载力。广州开发区由广州经济技术开发区、广州高新技术产业开发区、广州出口加工区、广州保税区、中新广州知识城组成。2005 年广州开发区与萝岗区合署办公，机构设置沿用开发区原有的大部制，在理顺和整合部门职能的基础上，只依法增设了区政协、区人大等个别政府职能机构；管理方式仍沿用开发区模式去管理行政区。广州开发区的大部制管理模式有效解决了保持灵活、高效的管理优势和增加社会服务职能的难题。

（三）产业结构转型

发达国家的再工业化和传统产业市场疲软合力倒逼生态工业园区的产业结构转型升级，而雄厚的经济基础、良好的投资环境也为产业结构转型提供了资本、人力和技术基础。产业结构转型沿着两条线路突破：一是由价值链

"微笑曲线"的低端环节(生产制造环节)向前后两个高端环节转移,扶持发展研发设计和品牌营销等;二是脱离原有的技术轨道,运用新技术、新工艺生产新产品、发展高新技术产业,实现主导产业更替。由于我国地域差异明显,四大板块之间生态工业园区转型升级的力度和侧重点存在差异,其中东部地区的生态工业园区已经进入主导产业更替阶段,产业结构发生质变与全面升级;而其他三大板块的生态工业园区还处于产业结构渐变阶段,在主动承接国际产业转移和东部地区产业转移的同时,逐渐提升产业优势和技术研发实力。

三、WO 策略

WO 策略是基于内部劣势与外部机遇的策略,这是寻找机会策略,该策略象限包括环境保护、"走出去"策略和土地"二次开发"。

(一)环境保护策略

为了处理不完全产业共生网络形成的污染物排放、满足环境约束要求,生态工业园区必须开展环境监管,推动节能减排;并且,在生态文明建设和供给侧结构型改革过程中,环境保护已经得到社会的认可,将得到来自社会、企业和政府等各方面的支持。作为绿色、低碳、循环发展的示范区,生态工业园区已经探索了"网格化管理""企业环境自律"和环保社会化机制等环境保护模式,取得了明显的效果。未来,环境保护体制将持续深化,环境精细化管理方式将得以应用和推广。

(二)"走出去"策略

为了缓解土地、环境等对新兴产业发展形成的约束,化解产业布局固化的问题,生态工业园区应充分利用"一带一路"、国际产能合作倡议等国际产业转移战略、响应我国去产能、调结构的供给侧结构性改革,采用差别化的环境经济政策倒逼传统过剩产能退出园区,转移到"一带一路"国家或欠发达国家。为了降低海外投资的市场风险和政策成本,我国政府引导企业在国外建设境外经贸合作区,实现"抱团出海"。为了充分发挥中外双方的产业优势和区位优势,实现国际资源的有效配置,我国与马来西亚开创性地建设了两国双园国际产能合作新模式(中马钦州产业园和马中关丹产业园)。

（三）土地“二次开发”

与“走出去”策略相伴随，生态工业园区应该积极推进土地“二次开发”，通过土地回购、转让转租和技改扩建，为新兴产业发展提供相应的空间和生产要素，从而实现“退二进三”“退二优二”的产业结构转换升级战略，以期在工业革命4.0的技术转轨机遇中，实现对发达国家的技术赶超。由于生态工业园区普遍存在新增工业用地不足、产业布局固化难以化解的问题，土地“二次开发”已经成为各园区经济转型升级的优先策略，并在实践中形成“零土地技改”“二次招商”“兼并重组”等模式。

四、WT策略

WT策略是基于内部劣势与外部挑战的策略，这是防御性策略，该策略象限包括产城融合、引进高端人才和优化营商环境等。

（一）产城融合

在生态工业园区，生产性服务不能满足制造业的需要是产业共生网络不成熟的重要表现，也是生态工业园区需要着力克服的产业短板；同时，随着服务业发展，生态工业园区必须化解产业布局固化问题，调整处理好生产空间、生活空间和生态空间之间的关系，为园区持续发展搭建合理的经济、社会空间结构。为了解决以上两大问题，生态工业园区需要积极探索产城融合的方略，不断强化园区服务配套，提升园区的城市职能，实现由功能单一的产业园区向功能多元的产业新城转变。并且，在面临管理体制向行政区的回归，产城融合还必须注重管理体制创新，在扩大社会职能的同时，不能弱化管委会体制已有的灵活、高效的服务特性。

（二）引进高端人才

发达国家实施再工业化，必然通过专利和商业秘密等手段，对发展中国家的制造业技术研发和应用进行限制。面对这一挑战，我国生态工业园区要克服自主创新能力不强的问题，采用“输血”方式大力引进掌握世界先进技术的创业型（科技成果产业化）和创新型（技术研发与创新）领军人才及团队，搭建重点实验室、企业技术（工程）中心、博士后流动站等研发机构和创新平台，培养造就自主研发体系，加快科技成果转化，不断扩大自主知识产权的比重。为了有效引进高端人才，各个工业园区成立了人力资源和社会保障专门机构，制定了高端人才引进扶持政策，不仅给予较高的生活补贴、科研或创业启动经费，而且还为高端人才创新提供良好的创业环境和氛围，如杭州经济技术开发区、烟台经济技术开发区的海外留学人员创业园、北京经济技术开发区的高技能领军人才工作室、苏州工业园区科技领军人才管理平台等。

（三）优化营商环境

营商环境是市场主体所处区域的市场秩序、公共服务、政策体系和社会文化等因素的综合表现，稳定、公开、透明的营商环境是促进市场主体生产和经营活动的助推器，也是区域经济竞争力的重要来源。在缺乏排他性政策、自主创新能力又不强的条件下，生态工业园区要迎接发达国家再工业化挑战，就必须进一步优化营商环境，让企业进得来、留得住、发展好，让营商环境成为企业生长发育的沃土，才能确保经济持续增长，才能确保技术创新活力。在中央财经领导小组第十六次会议（2017 年 7 月 17 日）和民营企业座谈会（2018 年 11 月 1 日）以来，地方政府和生态工业园区认真领会、积极贯彻习近平总书记的讲话精神，把优化营商环境摆在解放生产力、提高综合竞争力的高度，纷纷出台优化营商环境的举措和办法，并在增强政府服务效率、建立社会公信力和提高优质公共服务供给能力等方面开展了一系列工作。如连云港经济技术开发区的“18 条”、长春经济技术开发区的“18 条”、广州开发区的“黄金 10 条”、天津经济技术开发区的“津 8 条”等。

第四节 我国生态工业园区循环经济合力模型

为了有序推进我国生态工业园区发展，我们对 12 种策略的地位和关系进行梳理，通过策略整合形成主要策略，分析主要策略之间的关系构建策略体系，基于策略体系建立生态工业园区循环经济合力模型。

一、策略整合

由于 12 种策略是在四种不同组合条件下分别形成，因而策略之间存在交叉和重叠，需要进行梳理和整合。其中，园区管理体制改革、优化营商环境是产城融合过程中的重要内容，可在产城融合策略下系统实施。对于生态工业园区来说，技术赶超、产业结构转型都基于区域创新网络形成的技术创新能力，引进高端人才本身就是区域创新网络的重要因素，因此技术赶超、产业结构转型和引进高端人才纳入区域创新网络策略。招商引资、“走出去”策略都属于对外开放与国际经贸合作范畴。土地“二次开发”与产业结构转型、招商引资、产城融合、环境保护密切相关，但土地“二次开发”的底线是生态环境，“腾笼换鸟”的首要方向是节能减排。因此，我们把土地“二次开发”纳入环境保护策略，列为环境保护的长效机制之一。

综合以上分析，我们把 12 种策略整合为 5 种主要策略，分别是循环经济、环境保护、区域创新网络、开放合作、产城融合。

二、主要策略关系分析

分析 5 种主要策略之间的地位与关系，是构建生态工业园区可持续发展策略体系的关键。分析的内容包括核心策略的确定和策略之间关系的梳理。

（一）核心策略

生态工业园区是为了推动生态工业和循环经济发展而建立的示范园区，其基本职能是率先开展资源、能源的循环利用探索和实践。基于此，确立发展循环经济为我国生态工业园区可持续发展的核心策略。

（二）策略关系梳理

梳理核心策略与其他策略之间的关系，有助于系统把握生态工业园区策略体系的侧重点、逻辑依据和协调路径等。

1. 发展循环经济与环境保护。资源循环利用的完美配置是实现闭合循环，不产生污染物。但是在现实中却难以实现。其一，技术知识的有限性。从技术可行性来看，生态化的技术创新并不能解决所有副产品和废弃物的循环利用，不能完全消除工业代谢的废弃物，因而生产过程必然产生污染物，需要进行达标处理再向自然界排放。其二，成本核算的非理性。从经济合理性来分析，即使生态化技术能够支持企业完成所有阶段的循环利用，但更深层次的循环利用技术具有更高的成本，使有些循环经济项目的预期是亏损的。企业拒绝非理性的循环经济项目也必然导致污染物产生。因此，在产生共生网络不完美、循环经济非闭合的条件下，生态工业园区必须开展环境保护，推动节能减排和污染物达标排放。

2. 发展循环经济与园区创新网络。发展循环经济、减少资源消耗和污染物排放，能够使生态工业园区的资源消耗、污染物排放保持在较低水平，并处于生态阈值之内，从而保持生态系统的稳定性，能够为生态工业园区持续发展奠定良好基础。然而，发展循环经济只是生态工业园区发展的必要条件，而要推动生态工业园区持续发展还需要其他条件。在创新驱动发展战略中，技术创新及区域创新网络成为生态工业园区发展的动力来源。只有创建园区创新网络、推动技术创新，园区才能够提高技术水平、实现产业结构升级和生产方式转变，进而保持经济持续增长。而且，技术创新能够为循环经济提供更先进的生态化技术，支撑企业之间的生产链接，从而有助于节能减排，促进循环经济发展。因此，在非技术锁定、产业结构转型条件下，区域创新网络就成为生态工业园区发展的重要策略。

3. 发展循环经济与开放合作。物料、能量的高水平循环不能囿于园区或地域，技术创新和资本流动客观上也是一个国际化的过程。因此，生态工业园区发展循环经济需要开放合作的环境，需要在一个更大的平台上解决生态环境问题和经济结构转型问题。

从资源、能源循环的角度来看，资源与能源的循环分为小循环、中循环和大循环。其中，小循环（企业内部）和中循环（园区内部）的地域范围限于园区，而大循环则是拓展到园区之外，包括园区参与所在城市的资源、能源循环利用，甚至参与国内、国际的循环利用体系。大循环是循环经济的必要组成部分，是生态工业园区的企业在更大地域范围、采用更多利用途径开展循环经济的重要方式。相对于实体型生态工业园区来说，虚拟型生态工业园区是一种不受地域限制的产业共生网络，它是利用数据库技术和数学建模方法，根据物料和能量流动的路径而建立的跨区域、跨国家的循环经济体系。随着“互联网+”循环经济的不断发展，虚拟生态工业园区将成为实体生态工业园区参与更大范围的循环经济的重要手段。

从经济结构转型来看，生态工业园区需要在新一轮高水平对外开放和国际合作中集聚先进生产要素，寻求突破。我国生态工业示范园区的基础是国家级经济技术开发区或高新技术产业开发区，它们始终是我国对外开放和国际合作的排头兵。只有通过“引进来”“走出去”双向国际产业转移、加强数字经济、人工智能等前沿领域的国际技术合作，生态工业园区才能培育新技术、新产业和新模式，才能顺利实现新旧动能的转换，形成自主创新能力，从而继续保持园区经济的国内竞争优势，不断提升园区科技的国际竞争力水平。

4. 发展循环经济与产城融合。在循环经济理念指导下，生态工业园区积极构建生态产业链，在兼顾生态环境保护的基础上集聚企业、发展生产，构建了环境友好型经济。但是，生态工业园区不仅是单纯的工业生产功能区，还必须满足工业企业和人口集聚所引致的服务业需求，系统解决生产空间、生活空间和生态空间之间的关系。因此，当工业企业和人口集聚规模足以诱发服务业快速发展时，生态工业园区就必须启动产城融合战略，强化基本公共服务供给，引导服务业企业发展，建设生活配套设施完善的大型居住社区，实现工业化与城市化互动与互促，打造宜居宜业的现代化产业新城。

三、策略体系

我国生态工业园区持续发展依赖发展循环经济、环境保护、区域创新网络、开放合作与产城融合五项策略，其中发展循环经济是生态工业园区的核心策略，是彰显生态工业园区特色和可持续发展的首要策略。其他四项策略与发展循环经济策略相互补充、相互促进，从而形成层次分明、协调联动的策略体系：循环经济合力模型（见图 3－2）。

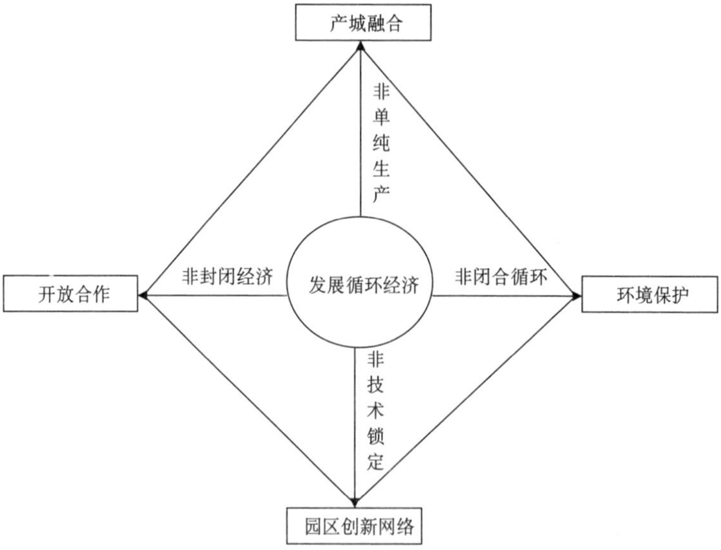

图 3－2 我国生态工业园区循环经济合力模型

第四章

我国生态工业园区循环经济发展研究

循环经济本质上是一种生态经济，它要求遵守循环经济3R原则，运用工业生态学理论构建产业共生网络，建立“资源—产品/废弃物—再生资源”的循环流动体系。循环经济实现的形式是产业共生网络，资源与能源沿着产业共生链条流动，实现了资源与能源的循环利用。为此，生态工业园区循环经济发展就是要从各个不同侧面探讨产业共生网络的结构和机制，包括产业共生的载体、产业共生的范围、产业共生的方式和产业共生的形成路径等。

第一节 生态工业园区产业共生的载体

产业共生的载体是企业，资源与能源的循环利用是在企业各部门交换或企业间交易过程中得以完成。生态工业园区的资源与能源循环利用需要一定数量的企业才能完成，而这些企业又隶属于不同的产业，从而形成园区的产业结构。园区产业结构是产业共生的依托，园区产业结构分析是探索园区生态产业链的基础。按照主导产业的特征，我们把生态工业园区产业结构区分为单一产业主导型、多元产业主导型和静脉产业主导型三种类型，相应地把生态工业园区分为行业类生态工业园区、综合类生态工业园区和静脉类生态工业园区三种类型。据此，我们针对不同类型园区的产业结构及其生态产业链展开研究。

一、综合类生态工业园区

综合类生态工业园区是由不同工业行业的企业组成的工业园区①。这些行业在园区经济社会发展中均发挥重要作用，在资源循环利用中处于不同环节，承担不同功能。

（一）基本特征

综合类生态工业园区的主要特征是主导产业多元化，园区经济社会综合发展水平高。综合类生态工业园区具有2个以上的主导产业，它们在循环经济发展中处于园区的核心地位，通过对配套产业和共生产业的吸引和控制，形成多个生态产业链条，在园区呈现多样化的共生方式。同时，多元化的主导产业导致形成多元化的技术体系和主导产品，使园区经济社会呈现出综合发展态势，形成较强的综合实力。与其他类型的生态工业园区相比，综合类园区具有多样化的产业，为产业共生网络的形成构建了广泛的产业基础；但是，地位平等的主导产业之间的循环链接可能存在较大的难度，如主导产业之间是否存在投入产出关联、是否存在产业共生的机会、是否存在产业共生的意愿等。这就要求各个主导产业不仅要从产业自身的利益出发，还需要兼顾园区的整体效益。综合类生态工业园区是我国生态工业园区的主体，大多数园区是在经济技术开发区、高新技术产业开发区等工业园区基础上经过循环化改造而形成。其中，苏州工业园区是创建最早、命名最早和发展最成功的综合类生态工业园区。

（二）苏州工业园区的循环经济体系

2004年苏州工业园区开始创建国家生态工业示范园区，2008年成为我国首批命名的生态工业园区之一。多年来，苏州工业园区依据国家生态工业示范园区的建设标准，建立政府大力推动、市场有效驱动、社会自觉参与的循环经济发展机制，构筑全方位的循环经济支撑保障体系，围绕产业结构调整、生态产业链建设、环境保护等主题，不断推进园区循环经济发展，实现了产业、基础设施、社会消费和人居环境四大体系的协调和共进，推

① 国家环境保护局．综合类生态工业园区标准（试行）（HJ/T274－2006），2006－6－2.

动产业结构跨越式升级，能源和资源高效利用，社会消费绿色化，人居环境进一步改善。

按照巩固提升主导产业、壮大支柱产业、发展新兴产业的思路，苏州工业园区形成以电子信息和机械制造为主导产业，生物医药、人工智能、纳米技术应用三大战略性新兴产业快速发展的“2+3”特色产业体系。在招商引资和产业发展过程中，苏州工业园区注重“补链”产业和项目的发展，推动了产业共生网络的形成与发展，促进产业结构生态化（见图4-1）。目前，园区已初步形成了五大产业集群及相关产业链。一是，电子信息产业集群，集聚三星、日立、AMD、奇梦达、三井、高德等企业，形成从IC设计、晶圆制造、封装测试及相关原材料、设备于一体的完整产业链。如液晶显示器产业链、集成电路产业链、电子线路板产业链、无线通信设备制造产业链等。二是，机械制造产业集群，主要领域为交通运输设备制造、专用设备制造、通用设备制造，其中汽车及零部件、航空零部件、医疗器械设备、电子专用设备及模具、电梯、电机、空调制冷已经形成生态产业链，如金龙、优美科、博世、东机工等公司形成的汽车零部件产业链。三是，生物医药产业集群，集聚900余家生物医药企业，建立了医药研发—成果转化—新药临床试验—药品生产的全产业链。四是，人工智能产业集群，集聚600余家人工智能相关企业，广泛分布于智能驾驶及无人机、智能制造、智能教育、智能医疗、智能旅游、智能金融等诸多领域。五是，纳米技术应用产业集群：集聚300余家纳米技术开发和应用的企业，主要分布在纳米新材料、微纳制造与传感器、纳米能源与清洁技术、纳米生物医药等领域。

根据动脉产业的废弃物处理和再生需要，苏州工业园区针对性发展静脉产业，引导静脉产业与动脉产业耦合发展。围绕电子信息产业和机械制造业的固废再生利用，苏州工业园区引入瑞环化工、富士施乐爱科等一批高水平资源回收企业，形成电子废弃物回收综合利用静脉产业链，提高了废弃物回收处置和资源化利用的技术水平。围绕污水再生利用，园区管委会启动水污染防治行动计划，先后投资300多亿元，建成污水厂—污泥干化厂—热电厂—集中供热制冷中心的静脉产业链条，提高了废水、余热的利用效率。

二、行业类生态工业园区

行业类生态工业园区是以某一类工业行业的企业为核心，具有共生关系

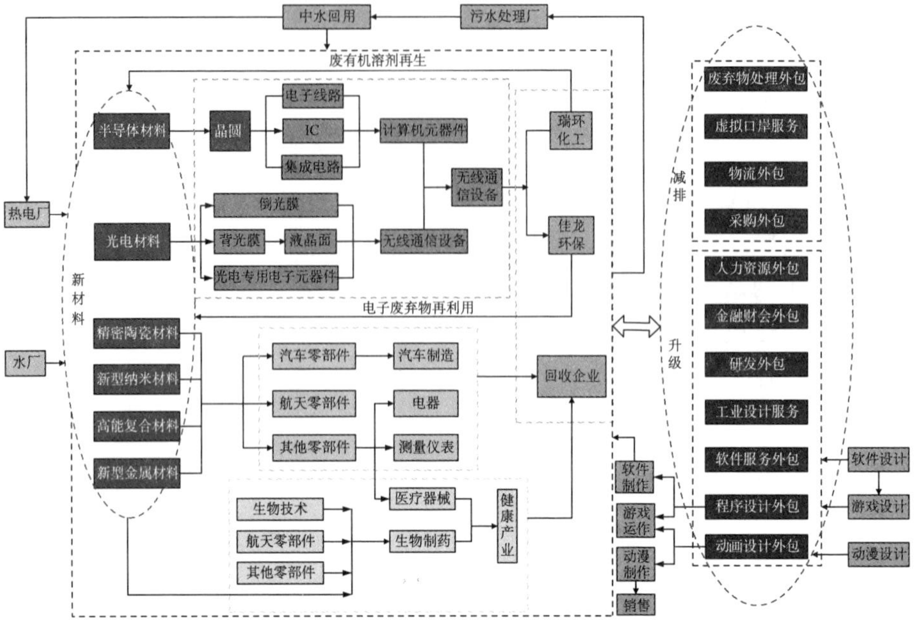

图 4－1 苏州工业园区循环经济体系图

的相关行业企业集聚而成的生态工业园区①。在行业类园区中，产业构成多样，但某一类产业居于主导和核心地位，使园区经济明显地表现出专业化特征。

（一）基本特征

行业类生态工业园区的特征是主导产业突出，园区的专业化特色鲜明。行业类生态工业园区的主导产业突出，其产业规模大、增长速度快、带动能力强，是园区经济增长的引擎；而且它也是构建园区产业共生网络的关键种，是产业共生网络的核心，也是产业共生网络稳定和发展的关键因素。行业类生态工业园区具有鲜明的专业化特色，其主营业务突出，主导产品具有较高的区位商，在地方经济分工体系中承担着明确的职能。在我国生态工业示范园区建设过程中，国家环保总局曾经对制糖、造纸、冶金以及钢铁等行业类工业园区进行过试点，如包钢国家生态工业示范园区（钢铁类）、包头国家生态工业示范园区（电解铝类）、山西安泰国家生态工业示范园区（炼焦业）、

① 国家环境保护局．行业类生态工业园区标准（试行）（HJ/T273－2006），2006－6－2.

潍坊海洋化工高新技术产业开发区国家生态工业示范园区（海洋化工）、鲁北国家生态工业示范园区（盐化工）等。创建行业类生态工业示范园区的工作并不顺利，一些园区被撤销创建资格。发展较早且比较稳定的贵港国家生态工业示范园区的发展具有典型性和借鉴价值。

（二）贵港国家生态工业示范园区

2001 年国家环保总局批准创建贵港国家生态工业示范园区，开启了我国国家生态工业示范园区建设进程。贵港国家生态工业示范园区是企业类工业园区，创建主体是广西贵糖（集团）股份有限公司。该公司提出以甘蔗产业为主导，以生态工业理论为指导，以贵糖集团为核心开展生态产业链建设，采用先进技术对甘蔗资源进行综合开发，建设生态工业示范园区。目前，园区以甘蔗制糖为龙头，形成了涵盖造纸、酒精、蔗田种植、环境综合处理、热电联产在内的六大链条，各个链条通过产品和废弃物交换横向耦合，形成了一个循环而闭合的产业共生网络，资源产出效率明显提高，高级文化用纸、生活用纸等综合利用产品已占公司总产值的 70% 以上，实现了经济发展与环境保护的协同发展。

贵港国家生态工业示范园区依据循环经济理念和工业生态学原理，积极推行清洁生产，构建以甘蔗制糖为核心的产业共生系统，涵盖蔗田、制糖、酒精、造纸、热电联产、环境综合处理六个子系统（见图 4 - 2）。其中，蔗糖生产副产品的再循环体系包括：以废糖蜜为原料生产酒精、以蔗渣为原料造纸、以蔗髓为原料发电；回收与再利用体系包括糖滤泥、造纸废水、锅炉粉尘和白泥的回收与再生利用。产业共生系统内部成员之间相互依存共生，形成了互为上下游的环保生态链条，“资源—产品—再资源”的生产过程呈现出一个周期性物质循环系统。园区达到了 100% 的甘蔗渣综合利用率、100% 糖蜜酒精废液利用率、90% 以上的水循环利用率，实现了资源的重复利用以及固体废弃物的回收再利用，实现了资源的高效利用，保护了当地环境。同时，园区发展带动了贵港市经济平稳较快地发展，还增加了就业机会，稳步提高了当地居民的生活水平。

三、静脉产业类生态工业园区

静脉产业类生态工业园区是以从事静脉产业生产的企业为主体建设的生

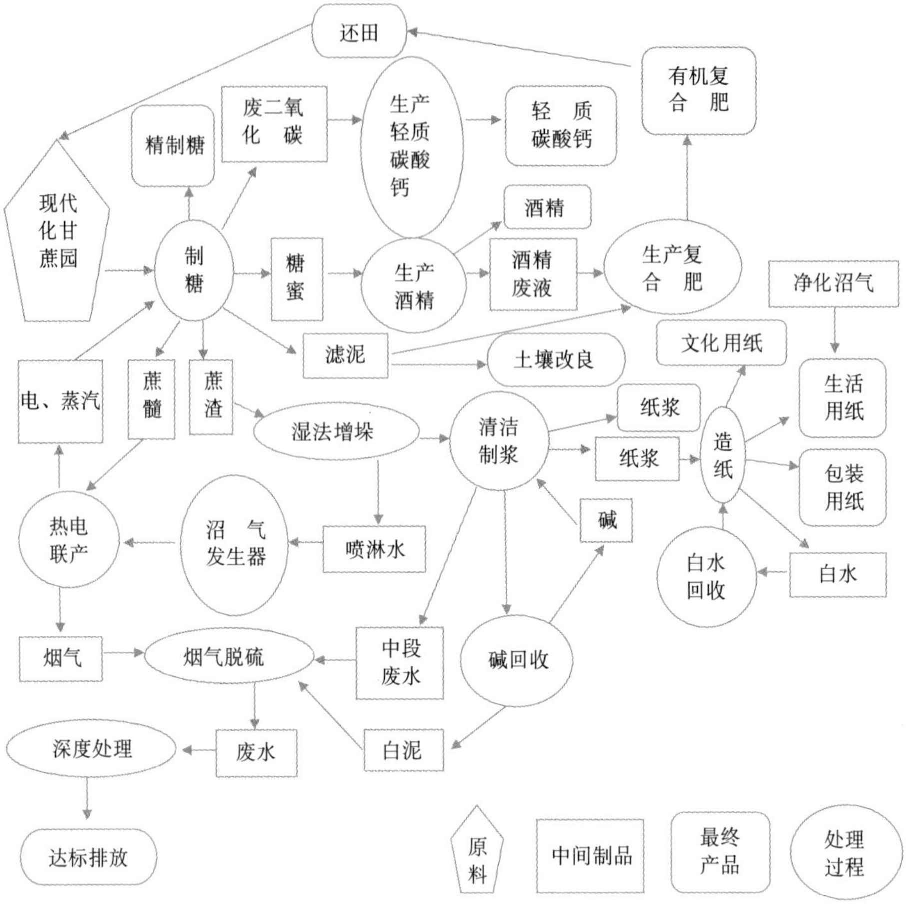

图 4－2 贵港国家生态工业（制糖）示范园区产业生态体系

态工业园区①。从投入角度来看，静脉产业类生态工业园区是回收和处理废品的场所，因而又被人们称为“破烂王”；从产出角度看，静脉产业类生态工业园区是将废弃物转化为再生资源，因而又被人们称为“城市矿山”。

（一）基本特征

静脉产业是对废弃物回收和再生利用的产业，它是静脉类产业园区的主导产业，由此也决定了静脉类产业园区的特殊属性：其一，静脉产业为主，动脉产业为辅。在静脉类产业园区，静脉产业是主导产业，园区的主要经济

① 国家环境保护局．静脉类生态工业园区标准（试行）（HJ/T275－2006），2006－6－2.

活动就是废弃物的回收、处理和再生。其二，物质由静脉产业流向动脉产业。静脉类产业园区的生产过程包括相互联系的两个环节：首先是将废弃物转化为再生资源；其次是将再生资源加工为再生产品，资源循环利用的方向是从静脉产业流向动脉产业。其三，再生产品的市场价格较低。由于废品回收数量不足，难以实现规模化生产，导致较高的生产成本；加之再生产品市场价格较低，企业的利润空间十分有限，仅靠市场机制难以调动企业的积极性，需要政策支持。我国对静脉类生态工业园区给予政策支持和财政补贴，促使静脉类产业园区得以稳定发展。目前，全国已建、在建和拟建的静脉产业园区达到60多家①。在国家层面，青岛新天地静脉产业园是国家批准建设的首个静脉类生态工业园区，后因环境违法被撤销国家生态工业示范园称号。目前，国家生态工业示范园区中只有一家静脉类生态工业园区：天津子牙经济技术开发区。

（二）天津子牙经济技术开发区

天津子牙经济技术开发区是国家级经济技术开发区，是我国唯一的国家生态工业示范园区。该园区位于天津市静海区西南部，规划面积49.34平方公里。园区以静脉产业为主导，逐步向动脉产业延伸，重点发展再生资源、精深加工再制造和节能环保新能源等产业，从再生原料供应基地转型为“废弃物回收—拆解处理—再制造与深加工—制造业”基地，实现产品相互支撑，产业链延伸，形成静脉产业促进和反哺动脉产业的发展格局。

天津子牙经济技术开发区围绕废旧机电拆解、报废汽车拆解、废弃电器电子拆解、废塑料再生利用及精深加工再制造等主导行业，不断挖掘行业之间废弃物交换的潜力，积极寻找企业再生产品在行业内部及外部的资源化途径，促成有意向的企业相互交换利用废弃物，横向拓展产业链，建立区内产业间的共生关系（见图4-3）。其产业共生体系主要由以下五大共生体构成：“电子废弃物拆解—废旧机电拆解/废塑料再生”共生体；“废旧机电拆解—废塑料再生”共生体；“报废汽车拆解—精深加工再制造”共生体；“废旧机电拆解—精深加工再制造”共生体；“废塑料—精深加工再制造”共生体。

---

① 徐俊虎、夏丽华、程小波等：“中国静脉产业园3.0发展模式规划路线研究”，《再生资源与循环经济》，2018年第9期，第3-7页。

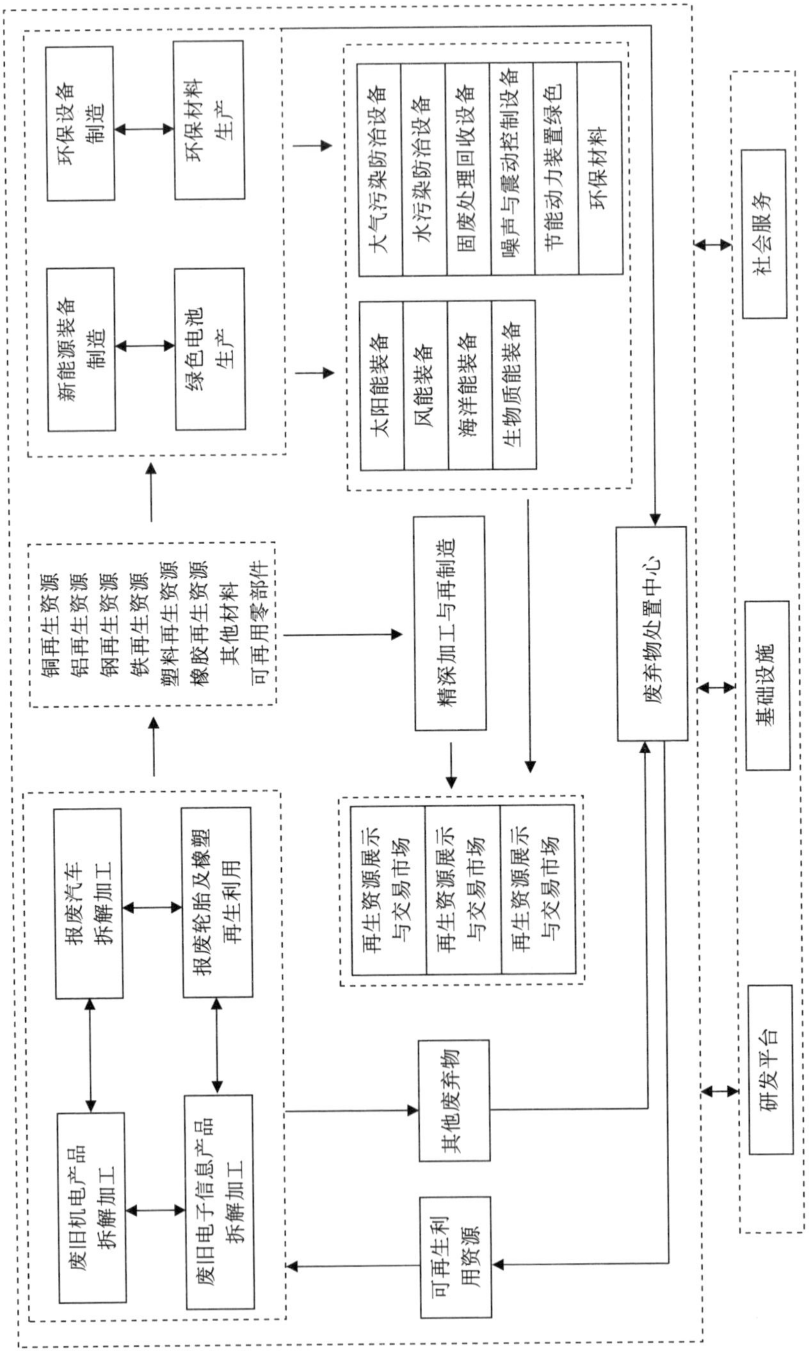

图4-3 天津子牙经济技术开发区产业共生关系

在行业之间的共生链条基础上，园区还建立了“废物回收—拆解加工—再生资源交易—再生产品加工”的产业间共生产业链。在废弃物回收环节，开发区利用国内外两个市场，充分利用国内建设的回收点以及“回收哥”“百度回收站”等网络回收平台收集报废汽车、废旧家电及塑料，保证了原料来源。废弃物经拆解加工产生铜、铁、铝、塑料、零部件等再生资源，进入子牙再生资源交易市场进行交易；部分再生资源经过区内加工制造，生产再生产品，进一步提升了园区产品的加工深度和附加值。

第二节　生态工业园区产业共生的范围

从产业共生涉及的范围来看，产业共生网络可以存在于企业或企业集团内部，资源循环利用呈现企业小循环；产业共生网络存在于园区企业之间，资源循环利用呈现园区中循环；产业共生网络跨越园区，融入所在地区生产、生活，则资源循环利用呈现社会大循环。

一、企业内部的小循环

（一）小循环特征

企业内部小循环是以资源循环利用为目标，采用清洁生产方式，运用各种技术手段对企业生产的每个环节产生的废弃物进行回收利用，进而形成的内部闭合循环系统。与企业之间的循环链接不同，企业内部小循环是企业各生产环节之间、各业务单元之间有机联系形成的产业共生系统，产业共生的主要调节机制不是市场机制（“看不见的手”），而是企业或集团的行政命令（“看得见的手”）。企业各生产环节或业务部门之间的生产耦合完全取决于企业的整体利益，而非耦合双方的利益。在企业内部建立产业共生网络、发展循环经济是一项系统工程，需要在生产方式、技术应用、资金投入和生产管理等环节同步展开。其一，清洁生产方式。清洁生产是世界各国在企业层次上推行循环经济所采取的一项基本策略。企业要积极开展清洁生产审核，通过创新产品设计、调整原料投入、优化生产工艺不断减少污染排放。在优化生产工艺方面，企业既要识别废弃物产生的环节和原因，同时还要识别废弃物循环利用的路径，优化方案要统筹考虑废弃物的减少和再生利用。其二，环保设施投资。建设项目的配套环保设施是环境保护的要求，也是发展循环的起点。如果企业能够采用绿色技术，实现对废弃物的循环利用，就能够增加企业的总产出，提高企业的利润率水平。其三，精细化管理。企业要不断完善产品的生产工艺及流程，提高员工对生产技术熟练的程度，减少资源的使用量和废弃物产生的数量。

在发展企业小循环过程中，我国在企业层面和园区层面同时展开。在企业层面，生态工业园区通过情节生产审核、环保设施准入标准等引导企业开展循环经济；在园区层面，国家选择一些综合能力较强，在发展循环经济中取得成功经验的大企业、大集团作为试点，并以国家生态示范园区的形式予以建设，如广西贵糖（集团）股份有限公司（环函〔2001〕170号）、山东鲁北企业集团总公司（环函〔2003〕324号）、抚顺矿业集团有限责任公司（环函〔2004〕113号）、包头钢铁（集团）有限责任公司（环函〔2005〕536号）和山西安泰集团股份有限公司（环函〔2006〕198号）等。目前，广西贵糖（集团）股份有限公司和山东鲁北企业集团总公司处于国家生态工业示范园区创建阶段，其他企业已经退出。

（二）山东鲁北企业集团循环经济发展

山东鲁北企业集团总公司是世界上最大的磷铵、硫酸、水泥联合生产企业，拥有员工5000名，拥有11个全资子公司、3个控股公司和6个参股公司，拥有6个研发机构和1个院士工作站，主要产品包括磷铵、氯碱、氧化铝、硫酸、钛白粉、水泥、原盐、溴素，发电、供热等，年销售收入120亿元，位列中国化工企业500强。2003年集团开始创建国家生态工业示范园区（企业类），在集团内部树立循环经济理念，推动资源、能源的循环利用。多年来，集团公司坚持低碳、绿色、循环发展理念，通过绿色技术集成创新，创建了磷铵生态产业链、氯碱生态产业链、原盐生态产业链和钛白粉生态产业链，实现了集团内部物质集成、能量集成和信息集成（见图4-4），形成结构紧密、共享共生的生态工业模式，取得了较好的经济效益和社会效益①。

---

① 山东鲁北企业集团总公司. 发展循环经济，提高企业效益［EB/OL］http://www.lubei.com.cn/index.php?s=/home/article/lists_investors/id/187.html，2018-3-12.

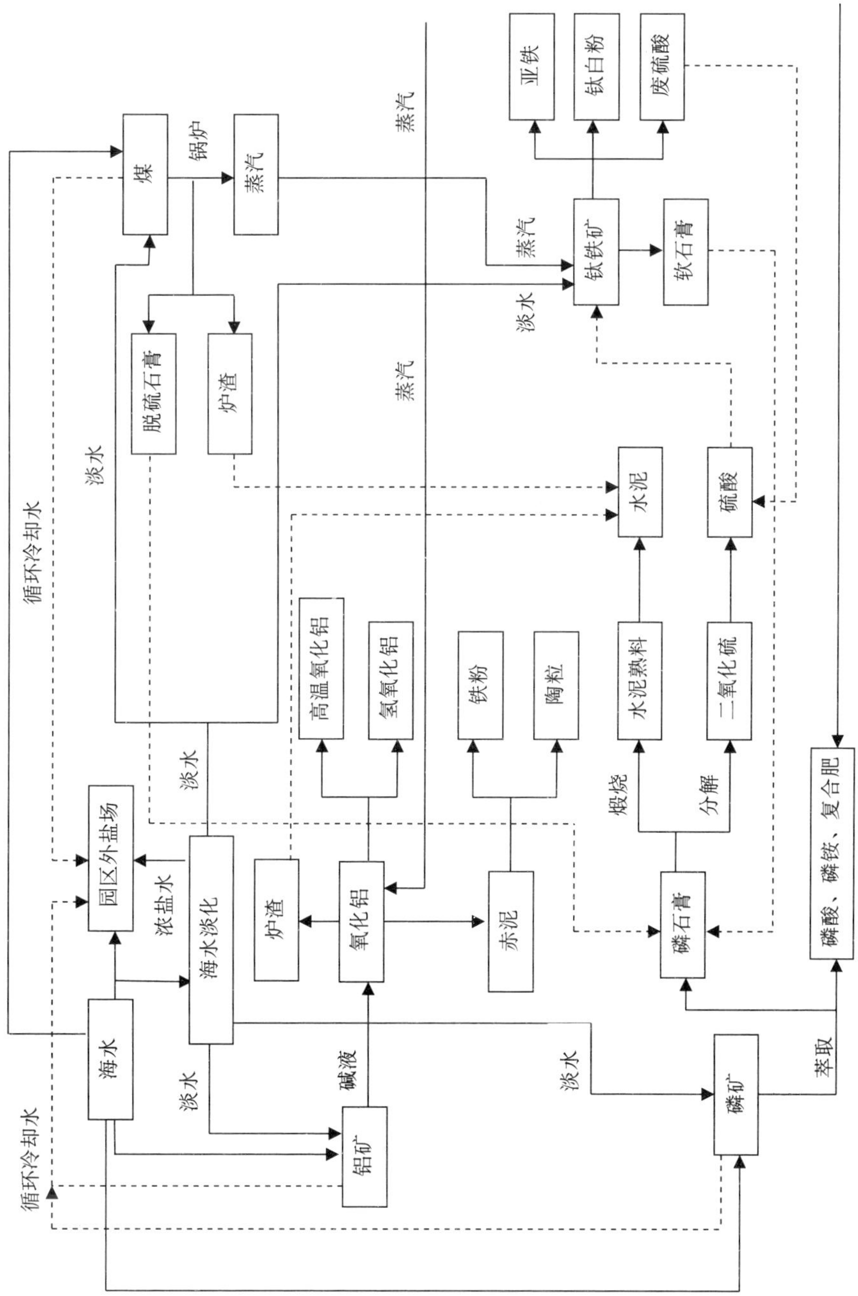

图 4-4　山东鲁北企业集团总公司产业共生体

1. 磷铵生态产业链。磷铵是鲁北集团的主导产品。以磷铵产品生产为核心，回收利用磷石膏生产水泥和硫酸，硫酸又返回磷铵生产线，从而形成一个物料循环体系。磷铵的生产经由磷矿—磨矿—萃取过滤—中和浓缩（加氨和蒸汽）—造粒干燥—磷铵等环节。在萃取阶段形成副产品磷石膏，经由回收—分解煅烧—水泥孰料/二氧化硫窑气等环节，水泥熟料用于制造水泥，二氧化硫窑气经由净化—干燥—转化—吸收等环节制成硫酸，硫酸又返回磷铵生产的萃取环节。鲁北企业集团拥有磷石膏制硫酸联产水泥技术的专利权，该技术有效固废堆存占地、污染水源的问题，是绿色技术开发与应用方面的范例。

2. 氯碱生态产业链。氯碱是鲁北集团的主要产品，年销售收入仅次于磷铵。以氯碱产品生产为核心，链接发电厂和氯氢回收处理，形成一个物料循环体系。工业上，采用电解饱和食盐水的方法来制取氯碱，包括海水—饱和卤水—盐水精制—离子膜烧碱—氯碱/氯气、氢气等环节。在离子膜烧碱环节输入热电厂的电力。部分氯碱用于生产加工氧化铝（500 万吨/年）；氯气用于合成环氧氯丙烷，氢气通过加氢精制成油品。针对氧化铝环节的赤泥综合利用，2008 年鲁北集团研发出赤泥提铁制陶粒技术，2016 年研发出赤泥烧砖替代黏土烧砖技术，实现对赤泥的综合利用。

3. 原盐生态产业链。鲁北集团濒临渤海，拥有百万吨规模盐场，是国家大型优质盐生产基地和重点出口盐基地。原盐生产经由预热蒸发—盐场蒸发—原盐等环节，在不同环节采取一定工艺可以提取海水中有用的成分。在预热蒸发环节，初级卤水养殖、中级卤水提溴、饱和卤水制氯碱；在盐场晒盐环节形成盐田废渣盐石膏，用于制硫酸联产水泥。随着海水淡化技术的创新，鲁北企业集团正在积极探索海水淡化技术及其应用，与北京碧水源科技股份有限公司共同建设 10 万吨/日海水淡化项目，拓展原盐生态产业链的长度，实现对海水的多样化利用。

4. 钛白粉生态产业链。钛白粉是一种用途较为广泛的无机化工产品，是鲁北集团的主要产品。该产品经由钛液制备及净化—偏钛酸制备及净化—煅烧中粉—后处理—钛白粉等环节，这些环节与副产品、废弃物的回收利用耦合形成钛白粉生态产业链。在钛液制备及净化环节，副产品硫酸亚铁用于制造硫酸；在偏钛酸制备及净化环节，酸性废水处理后形成中水和钛石膏；在煅烧中粉阶段，废硫酸经过配酸、固液分离得到更高浓度的硫酸。

5. 横向耦合。在各条生态产业链发展的同时，园区又对现有产业链不断进行延伸、拓展和完善：磷铵—硫酸—水泥联产产业链中磷酸制取改为二水—半水法生产工艺，水泥余热和硫酸反应热得到回收；海水"一水多用"产业链中卤水进行整合，电厂和氧化铝海水冷却余热得到充分利用，海水淡化和生态电厂实现有效链接；盐—碱—电—铝联产产业链延伸铝产业，电厂粉煤灰和氧化铝赤泥得到综合利用。通过对循环经济产业链的进一步拓展、延伸和完善，形成了园区完整的循环经济生态产业体系。

二、园区范围的中循环

（一）中循环特征

园区中循环是园区内不同企业之间相互连接，形成的资源与能源循环利用体系，它是产业共生网络最为有利的实现形式，为产业共生构建了一个介于企业和市场之间的中间组织形式。与企业小循环相比，园区中循环充分利用了市场机制的调节作用。园区企业根据副产品和废弃物的供求关系来选择交易对象，提高了园区产业共生体的灵活性和弹性，从而提高了园区资源配置的效率；与社会大循环相比，园区充分利用了企业间的默契与联盟。由于地理位置临近、知识外溢和相互信任，园区企业的机会主义行为受到制约，企业间的交易成本处于较低水平，有利于园区企业开展交易与合作，提高了园区产业共生体的稳定性。作为中间组织形式，产业园区为产业共生体的形成和发育提供了良好的经济社会基础。在我国生态工业园产业共生体发展过程中，政府也发挥着重要作用。

在循环经济规划与建设过程中，生态工业园区按照工业生态学原理，构筑企业之间、产业之间、生产区域之间的有机关联，形成科学、合理、优化的企业间循环模式，通过企业间的物质集成、能量集成和信息集成，将彼此关联的企业连接起来形成生态产业链，形成企业间的工业代谢和共生关系，实现物质、能量的循环利用。在组织形式上，这就要求园区内企业之间要有合作共赢的意识，主动开展生态产业链的衔接，在更为成熟的产业共生系统中寻求广泛的协作机会。园区产业共生体系是我国生态工业园区发展和建设的重点，园区生态产业链发展水平能够反映园区中循环的状况。

（二）西安高新技术产业开发区生态产业链建设

西安高新技术产业开发区在生态工业园建设过程中，以完善主导产业，壮大产业集群、提升产业发展水平为重点，相继引进和开工建设了一批科技含量高、带动作用强、节能环保的大项目，进一步拓展延伸了主导产业链网，加强了企业之间、行业之间的产品及废弃物、水机能量的交换，构建了多产业复合、动静脉耦合的产业链网，以及水资源梯级利用链网、能源回收链网，具有一定的示范效应。

1. 动脉产业链网。动脉产业链网包括通信产业链、半导体及集成电路产业链、汽车产业链。从通信类基础元器件的研发到通信核心部件的生产制作，再到系统整机生产，以及通信网络和通信增值服务，高新区已经形成完整的通信产业链条。多年来，西安高新技术产业开发区已经积聚起了美国美光、应用材料公司、韩国信泰等众多世界著名半导体企业，形成从设计、制造、封装测试到半导体材料及设备制造的较为完整的产业链。以比亚迪、法士特等为龙头，形成了“技术研发—关键零部件加工配套—整车制造—汽车服务销售”较为完整的汽车产业链。

2. 静脉产业链。西安高新技术产业开发区积极发展静脉产业，形成了复杂的静脉产业链网。针对先进制造企业众多的特征，西安高新技术产业开发区重点发展废旧汽车零部件、工程机械、机床等，进一步为区内企业进行配套，完善产业链。具体包括：废旧变速器—再制造—产品；废旧发动机—再制造—产品。除此之外，针对加工过程中产生的废酸、废碱、废有机溶剂等危险废弃物的回收与再生，形成了废有机溶剂—精馏—有机溶剂—精密电子行业；废蚀刻液—离子膜—铜粉；废硫酸—元明粉；废钢铁/废包装物—废料加工—产品；粉煤灰/炉渣—建材等静脉产业链。

三、社会层面的大循环

（一）社会大循环特征

小循环和中循环都具有空间局限，一方面，由于缺少充足的补链产业，它们无力消解一部分废料和副产品；另一方面，由于废弃物数量有限，区内循环利用达不到规模经济要求，需要在城市范围集中处理。这样，循环经济就必须突破企业、园区限制，需要拓展到区外来组织物料循环，构建所在城市的产业共生网络。与企业小循环和园区中循环不同，社会大循环是一种涉及生产和生活、跨越城市与农村、事关各类主体的宏大产业共生网络。其一，全产业循环体系。从产业层面来看，社会大循环是一个城市范围内第一产业、第二产业和第三产业之间耦合形成的产业共生体系，特别是要把第一产业纳入循环经济体系，形成第一产业与第二产业之间的耦合与关联。其二，全地域循环体系。从地域范围来看，社会大循环就是基于城市整体功能，城市、郊区与农村之间的物质与能量循环体系。这就要求开展循环型社会发展规划，打通各区域单元之间交通、信息联系，统一布局大型环保基础设施，实现全域范围的物质、能源、信息集成。其三，全社会循环体系。从社会各主体来看，社会大循环就是生产者、消费者和管理者全面参与的循环经济大格局。生产者环境自律，普及清洁生产方式；消费者绿色消费，响应垃圾分类与回收；管理者精细化管理，推动循环经济发展。

（二）日照经济技术开发区社会大循环

日照经济技术开发区位于日照市区西南部，规划面积 8.5 平方公里，主导产业为浆纸和印刷包装、汽车装备、粮油加工、生物医药等。日照经济技术开发区把发展循环经济贯穿到企业、园区和社会三个层面，形成了点、线、面协调推进的循环经济体系，被誉为“日照模式”。园区在积极推进企业小循环、园区中循环的同时，将循环经济理念和循环经济体系延伸到日照市，主动参与到日照市循环型社会的建设之中。其一，基础设施集成共享。以污水处理厂和热电厂等城市基础设施集成共享为重点，以区域水资源优化配置、中水回用和企业间交换利用为依托，构建起能源高效利用、水资源梯级利用和减量化排放的循环经济体系。其二，三次产业协调共进。积极促进三次产业之间的物质、能量和信息流动，特别是工业与农业之间物质和能量交换，循环利用工业生态系统无法利用的废弃物资源。其三，生态文明理念。积极倡导绿色生产、绿色消费、低碳生活等生态文明理念，强化市民生态意识，组织开展循环型社区、绿色学校的创建工作。其四，循环型社会信息系统。该系统综合应用计算机技术、通信技术、网络传输技术及工业监控技术，对园区各类资源和信息系统进行集成、控制和管理，并通过该系统与外界企业联系交流，为园区内外资源循环利用提供了平台，实现了园区内外资源、信息共享和有效利用，保证了社会大循环的建设（见图 4－5）。

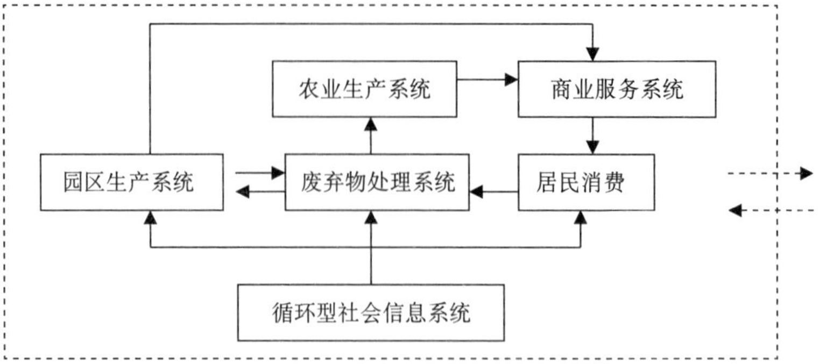

图 4-5　日照经济技术开发区社会大循环体系

第三节　生态工业园区产业共生的方式

丹麦卡伦堡公司出版的《工业共生》一书中对工业共生的定义是："工业共生是指不同企业之间的合作，通过这种合作，共同提高企业的生存和获利能力；同时，通过这种共生实现对资源的节约和对环境的保护。"在该定义中，工业共生被用来说明相互利用副产品的工业合作关系。生态工业园区是一个典型的产业共生体，它是由一个或若干个关键产业企业、配套产业企业以及服务业企业组成的、类似于生态系统的产业共生体。这些企业之间沿着生态产业链关系耦合在一起，实现了园区的资源和能源的循环利用（见图 4-6）。按照共生体中企业间的地位关系，产业共生分为单核共生、多核共生和嵌套共生三种模式；按照共生体中企业间联系的紧密程度，产业共生分为点共生、间歇共生、连续共生和一体化共生四种模式；按照共生体中企业间的依存关系，产业共生分为偏利共生和互利共生两种形式。

一、产业共生体的地位关系

美国学者罗伯特·艾尔斯（R. Ayres）认为，生态工业园区内应至少包含一家"大型轴心公司"，该公司能向其他公司提供原料或已加工过的材料，吸引和链接大量的配套企业，从而实现生产合作，并将废弃物转化为可以使用的产品。依据这一观点，我们可以根据核心企业的数量对产业共生体进行分类。当产业集群中只有一个核心企业时，产业共生现象表现为单核共生型；

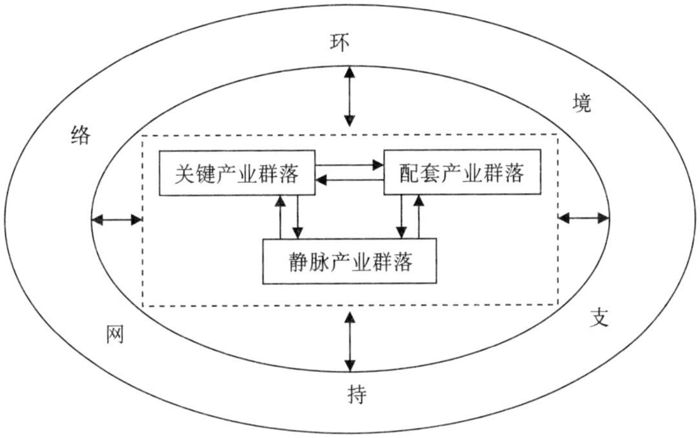

图 4－6 生态工业园区产业共生的基本框架

而当产业集群中存在多个核心企业时，产业共生现象称为多核共生型。生态工业园区发展初期，单核共生型较为普遍；随着园区的不断扩张，企业数量不断增加，数个核心企业出现，园区产业共生演变为多核共生模式。

（一）单核共生型

单核共生型是指园区企业受控或依赖于一家大公司或集团，通过投入与产出关系与这个核心企业形成关联关系，从而形成的产业共生体。一般来讲，各共生单元都是中小型企业，它们不仅为核心企业提供所需的投入或服务，而且能够充分利用核心企业的副产品进行生产，核心与外围企业之间存在广泛的共生关系。德国莱比锡生态工业园区是由核心企业主导形成化学产业生态链的生态工业园区。我国山东阳谷祥光生态工业园区是典型的单核共生关系，具有一定借鉴价值（见图 4－7）。该园区位于山东省阳谷县城北部，是以政府为主导，依托龙头企业阳谷祥光铜业有限公司而建的铜产业工业园区，2011 年开始创建国家生态工业示范园区，2013 年被生态环境部、商务部和科技部命名为国家生态工业示范园区。目前，围绕祥光铜业有限公司（铜原料），该园区已经形成大量加工配套企业，包括祥瑞铜材有限公司（铜深加工）、鲁发新材料有限公司（铜深加工）、东方电缆有限公司（特种电线、电缆）、山东明杰环保科技有限公司（废弃电子产品拆解与资源化再生）等。

单核共生型产业共生体面临的主要问题是核心企业与外围企业之间的合作方式。如果双方之间单纯依靠市场交易，则面临着交易摩擦及较高的交易成本；如果双方之间缔结某种合作关系契约，则又限制了市场的活力、降低

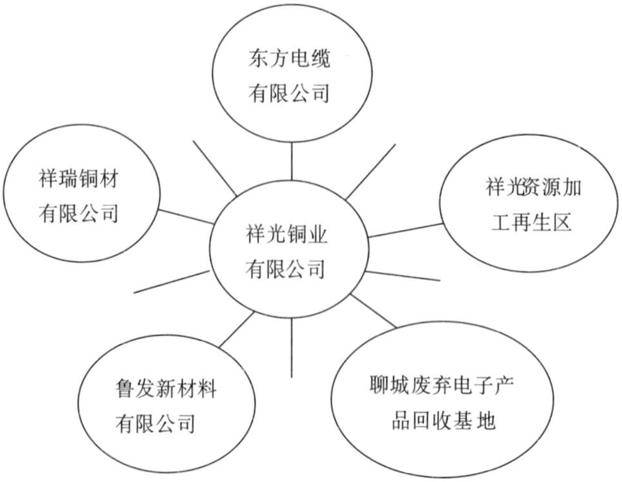

图4-7 山东阳谷祥光生态工业园区产业共生关系简图

了资源配置效率。解决这一冲突的主要形式是介于市场与企业之间的中间组织形态，如企业集团和分包制。企业集团是指通过产权关系构成的企业联合体，它一般分为核心层、紧密层和松散层三个层次，核心层企业与紧密层企业之间往往存在股权关系，而核心层与松散层企业之间依靠长期合同契约来维持。企业集团型工业园区兼具厂内资源循环与市场交易的优点。与单纯依靠厂内资源循环体系相比，企业集团型园区的循环经济是在不同企业之间展开，具有市场活力；而与单纯依靠市场交易的方式相比，企业集团型工业园区中各企业存在关系性契约，这样就便于相关企业间进行生产协调，提高了循环经济的稳定性。分包制是指某些大企业将零配件等非主营业务承包给一些中小企业，而这些中小企业又将其中的一些业务承包给次一级的中小企业，从而形成层层分包的生产方式。在分包制工业园区中，居于园区核心的是一个大企业，其周围集中了许多为其提供配套服务的中小企业，或者利用其副产品或废料进行生产的企业。在这种模式中，核心企业与废料处理的小企业间通过承包关系实现了副产品或废料的有偿交换和循环利用。分包制工业园区的主要优势在于长期合作形成的社会资本和小企业经营的灵活性。一方面，分包制采用一种隐含的承包合约形成长期连续交易关系，核心企业与小企业之间在长期的合作中形成默契和信任，使企业之间能更好地合作，提高了循环经济发展的稳定性；另一方面，小企业的经营具有很强的灵活性，能够及时调整经营规模和方向，以应对市场波动引发的交易摩擦。这样，分包制工业园区就能够保证循环经济发展具有一定的稳定性和市场适应性。

（二）多核共生型

多核共生型是指园区存在多个核心企业，每个核心企业与其外围企业之间存在紧密的有机联系，形成相对独立的产业共生体。与单核共生体相比，多核共生体极大地削弱了核心企业生产与经营调整对系统的干扰，进一步提高了循环经济系统的稳定性。一般来讲，核心企业被认为是产业共生体的主导和控制者，核心企业的技术、规模等变化都会引发产业共生体的变化。在单核共生体中，园区所有外围企业被一个核心企业所控制和影响，核心企业的变动直接影响到园区系统的稳定和发展。而在多核共生体中，外围企业与多个核心企业保持合作关系，一个核心企业的变化对其他核心企业，以及外围企业的影响较小，从而有效增强了园区循环经济系统的稳定性。

我国大多数综合类生态工业园区组织结构类似于多核心共生网络，其主要特点是产业内各环节之间耦合程度高，而产业间的横向耦合较少。园区产业共生网络形成相对独立的产业共生体。天津经济技术开发区是综合类生态工业示范园区，主导产业为电子信息产业、汽车产业、石化产业和装备制造业。在每个主导产业内部，围绕核心企业形成联系紧密的产业集群；但是主导产业之间物质和能量交换少，五大产业集群之间的耦合程度较低，主要是通过废弃物集中处理而联系（见图 4 –8）。

电子信息产业集群：坚持“聚焦三星”战略，围绕韩国三星电子、富士康等核心企业，天津经济技术开发区 600 余家电子信息制造业和服务业企业分布在通信设备、光电显示、电子元器件、工业电子、新型消费电子等产品生产环节，形成实力雄厚的电子信息产业群和完整的产业链条，2016 年产值达到 1277. 44 亿元。

汽车产业集群：在日本丰田、中国长城和德国大众三大整车制造商的吸引下，天津经济技术开发区已经集聚了 200 余家零部件供应商以及废品回收与再生企业，形成了包括整车和发动机、变速器、汽车电子、汽车模具、轮胎、涂料等核心零部件、技术研发和汽车服务在内的多系列、多品种的完整汽车产业链，2016 年产值达到 1667. 42 亿元。

装备制造业集群：天津经济技术开发区装备制造业产业门类齐全，既有传统装备制造业，也有新兴的智能装备制造业。该产业集聚 300 余家企业，电梯、石化装备、风力发电设备、机床、输变电设备以及变速器、高压阀门等产品实现规模化生产，商用无人机、水下机器人、工业机器人等智能无人

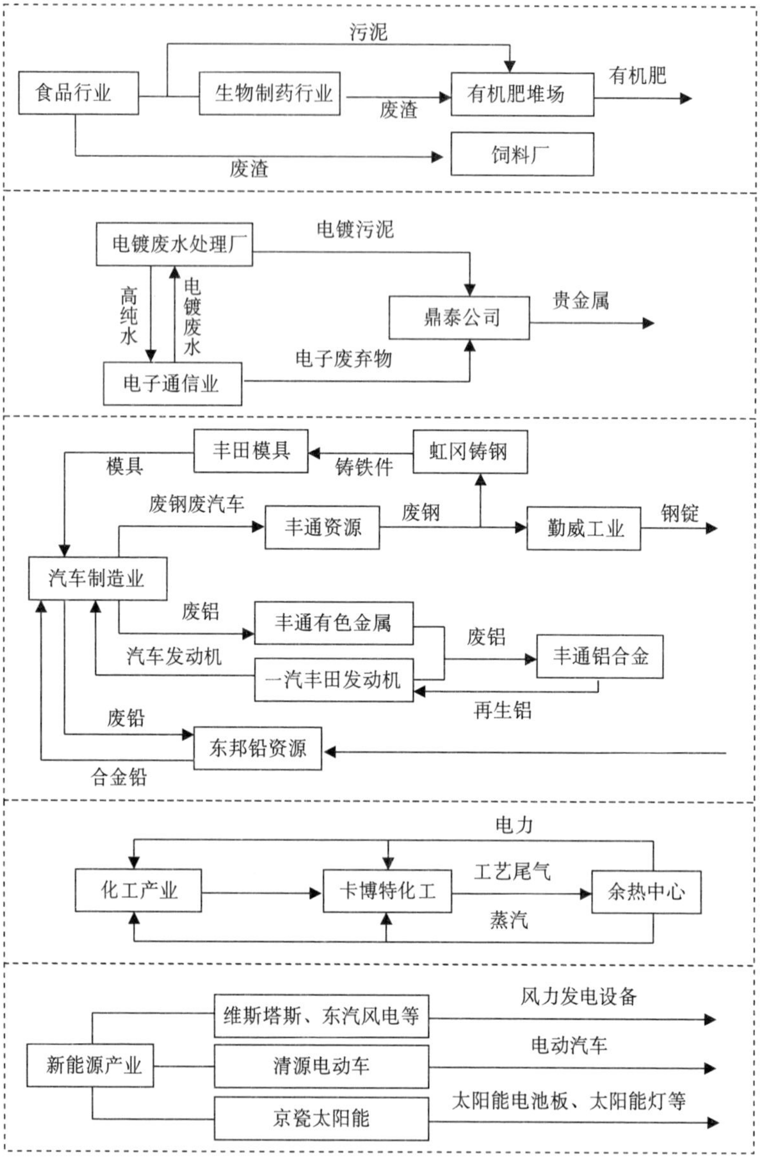

图 4－8　天津经济技术开发区多核共生方式

装备生产增长迅速，装备制造业产业链不断延伸和完善。2016 年产值达到 754.26 亿元。

石化产业集群：天津经济技术开发区石油化学工业由石油炼制、石油深加工、石化仓储物流和资源综合利用等行业构成，产品种类多样，主要包括油品、通用合成材料、有机化工原料、化工新材料、专用化学品等。天津经济技术开发区石油化工类企业超过 220 家，它们围绕石油的加工利用，形成石油化工、精细化工和资源、能量综合利用三条循环经济产业链。2016 年，石油化工产业完成产值 1193.63 亿元，占全区规模以上工业总产值 15.04%。

生物医药与食品产业集群：天津经济技术开发区已集聚了医药类工业及服务类企业 400 家，这些企业主要集中在生物制品及制剂、化学制剂、中药和天然药物、医疗器械，以及医药研发外包等领域，已经初步形成集研发、技术转化、生产制造、商业物流和展示交流的生物技术产业链条。2016 年产值 870.27 亿元，占全区规模以上工业总产值 10.97%。

（三）嵌套共生

嵌套共生是指园区存在多个核心企业，不仅核心企业与其外围企业之间存在紧密的联系，而且核心企业之间也存在较多的交换关系，外围企业不仅与一个核心企业联系，还与其他核心企业、外围企业之间存在多条反馈回路，从而形成一种具有复杂回路的共生网络组织[①]（见图 4－9）。与多核心共生相比，嵌套共生网络对外界的干扰稳定性更好，对市场的适应能力更强。从稳定性来看，即使是一个核心企业退出，也不会对共生网络产生太大的干扰，外围企业可通过复杂网络寻找替代交易对象；从市场适应能力来看，当市场需求发生变化时，加工组装企业可以弹性地选择关联企业，开展针对性的生产调整。在发展阶段上，嵌套共生是多核心共生的高级表现形式。我国大多数生态工业园区处于多核心共生阶段，嵌套共生特征并不明显。丹麦卡伦堡生态工业园区产业共生体系比较成熟，具有嵌套型共生特征，值得我国生态工业园区借鉴。

二、产业共生体的联系强度

依照共生单元之间的合作紧密程度，产业共生可区分为点共生、间歇共生、连续共生和一体化共生四个阶段。随着产业共生关系的演变和发展，企业间的联系强度逐渐加强[②]。

---

① 王兆华，尹建华：“生态工业园中工业共生网络运作模式研究”，《中国软科学》，2005 年第 2 期，第 80－85 页。

② 袁纯清：《共生理论—兼论小型经济》，经济科学出版社 1998 年版，第 1－70 页。

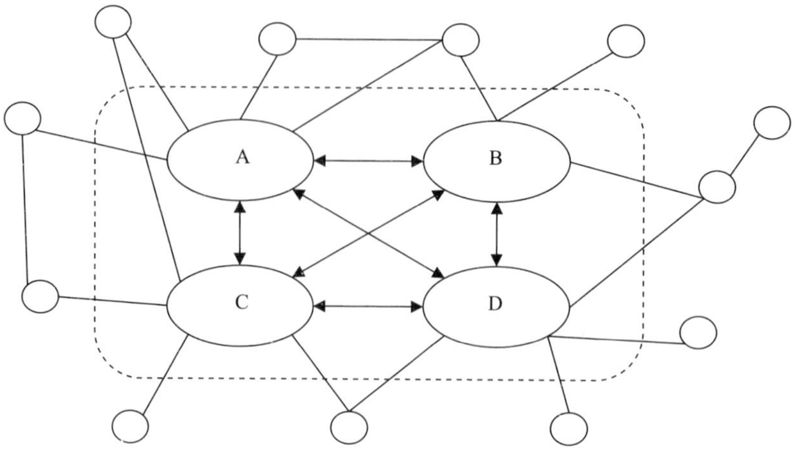

图 4-9 嵌套型共生网络结构简图

（一）点共生

点共生是指园区循环经济参与单元之间偶尔会发生副产品或废料的交换，但合作对象是随机选择，合作时间也不固定，基本方式是采用合同方式一次性完成交易。这种产业共生具有短期性、随机性和高交易成本等特征，易受市场因素和环境因素干扰。一旦市场价格、发展政策发生某种变化，交易不会重复。点共生常常出现在生态工业园区发展早期，共生企业数量少，环境约束较低，副产品和废弃物资源的需求较少，园区的资源与能源循环利用程度较低，系统具有很大的不稳定性。

（二）间歇性共生

随着园区企业数量的增加和产业共生网络的发育，副产品和废弃物资源的市场需求明显增加，核心企业与卫星企业之间合作的意愿提高，双方开始建立针对性的联系，副产品和废弃物的交易伙伴逐渐明确和固定，产业共生由点共生进入间歇性共生。间歇性共生虽然避免了交易对象的盲目性和随机性，但交易仍然具有短期性和不稳定性。一方面，由于环境约束处于较低水平，双方对副产品和废弃物的利用采用弹性计划，双方没有长期供需计划，交易数量不确定；另一方面，交易双方还未建立充分的信任与默契，交易存在机会主义行为，因而交易的时间和频率也是随机而定，没有明显的规律。在这种情况下，共生企业之间的交易或合作是断断续续，没有规律的。

（三）连续性共生

随着企业数量不断增加，园区的环境约束突显，企业开展副产品和废弃物循环利用的外部压力明显加大。并且，经过合作双方进一步磨合，合作的默契和信任程度进一步提升，核心企业、卫星企业和研发机构之间逐渐形成长期的、连续的、稳定的合作关系，合作双方在物流、信息流、资金流等方面形成多方面的交流和互动，产业共生网络基本形成，副产品和废弃物交易具有周期性规律，系统的稳定性达到较高水平。目前，我国生态工业园区的产业共生大都处于间歇性共生向连续性共生的过渡阶段，如果能够增加双方之间的信任，减少机会主义行为，就能形成紧密的、规律性的合作关系，顺利进入连续共生阶段。

（四）一体化共生

为了确保园区产业共生体的稳定性和利益，参与共生体的企业之间缔结明确的合作条款，规定各方的权利和义务，从而形成十分紧密的产业共生体。一体化共生体成员是具有法人资格的市场主体，它们独立进行生产经营，但不能违反合作协议所规定的条款。一般来讲，核心企业、行业协会或政府可以充当一体化组织者，组织签订书面协议、监督协议的执行。一体化共生的主要动力来源于交易成本的节约，即内部交易成本远低于外部交易成本。当园区文化和信任程度发展到一定水平时，共生关系的双方已经不具有任何机会主义倾向，一体化共生模式出现。

三、产业共生体的行为方式

从共生单元的依存关系来看，产业共生分为寄生共生、偏利共生和互利共生三种模式，其中，寄生共生不符合经济学“理性人”假设，不会有企业甘愿放弃收益或利润，寄生关系在经济运行中很少出现。

（一）偏利共生

偏利共生是指共生只能使一个企业获得利益，而另一个企业不会获得利益但也不会受到损害的情形。在产业共生网络发展中，偏利共生的企业间存在投入产出关联。当一个企业无力处理副产品或废弃物而又不能向自然界排放时，就可能采取无偿转让或低价销售交由其下游企业处理或使用。下游企业通过利用副产品或处理废弃物，从而产生新产品或能量，因而获得收益。显然，偏利共生的收益主要归属于其中一方，具有利益非平衡特点。而利益的平衡性极易引发机会主义行为，产生较高的交易成本，使偏利共生处于不稳定状态。

在生态工业园区实践中，偏利共生关系需要相关制度安排予以维护，例如政府补贴、价格政策等。在政府补贴方面，如果环境具有一种对非获利方的补偿机制，如政策优惠、返税退税等，那么非获利方也会得到发展，否则偏利共生难以持续下去；在价格政策方面，在环境监管严格条件下，政府要对废弃物资源市场实行价格干预，确保共生双方利益分配相对平衡。

（二）互利共生

互利共生是指共生能够使合作双方都能够获利的情形。在互利共生关系中，共生企业以分工为基础进行合作，合作产生的新价值分属于不同企业。在产业共生网络发展过程中，副产品和废弃物的交换通过市场交易完成，供给方因提供副产品和废弃物而获得回报，需求方通过加工和利用副产品和废弃物而实现增值，上下游企业在共生中同时获得利益。互利共生是一种自发的、相对公平的合作机制，合作内容和合作范围明显增强。在合作内容上，共生企业之间不仅存在物质和能量的交换，而且在技术、人才、信息等方面有着广泛的交流；在合作范围上，企业间不仅存在双边作用机制，而且存在多边作用机制。共生企业之间交流与合作的程度越高，越紧密，则产业共生系统就越稳定，其效率也就越高。

互利共生是产业共生的理想状态，互利性的分配机制使各企业处于获利状态。在互利共生关系中，工业园区的物质流、能源流和信息流处于高效率状态，共生系统趋于稳定。目前，我国生态工业园区产业共生体大都处于非对称互利共生阶段，即各方利益分配存在差异，导致不同共生企业的发展的非同步化，致使有的企业进化快，有的进化慢。未来，生态工业园区互利共生的目标是对称性互利共生，即共生产生的价值增值在企业间公平分配，所有企业获得同等程度的发展机会，共生系统处于稳定的、高效的状态。

第四节 生态工业园区产业共生的形成路径

按照形成的历史路径，我国生态工业园区可分为自发形成型和规划建设型两种模式，自发形成型是在市场机制作用下，企业自发集聚形成的工业园区；规划建设型是在政府规划、组织和引导下建设的工业园区。两者的形成过程不同，其管理制度也存在较大差异。我国大多数生态工业园区属于规划建设型。

一、自发形成型

自发形成型工业园区属于自下而上的自组织模式，它是指生产工序上有关联的企业、科研院所自发地在一个特定地理空间集聚而成的产业集群。这种工业园区的形成过程可以分为相互联系的三个阶段：偶然选址、自发集聚和政府规制。

（一）偶然选址

某一区位成为产业集聚区的原因是不明确的，它是一个偶然性的历史事件，具有很大的不确定性。这种偶然性往往是由地方性的环境因素、经济因素或者个人因素所造成。在工业园区发展早期，最初被选定的集群区位可能仅仅是在某一方面具有特殊竞争优势，正好迎合了投资者的某些计划或设想，例如资源比较丰富，或者是交通比较便利，或者是熟练劳动力充足，或者是某项政策或法规的实施等。例如，介休市义安循环经济工业园区的区域内早在明清时代就利用本地煤炭资源开展土法炼焦。改革开放初期，随着乡镇企业的发展，炼焦业的生产规模也随之扩大，炼焦企业集聚态势逐渐形成。

（二）自发集聚

克鲁格曼（P. Krugman，1991）在其“报酬递增与经济地理”一文中指出，专业化生产区域在历史偶然性因素作用下建立起来后，就会在外部经济的作用下形成自我持续发展的态势。随着企业数量的增加，地理空间上相互接近的企业间的协同效应不断增强，为集群中的企业带来外部经济。企业为追求空间集聚的外部经济而形成持续的集聚力，从而使集聚具有了自我持续、自我累积的效应。集聚的外部经济主要表现在以下三个方面：一是专业劳动力市场共享。由于集聚产生对特定产业技能劳动力的大量需求，从而吸引和培养熟练的技术工人，形成专业化的劳动力市场。这样，各企业可以方便地获得具有特定专业技能的劳动力，降低劳动力出现短缺的可能。二是专业化的中间产品和服务。由于产业内企业的集聚，从而产生了对中间产品和服务的大量需求，在达到中间产品和服务企业的最低需求规模时，就会引发中间产品和服务的本地化生产。这样，原本是企业的某些业务项目就被剥离出去，由这些中间产品生产厂商生产。专业化分工进一步深化，结果企业的专业化程度提高，生产效率提高。例如，服装生产厂家集聚，可以刺激纽扣生产厂商的出现。三是专业技术外溢。每个中小企业都不能拥有全部的生产知识和技术，因而需要与其他企业交流与合作；而地理临近加速了信息的沟通与交流，增强了专业知识和技术的外溢。

（三）循环经济规制

自发形成型工业园区是基于地方化因素和历史偶然性形成的一种市场自发秩序。但是，当自发形成型工业园区的产业共生体达到一定规模和一定程度之后，政府的规制和相应的制度设计就成为必要的补充，它能够对企业的清洁生产和园区循环经济发展起到较好的规范、激励和推动作用。政府的循环经济规制的必要性主要表现在以下几个方面：其一，指导循环经济。自发的产业共生体发展中，核心企业或者行业协会是项目的启动者，它们把经济可行性放在第一位，把整治环境和资源循环利用放在次要地位。而且，由于缺乏相关理论做指导，循环经济项目的建设缺乏系统性和目标性，在一定程度上限制了循环经济的良性发展。为此，政府应该以相关理论为指导，明确园区循环经济的发展方向，组织编制产业共生体的发展战略规划，引导园区走向持续的、科学的循环经济发展道路。其二，规范循环经济。为了进一步提高企业的清洁生产水平，维护园区循环经济秩序，政府必须不断完善和细化循环经济促进法，制定循环经济评价指标体系和监督管理办法，使循环经济发展纳入法制化轨道，督促企业按照循环经济标准和要求改进清洁生产技术，有序开展副产品和废弃物的交换。其三，激励循环经济发展。建立和实施资源节约和环境友好的经济政策，鼓励那些率先实行低消耗、低污染的经济活动。这些政策主要包括财政补贴、税收减免、投资倾斜、政府绿色采购等。其四，提供公共服务。在政府组织和推动下，园区建设以废弃物交换平台、公共信息共享平台、循环经济技术研发及孵化中心和污染物监测平台等公共服务设施，组织专家开展技术服务指导，为循环经济提供信息服务、技术支持等服务，促进循环经济发展。

二、规划建设型

规划建设型工业园区是一种自上而下的有意设计组织模式，它是指政府为了推动经济发展和调整产业布局而规划建设的工业园区。我国大多数生态工业园区的基础是国家经济技术开发区或国家高新技术产业开发区，是在政府规划和主导推动下发展起来，从形成路径来看属于规划建设型工业园区。虽然建设之初，这些园区的发展规划已经体现可持续发展的思想，注重资源节约和环境保护，但是并未系统设计产业共生网络及相应的管理体系，循环经济发展具有盲目性。在创建国家生态工业示范园区过程中，这些园区的管委会依据工业生态学原理，重新编制园区发展规划，通过构建产业共生网络对现有园区进行循环化改造。作为一项系统工程，生态工业园区规划应根据区域产业发展方向，对废弃物规模及其流动进行评估，进而确定园区的特色及其定位。在此基础上，政府要科学规划物质流、构建产业共生网络、设计生态友好型社区、配套建设生态化管理体系和营造生态文化氛围。

（一）科学规划物质流

物质流是资源循环利用的主要路径，物质流规划是生态工业园区建设的首要任务。物质流规划的主要内容是考察能源与原材料的投入情况，评估和识别潜在的副产品和废弃物的产生及其再利用的可能性及途径，由此规划和设计生态产业链，明确园区产业的构成及其耦合关系，从而为园区招商引资提供依据。

（二）合理构建产业共生网络

产业共生网络是指物质与能源流动过程中企业之间存在的相互关系，是物质流赖以存在的基本制度。如果说，物质流是指资源流动的方向的话，那么产业共生关系就是资源流动的通道。构建产业共生网络主要包括吸引企业加入、识别对接机会、促进废弃物对接等几个方面。其一，通过宣传产业共生项目及理念，让企业深入了解产业共生的价值和意义，从而使更多的企业参与到产业共生中来，为产业共生提供更多的机会。其二，建设产业共生信息平台，识别产业共生机会。产业共生平台以废弃物资源数据调查与统计为基础，形成废弃物交换信息采集与更新、识别、对接提示及管理追踪的信息自动化办公系统，辅助管理者发现物质、水、热等耦合共生热点和机会，为补链招商和生态化管理提供重要的依据。其三，建立企业间沟通与交流的平台，促进企业间的废弃物对接，如行业对接会、专场项目对接会、CEO 座谈会、专业物质对接会和专题技术对接会等。

（三）系统设计生态友好型社区

生态工业园区既是一个产业共生系统，也应该是一个经济、自然和社会相互协调的生态友好型社区。因此，生态工业园区的规划必须使工业系统融入自然生态系统中，使工业发展、自然生态和人居生活共同进化。生态友好型社区规划需要全面考虑当地的自然景观、生物、水文以及基本污染物情况，系统设计景观生态、低碳社区和空间职能。其一，设计景观生态。绿色景观是人类工业系统与自然生态系统的缓冲区域，对污染物有净化和过滤作用，也是社区居民休憩健身的场所。在景观生态建设时，既要对原有的绿色景观进行保护，同时要依据廊道—斑块—基质模型开展人工景观的培育，强化景观的生态功能。其二，建设低碳园区。低碳园区是一种新型产业集聚区，它以较少的温室气体排放实现社会经济可持续发展。在当前技术经济条件下，一个理想的低碳园区应该具备低碳建筑体系、低碳交通体系、清洁能源体系和集约有效的土地利用体系。其三，空间优化。园区功能模块之间的空间优化是减少能源消耗和损失的重要手段。一方面，根据产业布局调整社区建设，确保居住与就业岗位的平衡配置，以减少“钟摆式”交通带来的能源浪费和效率损失；另一方面，要尽量缩短副产品生产者和使用者间运输距离，减少运输成本和能量损失。

（四）配套建设生态化管理体系

为了推动产业共生网络发展，园区规划必须配套设计生态化管理体系。政府要借助强制性规则和激励政策引导园区企业和其他主体实施资源循环利用活动，通过肯定或否定的方式约束法定的资源循环利用义务主体，使其行为符合循环经济法中的规定。生态化管理体系包括生态准入、生态化管理服务、生态行为公告和循环经济激励政策等。其一，生态准入。在招商选资中，根据国家的环保政策和园区产业共生网络设计筛选项目，重点鼓励补链项目和资源再生项目。其二，生态化管理服务。地方政府和园区管委会在企业和园区两个层面提供生态化服务。在企业层面，政府鼓励和协助企业开展生态化建设，包括企业 ISO14001 环境管理体系认证、清洁生产审核、能源审计等；在园区层面，园区管委会要组织园区 ISO14000 环境管理体系认证、园区综合评价和应急事故的意识和防备计划（APELL）。其三，生态行为公告。政府定期公布园区内企业的性质、生态管理行为事项的行为，内容包括企业基本情况、污染排放行为、污染治理行为、环境影响行为、环境管理行为和绿化行为等。其四，循环经济激励政策。政府采取一定的激励机制，包括规划制度、财税制度、专项基金制度、信贷制度、价格制度、政府绿色采购制度、产品示范和推广制度，使废弃物循环的正外部性损失得到补偿，使资源综合利用变得有利可图，从而实现对园区循环经济行为的激励，逐步使园区向生态工业园区方向发展。

（五）积极营造生态文化氛围

生态文化是指生态文明的理念、规范、行为典范和宣传场馆，通过教化、规制、示范、样板等进行生态文化培育，有助于促进生态工业园区循环经济的发展。许多学者已经指出，营造生态文化是生态工业园区规划的重要内容，其主要包括生态理念、生态规范、生态示范和宣传场馆等。一是，树立生态理念。生态工业园区建设初期，政府及相关组织就要统一部署和安排生态文明宣传教育方案，通过知识竞赛、公益讲座、企业征文、电视互动等形式，加强生态环境质量及其保护知识的宣传与教育，增强人们的环境危机意识和生态情感认同。二是，制定生态规范和制度。我国企业的生态文化尚未普及、生态自律严重不足。因此，在生态理念宣传的同时，要制定严格的法律、规范的制度、有效的处罚去规范生态行为，最终督促企业形成生态文化的内在自觉。三是，推广生态文化典型。要积极推广生态文明先行示范区建设的经验和做法，发掘和培育园区生态文明的先进典型，使之成为循环经济和生态文明的行为导向，充分发挥先进和榜样的示范作用。四是，打造生态文化场馆。设计和建设代表 EIP 形象的主题公园或生态公园、生态文化展示馆、环保文化建筑等，让它们成为生态文化的载体和标志，让生态文化深入人心。

第五节 我国生态工业园区循环经济发展政策

在我国生态工业园区建设过程中，国家和地方政府并没有出台针对生态工业园区发展的特殊政策，生态工业园区享受的循环经济扶持政策与其他类型区域基本一致。为此，我们首先探讨我国循环经济发展的政策及其优化，进而建议国家和地方政府为生态工业园区制定排他性的优惠政策。

一、我国循环经济发展政策优化

为了推进我国循环经济发展，国家和地方政府层面出台了一系列扶持政策，涉及财政补贴、税收减免、投资倾斜、绿色消费引导和政绩考核等方面。2005年国务院出台的《关于加快发展循环经济的若干意见》（国发〔2005〕22号）、2009年公布的《中华人民共和国循环经济促进法》（国家主席令第四号）、2010年国家发展和改革委员会、中国人民银行、银监会和证监会联合发布的《关于支持循环经济发展的投融资政策措施意见的通知》（发改环资〔2010〕801号）、2012年国家发展和改革委员会、财政部联合发布的《关于推进园区循环化改造的意见》（发改环资〔2012〕765号）、2016年国家发展和改革委员会、生态环境部联合发布的《中华人民共和国清洁生产审核办法》（第38号令）等文件，从国家层面提出了一系列旨在推动循环经济发展的政策。依据国家循环经济相关政策，地方政府根据本地实际，制定相应的循环经济促进条例和循环经济发展规划，出台针对性的政策措施，推动本地循环经济发展。

（一）专项资金支持

循环经济发展专项资金是指由政府部门安排的专项用于支持循环经济重点工程项目实施、循环经济技术和产品推广、循环经济基础能力建设等方面的财政专项资金。国家财政部循环经济发展专项资金主要支持“城市矿产”示范基地、餐厨废弃物资源化利用和无害化处理、园区循环化改造、再制造、情节生产示范推广和循环经济基础能力建设。

地方各级财政和环保部门安排循环经济专项资金、环境保护专项资金、清洁生产专项资金等，用于引导和推动循环经济和环境保护。但是，专项资金项目存在重申请、轻建设的问题。为此，建议加大专项资金项目的过程管理，重点对项目招投标情况、配套资金到位情况、资金使用情况及验收审计情况等进行跟踪问效和绩效评估，进一步提高专项资金的使用效率。

（二）税收政策

资源税、环保税和所得税是循环经济和环境保护的重要调节手段。在资源税调节方面，我国已经开始对金属矿产、非金属矿产和盐的开采利用征收资源税；在环境保护税调节方面，我国已经开始针对污染物的数量和浓度征收环境保护税，且对污染物浓度低于规定标准的企业予以税收减免。在所得税减免方面，相关法规政策规定以下企业或项目获得税收减免优惠：一是，从事符合条件的环境保护、节能节水项目；二是，企业购置用于环境保护、节能节水、安全生产等专用设备；三是，企业以《资源综合利用企业所得税优惠目录》规定的资源作为主要原材料，生产国家非限制和禁止并符合国家和行业相关标准的产品取得的收入；四是，节能服务公司实施合同能源管理项目。

我国已经开始征收资源税和环境保护税，对经济发展和环境保护形成强大的正向激励。但是，资源税的征收范围还比较窄，水资源税还没有在全国推开，森林、草场、滩涂等资源税还处于探索阶段。一方面，建议不断增加资源税的征收范围，进一步提高资源税的调节作用。另一方面，环保税的减免只考虑了污染物浓度标准，建议增加数量标准，对未达允许排放量的企业予以税收减免。

（三）补贴与奖励政策

在财政补贴方面，政府对资源再生企业给予一定补贴。财政部联合生态环境部、发展和改革委员会、工信部发布的《废弃电器电子产品处理基金征收使用管理办法》（财综〔2012〕34 号），对电冰箱、洗衣机、电视机、空调和微型计算机 5 种电器的回收处理企业给予基金补贴。目前，补贴的范围扩大到 14 种。在资金奖励方面，各地方政府和工业园区对实施清洁生产审核、ISO14001 环境管理体系认证的企业给予奖励资金，奖励金额有较大差别。

鉴于我国处于循环经济的早期阶段，生产企业投资建设副产品和废弃物回收利用的自觉性较低，建议政府对设置资源回收系统的企业提供财政补贴，补贴量以其资源回收系统投资额的一定比例确定，也可以采用税收抵免、加速折旧等方法予以支持。

（四）投资倾斜政策

为了确保循环经济项目按期完成，各级政府必须实施投资倾斜政策，并引导金融机构和金融担保机构予以配合。国家在制定产业结构调整指导目录时，要明确绿色技术及其应用的政策优势地位；各级地方政府在制定地方经济社会发展规划时也必须明确循环经济相关产业的战略地位，并在重大循环经济项目中采取资金支持（直接投资或资金补助）、贷款贴息、投资抵免等政策手段。金融机构要逐步提升绿色信贷理念，把环境影响指标作为客户信用评级的重要标准，增加对节能环保企业的信贷额度，积极开发与循环经济有关的信贷产品。信贷担保公司要借鉴国际经验，积极探索绿色信贷担保机制，撬动信贷资金更多地流向循环经济和环境保护领域。

2007 年我国开始启动绿色信贷政策，利用贷款品种、期限、利率和额度等手段来促进环境保护，引导产业结构转型。建议在大力支持商业银行发行绿色债券的基础上，进一步拓展绿色金融政策工具，为绿色保险、绿色发展基金和碳金融发展提供宽松的环境，进一步加大绿色金融政策工具的调节作用。

（五）差别化要素价格

差别化要素价格就是对使用同一生产要素的不同企业制定不同的价格标准。从循环经济和环境保护的角度来看，就是要根据节能减排的情况区分产业和针对性定价，对高投入、高消耗的产业收取更高的价格。在水、电价格方面，各地普遍实施阶梯式价格制度，按使用数量实行分段定价，用量越多、价格越贵，从而节水、节能企业产生激励。在循环经济政策实践中，部分地区和生态工业园区还实施超计划、超定额用水加价制度；部分地区对高耗能产业采取限电措施。

垃圾处理费也具有同样的调节作用，建议在差别化要素价格的基础上，对垃圾处理实行差别化收费：对于具备条件的居民用户，实行计量收费和差别化收费，加快推进垃圾分类；对非居民用户，推行垃圾计量收费，并实行分类垃圾与混合垃圾差别化收费等政策，提高混合垃圾收费标准。

（六）科技支持政策

国家对循环经济技术研发和创新的政策多为原则性、概括性的规定。我国科技部印发的《十三五环境领域科技创新专项规划》提出了未来环境领域科技创新的重点，包括环境污染防治、生态保护与恢复、循环经济、环境基准与标准、核与辐射安全监管等关键核心技术。同时，该规划还提出了科技工作组织实施机制、创新激励与成果转化促进机制、多元投入与风险共担关联机制三条保障措施。这些保障措施并不具体，可操作性不强。

在生态文明建设过程中，加快循环经济发展的主要力量来源于绿色技术，因此建议在我国科技政策体系框架中加入绿色技术创新体系及支持政策，包括绿色技术研发项目资助、科技成果转化以及人才培养等，进一步激发市场主体开展循环经济技术创新的活力。

（七）消费引导政策

政府是绿色消费的引导者，政府通过绿色采购、节能产品推广等手段推动绿色消费。在政府绿色采购方面，财政部、国家发展和改革委员会发布的《节能产品政府采购实施意见》（财库〔2004〕185 号），要求各级国家机关、事业单位和团体组织用财政性资金进行采购的，应当优先采购节能产品，逐步淘汰低能效产品。财政部、国家环保总局联合印发《关于环境标志产品政府采购实施的意见》（财库〔2006〕90 号）要求各级国家机关、事业单位和团体组织用财政性资金进行采购的，要优先采购环境标志产品，不得采购危害环境及人体健康的产品。

在节能产品推广方面，2009 年财政部、国家发展和改革委员会发布《关于开展“节能产品惠民工程”的通知》（财建〔2009〕213 号），通过中央财政补贴的方式，推广高效节能产品，引导绿色消费。具体做法是中央财政对能源效率等级为 1 级或 2 级产品的生产企业给予补助，企业以扣除补助后的价格进行销售。

在市场销售中，再生产品一直受到客户的质疑，制约着再生资源产业链的发展。为此，建议政府在绿色采购中优先选择绿色再生产品，在节能产品推广中对绿色再生产品也给予补助，以此加大对再生产品的消费引导，以推动循环经济的发展。

（八）政绩考核

2013年中组部印发《关于改进地方党政领导班子和领导干部政绩考核工作的通知》，提出政绩考核要突出科学发展导向，不能仅仅把地区生产总值及增长率作为考核评价政绩的主要指标，要强化约束性指标考核，加大节能减排、安全生产等指标的权重。新的政绩考核在引导政府管理人员树立生态意识方面产生积极的作用，对地方循环经济发展和环境保护工作形成强大的推动力。

二、我国生态工业园区循环经济发展排他性政策建议

（一）企业融资政策

与其他区域类型的企业相比，生态工业园区企业面对的是更高的清洁生产要求和环保标准，因而需要运用更先进的节能减排工艺、投资建设更高水平的环保设施。为此，各级政府要鼓励和支持园区企业开展多种形式的融资活动。一方面，中央和地方政府要支持国家级、省级生态工业园区的企业发行企业债券、可转换债券和短期融资债券、中期票据等直接融资工具；支持园区中小企业发行集合债券。另一方面，地方政府支持园区管理委员会成立园区信用担保机构，为园区企业信贷融资提供担保。

（二）绿色技术创新支持政策

生态工业示范园区是循环经济的示范区域，也是国家、地方绿色技术创新源头，为此各级政府要制定生态工业园区的绿色技术创新扶持政策。在国家层面、地方层面关于循环经济项目类资助计划中，单列生态工业园区循环经济专项，定向支持生态工业园区绿色技术协同创新项目和重大补链项目。

（三）环保基础设施投资

在生态工业园区，环保基础设施不仅是环境治理的重要工具，而且也是产业共生网络的重要组成部分，关系着园区循环经济的最终绩效，如污水集中处理设施、固体废物综合处置中心、生态环境监测网络等。为此，建议地方政府在财政年度预算中，投入财政资金专项解决本地生态工业园区环保基

础设施建设。

（四）绩效奖励基金

我国生态工业园区的管理设置了申报、创建—验收、命名—复查等环节，其主要的激励在于命名、挂牌等荣誉奖励。建议在每个环节管理中，依据国家生态工业园区的标准对优秀园区予以资金奖励和项目安排优先等有力政策，激励更多园区开展国家生态工业园区创建工作，激励已经命名的园区持续推进循环经济建设。

（五）全新规划园区建设

我国现有的生态工业园区是在原有工业园区基础上经过循环化改造而形成，而且依据国家生态工业示范园区管理办法，工业园区必须形成一定的生态工业雏形才能申报国家生态工业示范园区，因而未来发展的生态工业园区也属于现有改造型。由于工业园区建立初期缺乏循环经济理念和产业共生的系统设计，循环化改造将付出高昂的成本。为此，建议国家出台全新规划型生态工业园区建设支持政策，允许新建工业园区申报国家生态工业示范园区，政府组织专家对其选址、产业共生网络规划以及投资来源进行审查，符合条件的批准开展国家生态工业示范园区建设，并予以一定的财政补贴，培植一批全新规划型生态工业园区。

第五章

我国生态工业园区生态环境精细化管理研究

作为一种科学的管理方式和理念，精细化管理首先在制造业中产生和发展，之后在服务业领域得到快速应用和推广。21 世纪初，中国城市治理开始采用精细化管理，由此启动了政府管理的精细化进程。实践证明，精细化理念和思想适用于各行各业，精细化管理方法对各行各业都具有重要的参考价值。目前，我国环境保护标准体系日趋完善，环境保护制度不断创新，我国环境管理开始由控制环境污染为导向，向以提升环境质量为导向转变；由注重环保标准向注重环保过程转变。与此相适应，我国的环境管理方式也应该从规范化向精细化转变。作为循环经济和生态环境保护的示范单元，生态工业园区在精细化管理方面已经进行了多方面的探索和尝试，其经验和问题对于其他类型区域环境保护精细化管理具有很强的借鉴价值。

第一节　精细化管理方式及其思想

精细化管理是一种科学的管理方式，是规范管理向精准化、细节化纵深发展的高级管理方式。精准化要求在数量和质量上做到精确，严格控制偏差：资源的使用量要精确，不能浪费和闲置资源；产品的性能指标要精确，不能出现产品缺陷；技术和管理要不断创新，精确监控和纠正存在的问题。细节化要求不断优化生产流程，实现标准化、规范化生产：决策科学、目标明确，生产和工作计划周密、细致；各生产节点之间要信息对称、有机链接和有效协作，避免浪费现象；每个节点职责清晰、规范细致、责任到人、考核严格，实现流程管理的无缝隙覆盖。精细化管理也是一种管理思想，它体现了组织对管理效率的极致追求，是组织精益求精、不断创新思想的集中体现，是组织追求卓越的思想境界。

一、精细化管理思想的产生

精细化管理思想是在科学管理理论发展和精益生产实践中逐渐形成的。一方面，科学管理、全面质量管理等领域的研究成果为精细化管理提供了思想来源；另一方面，日本的精益生产、美国的统计质量控制和中国式工匠精神推动了精细化管理思想的产生和发展。

（一）理论来源

1. 科学管理。1911 年，西方古典管理理论的代表人物弗雷德里克·泰勒（F. Taylor）在其《科学管理原理》中指出，为了提高生产效率，企业应该设计和确定工人的最佳动作、最短时间和最适当的工具，据此形成一套科学的作业规程，并确定工人必须完成的工作量标准。泰勒在引导和推动标准化、程序化的科学管理替代经验管理的过程中产生巨大的影响，同时也为精细化管理的产生和发展确立了基本命题。

2. 质量管理与控制。随着科学管理的建立和发展，企业开始实行质量管理，威廉·戴明、约瑟夫·朱兰和菲利普·克劳士比的质量管理研究也为精细化管理提供了值得借鉴的思路。威廉·戴明（W. Deming，1950）提出 PDCA（Plan，Do，Check，Action）循环：计划、执行、检查和处理，形成一套能使任何一项活动有效进行的、合乎逻辑的工作程序，在质量管理实践中得到了广泛的应用①。美国通用电器公司埃默德·费根堡姆（A. Feigenbaum，1956）等提出了“全面质量管理（TQC）”，主张企业内部的一切生产活动都必须开展系统管理活动，通过控制产品质量的全过程和各因素，集约地生产用户满意的产品。菲利普·克劳士比（P. Crosby，1962）提出“零缺陷管理”，认为企业在生产决策和生产计划阶段就应该依据产品的质量、成本与消耗、交货期等方面的要求来合理安排，使管理没有缺陷，产品质量符合要求，而不是依靠事后的检验来纠正。他提出的质量管理四项基本原则是质量要符合要求、预防产生质量、工作标准是零缺陷和不符合要求的代价就是浪费。

---

① 戴明环是威廉·戴明教授在日本讲席过程中提出并予以推广。

约瑟夫·朱兰（J. Juran，1986）发表论文“质量三部曲——一种普遍适用的管理方法”，认为质量管理由质量计划、质量控制和质量改进三个过程组成，每个过程都由一套固定的执行程序来实现。

在质量管理运动中，人们已经认识到流程控制是质量控制的重要手段。20 世纪 90 年代，流程再造成为研究的焦点。迈克尔·哈默和詹姆斯·钱辟（M. Hammer、J. Champy，1993）在其著作《再造公司：企业革命的宣言》一书中首次提出流程再造（BPR）概念，认为流程再造是指对业务流程进行根本性的再思考和彻底性的再设计，以显著提高企业的绩效。迈克尔·哈默等人倡导采用激进式变革，对业务流程进行迅速的、脱胎换骨式的根本性改造。但是，业务流程再造内容复杂，企业具体情况多样，流程再造在实践中屡屡出现问题，多数项目未能达到预期效果，引发人们对激进式变革的反思，渐进式变革的呼声增强。我国学者黄艾舟、梅绍祖（2002）发表论文“超越BPR——流程管理的管理思想研究”，提出了更为宽泛的概念——流程管理，它包含了三个层面——规范流程、优化流程和再造流程，认为对于那些积重难返的、完全无法适应现实需要的流程才需要进行流程再造。

3. 精细化管理。20 世纪末，精细化管理引入我国。管理学者汪中求、温德诚等基于我国企业管理的现状，探讨了企业的精细化管理策略。汪中求（2005）在其著作《精细化管理》中提出，精细化管理是通过规则的系统化和细化，运用程序化、标准化和数据化的手段，使组织管理各单元精确、高效、协同和持续运行，并强调了归核化、流程优化、内部市场化、信息化和准军事化等实施要点。温德诚（2005）在其著作《精细化管理（Ⅱ）——执行力升级计划》中系统总结了精细化管理的方法论体系，围绕执行力探讨了执行的结构、执行者角色、管理者角色、从执行末端起动、组织层面的执行、导入精细化管理等问题。孙念怀（2005）探讨了精细化管理的操作方法和策略；陶永进（2006）分析了小企业精细化管理；江玲艳（2011）从设计试产品、物料供应、生产制程等环节分析了产品或服务的品质控制。除了精细化管理理论研究外，精细化管理在企业、医院、高校、工程建设、科研项目管理以及产业园区、城市管理等领域得到应用，并形成系列成果。

精细化管理研究首先在高新技术产业园区、经济技术开发区和生态工业园区管理中展开，但并没有形成一个规范、统一的分析框架。唐亮（2005）认为精细化管理是提升高新区管委会服务创新的重要路径，并阐述了产业链梳理、过程监控、流程制定和机制建设等精细化管理环节[①]。胡永表（2007）运用系统工程的理论和方法，构建了包括区域政策系统、园区组织管理、规划建设管理、园区招商引资、园区内部管理在内的园区管理系统。杨水旸（2010）认为工业园区推进生态化管理集成创新的首要问题是生态化管理数据库建设。冯梦骐（2012）依据 PDCA 循环构建了科技园区的体系化管理，并认为专业化、系统化、数据化、信息化是体系化管理的创新路径。范彩平等学者（2014）关于石家庄开发区和工业园区的调研结果显示，园区管委会要建立动态权变的管理与服务相结合的行政体制。宋庄云（2015）认为我国工业园区管理体制改革的重点是法制化和规范化。李靖梅（2017）认为精细化管理是工业园区环境保护的新途径，并探讨了国内工业园区环境保护精细化管理模式。此外，还有大量学者分别从招商引资、绩效管理评价、园区管理信息系统、管委会职能等角度探讨了工业园区的管理创新。

（二）实践推动

1. 西方发达国家的实践。精细化管理方式可以追溯到日本丰田公司的精益生产方式。20 世纪 30 年代，为了提高产品质量、降低生产成本、避免生产中的浪费现象，丰田汽车公司创始人丰田喜一郎提出：生产必须要准时，而且在数量上要做到绝对准确，开启了精益生产先河。50 年代，大野耐一在丰田喜一郎管理思想的基础上构建丰田生产方式（TPS），通过看板管理实现准时化生产，即在需要的时间、按需要的数量、生产需要的产品；通过自动化缺陷控制、现场改善等手段实现了生产的自动化，即发现产品缺陷自动停止生产，以生产百分之百的合格产品[②]。1990 年，麻省理工学院的沃麦克和鲁斯（J. Womack and D. Roos）等学者总结了丰田汽车管理模式，揭开丰田生产方式的神秘面纱，并将其命名为精益生产[③]。

1924 年，美国贝尔实验室休哈特（W. Shewhart）、道奇（H. Dodge）和罗米格（H. Romig）等科技人员开始探索将数理统计方法应用于质量控制。第二次世界大战爆发，美国政府开始在生产中大力提倡和推广统计质量控制

---

① 唐亮：“精细化管理——高新区管委会服务创新路径”，《中国高新区》，2006 年第 11 期，第 72 - 75 页。

② 邱衡明：“丰田精益生产与日本第二次奇迹”，《中国对外贸易》，2015 年第 2 期，第 46 - 47 页。

③ 詹姆斯 · 沃麦克：《改变世界的机器》，商务印书馆 1999 年版，第 54 - 80 页。

方法，以控制产品质量、降低成本并及时交货。1942 年，美国国防部制定了三个运用数理统计方法的战时国防标准：质量控制指南、数据分析用的控制图法以及统计方法在工业标准化和质量控制中的应用。1942 年，英国也依据英国统计学家埃贡·皮尔森（E. Pearson，1935）的理论和方法制定了质量控制标准。“二战”以后，统计质量控制在世界各国得到广泛应用，取得显著成效。

2. 中国式工匠精神。我国春秋时期思想家老子（公元前 551—公元前 479 年）在《道德经》中论述了细节的重要性：“图难于其易，为大于其细；天下难事，必作于易，天下大事，必作于细。”清代著名启蒙思想家魏源论述了精益求精、久久为功的工匠精神，他曾说：“技可进乎道，艺可通乎神；中人可易为上智，凡夫亦可祁天永年；造化自我立焉。”[①] 中华民族从来不乏工匠精神，手工业时代的中国经济十分强盛，各类匠人对技术十分专注，工艺考究的丝绸、刻画细腻的瓷器、栩栩如生的画卷在世界上享有极高的声誉。新中国成立以来，青蒿素的提炼、“两弹一星”的研制、杂交水稻的发现、高速铁路的快速发展都蕴含着孜孜不倦对品质的追求，折射出新一代技术人员的“工匠精神”。在供给侧结构性改革时期，重塑“工匠精神”就是鼓励各行各业的劳动者能够踏实、专注地做好本职工作，不断创新技术和工艺，锲而不舍地追求品质，锻造更多优秀的品牌，使我国尽快实现由制造大国向制造强国的转变。

二、精细化管理思想的基本内涵

基于精细化管理的概念，挖掘科学管理等相关理论的精髓，凝练精益生产等实践活动的经验，精细化管理思想的基本内涵显现为：数据支撑、流程管理、持续改进和全员参与四个方面。

（一）数据支撑

不同于依赖经验判断的管理模式，精细化管理是基于数据的科学管理模式，精确计划、精确控制和精确考核都需要以信息技术手段为依托，需要以确凿的数据为依据。在精确计划方面，管理者需要利用信息技术手段，采集、

① 中华书局编辑部：《魏源集》，中华书局 1976 年版，第 1 - 30 页。

挖掘和分析相关数据，凭借真实、充足的数据准确全面了解组织的现状、面临的问题，进而才能做出科学合理的预判，形成符合实际的生产或工作计划。在精确控制方面，组织需要利用信息系统的自动监测功能，获得生产全过程的运行动态，以便及时发现问题并采取纠正措施，确保工作的零缺陷。在精确考核方面，业绩数据是衡量一个人、一个部门乃至一个组织效率的最有效工具，建立一套绩效考核指标体系和数据收集制度是开展量化考核的基本前提。管理人员通过考察和比较各个岗位或人员工作目标和任务的完成情况及绩效评分，才能得出客观、公正的评价，形成强大的激励效应，从而有效提升组织的执行力。

（二）流程管理

业务流程是为用户提供一定价值的、由若干相互联系的业务环节（节点）构成的生产体系。为了避免信息不对称、本位主义和资源浪费等问题，组织必须规范每个节点的职责和任务，强化节点之间、职能部门之间的协调和衔接，不断优化和完善业务流程。流程管理是精细化管理的核心内容，只有通过流程管理，组织才能实现对生产的精确控制，将管理的程度提高到量化管理层面，提高业务流程的有效性；只有通过流程管理，组织才能实现对生产的系统控制，将管理范围覆盖到流程的次要环节和操作规范细节，增强业务流程的稳定性。在技术水平不变的条件下，流程管理的主要方式是渐进式的流程优化组合，一方面是消除一些冗余环节，减少浪费；另一方面是强化环节之间的互动与合作，提高协调性。在技术条件发生重大变化的条件下，原有的业务流程已经完全不能适应新的技术和外部环境时，流程管理的主要方式就必须采用根本性的流程再造方式，重点是对组织的“关键业务流程或节点进行根本性的再思考和重新设计”。

（三）持续改进

持续改进是精细化管理的核心理念，也是激励精益求精、持续创新的长效机制。作为一种理念，持续改进是指组织把持续改进和创新明确为每一位员工的目标，通过教育、培训、激励和监督使每个岗位或环节形成不断改进和完善的氛围。精细化管理是一个不断精进的过程，没有程度上的终结。在短期，组织在生产管理中要树立标杆，每个员工、每个岗位、每个环节都要对标找差，形成发现问题—提出解决方案—改进评价—制定新标准的持续改进周期，循环往复、周而复始。在长期，组织要确立长远发展目标，不断提升标杆水平，激励员工不断改进和创新，引领企业向更高的目标迈进。作为一种机制，组织必须制定科学合理的监督与激励措施，引导员工开展持续改进，维持和提升持续改进的氛围。在本质上，持续改进的过程是一个创新的过程，包括技术创新、管理创新和业务流程创新。因此，持续改进就是要构建激励员工持续创新的长效机制。日本企业采用股权激励、年功序列工资制与晋升制、终生雇佣制等长效机制在精益生产中产生积极效果。

（四）全员参与

精细化管理十分注重发挥人的主观能动性，认为只有每个员工认真履行岗位职责、主动思考改进工作的技术和方法，组织才能实现精细化管理的目标。精细化管理理念强调全员参与，认为每个员工都是精细化管理的主体和实施者。精细化管理的主体不仅是指组织中的高层管理者，而且还包括中层、基层管理者和一般员工。这四类主体精细化管理中承担着不同的任务，由上向下逐级传达管理计划，由下至上逐级反馈管理信息，形成有机联系的管理整体。在精细化管理过程中，不同人员处于不同位置，岗位职责不同，生产和管理的内容不同，发挥的作用也不同①。其中，高层管理者是精细化管理的主导者和中枢，是倡导精细化管理思想、制定精细化管理方案的关键少数；中层管理者处于高层管理层与基层管理层之间，是精细化管理方案的监督者和执行者；一般员工处于生产经营的一线，承担着精细化管理的具体任务，这些基层人员分布于流程的各个环节，点多面广，而且容易发现生产经营中的实际问题，是精细化管理中不可忽视的力量。

第二节　我国生态工业园区生态环境精细化管理实践

2004 年，国家生态环境部正式启动国家生态工业示范园区创建工作。截至 2016 年年底，已经批准为国家生态工业园区的产业园区达到 48 个，批准开展国家生态工业示范园区建设的产业园区 45 个。这些产业园区在循环经济

---

① 鲍步云、刘朝臣：“企业激励：从工作激励到创新激励的变革”，《经济社会体制比较》，2009 年第 2 期，第 167－170 页。

发展和生态环境保护领域进行了大量的创新和探索，形成可持续发展的态势。在生态环境管理领域，国家生态工业示范园区将精细化管理思想融入环境保护工作，借鉴精细化管理方法，在环境管理信息平台、环境管理体系创新、环境管理长效机制以及全社会参与环境保护等方面进行了大量的探索，积累了丰富的经验和可值得推广的模式（见图 5－1）。

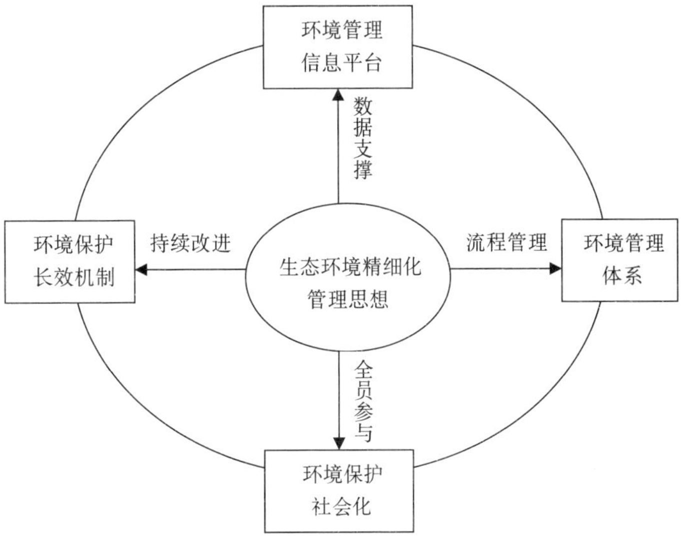

图 5－1　生态工业园区环境保护精细化管理模式

一、工业园区环境管理信息化建设

及时、全面、准确的环境信息和数据是生态工业园区精细化管理的支撑和依据。传统的、依靠人工监测和手工汇总统计数据的方式已经不能满足生态工业园区精细化管理的要求，大多数工业园区纷纷利用物联网、互联网等现代信息技术开展环境质量智能监测与管理，如污染企业在线监控、空气质量监控、河道水质监控、智慧能源管理、危险废弃物管理系统等，不断提高园区环境管理的信息化水平。根据国家生态工业示范园区建设年度评价报告信息公开表（72 个园区）的资料，所有的园区都已经开始了环境污染在线监测体系建设，但其进度存在较大区别。根据园区环境监测的技术和能力，我们把园区环境监测分为三大类：单一环境监测、多元化监测体系和环境综合监管系统。

（一）单一污染物监测

单一环境监测是指园区环境污染在线监测体系建设处于初级阶段，实时在线监测覆盖的污染源范围窄、获得的数据信息少，如污染源仅局限于国控、省控污染源，缺乏整个园区的系统化信息或数据。在 72 个园区中，有 21 个园区处于这一阶段，占样本园区的 29.17%，如廊坊经济技术开发区、潍坊滨海经济技术开发区、赣州高新技术产业开发区和珠海高新技术产业开发区等。山东潍坊经济开发区完善了在线监测及监控。城西污水处理厂、友谊纸业等 13 家涉水企业全部安装了在线设施，并与市环保局联网。通过在线监控和现场检查相结合，有效防止违法企业利用“时间差”停运环保设施和偷排现象。珠海高新技术产业开发区与北理工珠海学院合作共建环境监测中心，2016 年开始正式开展监测业务，全面完成辖区 75 家重点企业及 23 条主要河涌监督性监测，协助环境执法开展各项应急监测，及时查处环境违法行为，成为环境执法的有力帮手，并能及时掌握该园区环境质量变化的情况。

（二）多元污染物监测

多元化监测体系是指园区环境污染在线监测进入快速发展阶段，实时在线监测基本覆盖了园区的污染源，建立了污染源排放、河道水质、空气质量以及噪声等信息化监测、预报和管理。虽然园区的环境信息全面、及时，但是没有将各类信息化资源进行有效整合，没有建立基于开发区城市管理的大数据库，对各类信息化手段没能形成统一调配和统一使用的机制。在 72 个园区中，有 32 个园区开展了多元化的环境污染在线监测，占样本园区的 44.44%，如北京经济技术开发区、无锡国家高新技术产业开发区、扬州经济技术开发区和南京经济技术开发区等。南京经济技术开发区引入危险废弃物动态管理系统、污染源自动监控系统、环境安全防控系统等，将“互联网 +”时代的新技术应用于环境管理中，大大提升了管理效率。无锡高新技术产业开发区每月对 40 家企业的废气在线仪数据和 7 个水质自动监测站进行比对监测，并完成功能区 4 个点位、区域噪声 66 个点位、道路交通 16 个点位的噪声监测。

（三）环境综合监测系统

环境综合监测系统是指园区利用大数据技术，整合各类实时在线监测系统，将各类环境信息化资源进行有效整合，建立起基于产业园区环境管理的系统。环境综合监管系统建立起污染源统一数据中心，不仅能够提供实时、准确的环境信息，而且能够提供灵活多样的报警方式。在 72 个园区中，有 19 个园区建立起环境综合监管系统，占样本总数的 26.39%，如天津经济技术开发区（环境监控预警系统）、张家港保税区（环保数字化在线监控中心）、昆山高新技术产业园区（安全环保信息化平台）、宁波经济技术开发区（智慧环保系统）、杭州开发区（智慧环保系统）、常熟经济技术开发区（“安环 E 保”监管信息化平台）、连云港徐圩新区（环境风险实时监控平台）、烟台经济技术开发区（智能化实时环保监测超级站）和上海化学工业经济技术开发区（环境综合监管系统）等。上海化学工业经济技术开发区环境综合监管系统由 6 座特征污染物监测站，23 个传感器、数十套有组织排口在线监测设备和一辆移动监测车及大数据综合分析管理平台构成。连云港徐圩新区建立了环境风险实时监控平台，形成了涵盖区域大气环境、水环境、行业特征污染物、园区重点危险源的实时监控体系。

二、工业园区生态环境管理体系的完善

生态环境管理是一个体系化建设过程。多年来，我国生态工业园区在生态环境管理方面进行了多方面探索，已经在园区规划、项目准入、第三方治理、环境应急管理、网格化管理、环境信息公开等环节取得了进展。依据戴明 PDCA 循环的思想，这些环节分别处于计划（P）、执行（D）、检查（C）和处置（A）环节，它们构成了生态工业园区生态环境管理体系（见图 5－2）。生态环境管理体系是生态工业园区生态环境精细化管理的依托，只有建立起一个完整而有效的生态环境管理体系，并能够适应环境实现自我更新、自我完善，才能有效提升生态环境管理的绩效。

（一）生态工业园区环境管理计划

生态工业园区既是一个产业集聚的经济区域，也是一个生态环境建设的示范区域，只有经济建设与环境建设同步规划、同步实施、同步发展，才能使园区实现经济、社会、环境的协调发展，才能使园区保持强大的竞争力。因此，在制定园区建设规划的同时，我国生态工业园区都开展了园区建设规划的环境影响评价，并在此基础上制定了生态工业园区环境管理计划（规

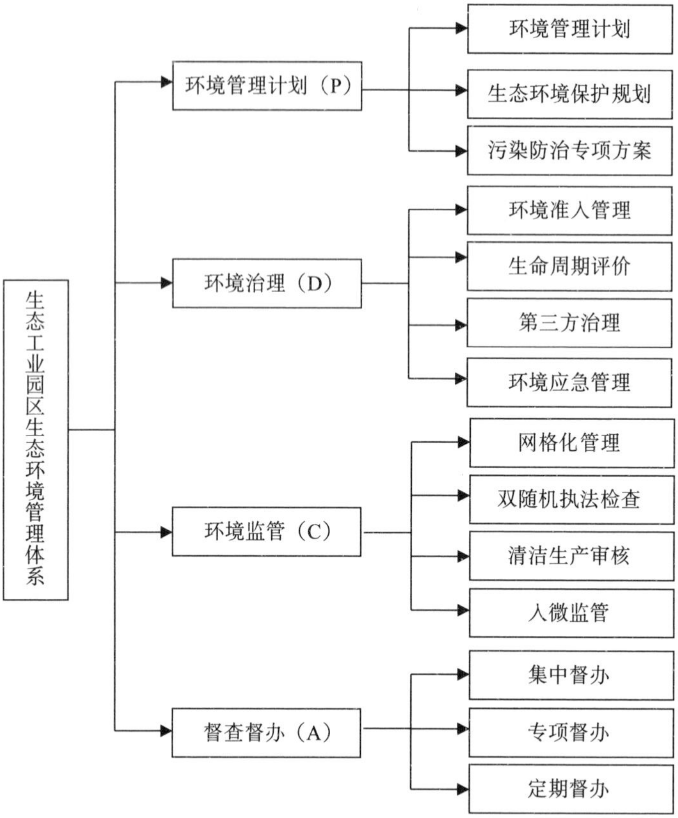

图5-2 生态工业园区生态环境精细化管理PDCA体系

划）。生态工业园区环境管理计划是基于工业园区资源条件和环境承载力，为减缓园区经济发展的环境影响而制定的环境保护方案和对策，其主要内容包括园区资源与环境承载力分析、环境影响预测与评价、园区环境功能分区、污染物总量控制、污染治理对策以及组织机构保证等。除此之外，根据经济社会发展及环境状况，生态工业园区制定不同时期的生态环境保护规划以及污染防治专项规划或方案，如大气污染防治工作方案、水污染防治工作行动方案、挥发性有机物治理工作方案、危险废弃物规范化管理督察考核工作方案、河道治理工作方案等。

2005年，南昌经济技术开发区开展区域开发环境的影响评价，内容包括园区规划方案分析、污染源分析和资源环境承载力分析，并预测了规划实施对环境的影响，进而提出了规划修改建议和区域污染防治的对策和措施，建立了系统的环境管理计划。北京经济技术开发区自建区以来，始终坚持和强调“规划引领、一张蓝图绘到底”的理念，在制定总体规划的同时充分考虑环境要求，专门编制了《北京经济技术开发区“十三五”时期环境保护与生态建设发展专项规划》，并完成了许多污染治理工程。宁波经济技术开发区坚持以规划为引领，先后编制了园区环保规划和循环经济规划，为全区节能、污染减排、工业污染防治、循环经济体系构建等工作提供了依据。上海市漕河泾新兴技术开发区发展总公司持续编制和实施“环境改进两年行动计划”。

（二）生态工业园区环境治理

近年来，我国生态工业园区不断创新环境治理理念和手段，形成了值得推广的模式。从项目建设来看，环境治理贯穿项目建设的整个过程，包括项目准入、生命周期评价管理和环境应急管理等；从污染治理的主体来看，不仅企业和政府参与环境治理，而且还逐渐引入第三方治理方式。

1. 项目环境准入管理。根据国家关于落实“生态保护红线、环境质量底线、资源利用上线和环境准入负面清单约束”有关工作要求，为进一步强化从源头预防和减缓建设项目环境污染和生态破坏，我国生态工业园区将环保思想和环境因素引入招商引资决策，制定和实施了建设项目环境准入管理，对符合产业政策的拟入园项目开展严格的项目环境影响评价，并不断提高清洁生产工艺准入要求，从源头上控制环境污染。在此基础上，生态工业园区把项目引进置于园区持续发展的格局之中，探索项目引进与产业结构转型、污染物排放总量等总量指标的影响关系，并相应的制定了空间准入、总量准入标准。杭州经济技术开发区、珠海高新技术产业园区严格把握能耗和污染物排放指标空间准入、总量准入和项目准入“三位一体”的准入原则。其中，空间准入是对空间使用主体行为设定的基本约束，参考标准有生态环境功能区定位、产业发展方向和空间效益（投资强度、产出密度和容积率等）；总量准入是基于稳定和减少园区环境污染物排放总量的准入制度，即新建、扩建或改建项目新增污染物排放量，必须通过现有企业减排或其他途径等量或减量污染物排放量来实现（如“减二增一”“减一增一”等）；项目准入是对新进项目的技术水平、资源利用效率、污染物排放、产业共生等方面进行约束，包括项目的环境影响评价、节能评审、“三同时”（同时设计、同时施工、同时投产使用）和补链能力等标准，积极引进符合产业发展方向、产业关联度大、成长性好的补链、强链项目；对不符合产业导向、易造成环境污染、能耗大、技术水平低的项目实行环境标准“一票否决制”。

2. 生命周期评价。生命周期评价（LCA）是一种对产品、生产工艺以及活动的整个生命周期对环境的压力进行辨识和量化的工具。其目的在于评估能量和物质利用，以及废弃物排放对环境的影响，寻求改善环境影响机会以及如何利用机会（国际环境毒理学与化学学会，1990）。这种评价贯穿于产品的整个生命周期，包括原料提取、产品制造、消费使用以及弃置。生命周期评价已经成为许多政府和企业的环境管理工具，它是贯穿 ISO14000 环境管理体系（2004 标准）的主题，要求组织（公司、企业）对产品设计、生产、使用、报废和回收全过程中影响环境的因素加以控制；而且生命周期评价（14040－14049）是 ISO14000 八个标准子系统之一。

21 世纪初我国开始在经济技术开发区、高新技术产业开发区和国家风景名胜区开始推行 ISO14001 环境管理体系认证，并建立了一批 ISO14000 国家示范区。在这一过程中，国家生态工业园区率先开展了园区的 ISO14001 环境管理体系认证，天津经济技术开发区（2000）、苏州工业园区（2001）、北京经济技术开发区（2002）等 39 家生态工业示范园区先后通过 ISO14001 环境管理体系认证，其中 17 个园区被授予 ISO14000 国家示范区称号（见表 5－1）。而且，各园区采取专项资金奖励、政策引导等措施，鼓励和推动园区重点企业和规模以上企业开展 ISO14001 认证。北京经济技术开发区专门设立了 100 万元的环境发展基金，用于管委会实施 ISO14001 和支持企业 ISO14001 认证，对完成 ISO14001 环境管理体系认证的企业都将一次性给予其初次认证费用 30% 的补贴；合肥经济技术开发区对通过认证的企业给予认证费用 50% 的奖补；天津经济技术开发区对通过 ISO14001 环境管理体系认证的企事业单位，给予一次性奖励 3 万元。在政策推动下，各园区企业积极开展 ISO14001 环境管理体系认证工作，通过审核的企业数量逐年增加，园区各项耗能指标也大幅度下降，区域环境质量不断改善。截至 2015 年年底，较为突出的园区及认证企业数分别为：温州经济技术开发区 86 家；南京江宁经济技术开发区 93 家；合肥经济技术开发区 95 家；天津经济技术开发区 282 家；苏州工业园区 346 家。

3. 环境污染第三方治理。环境污染第三方治理是指排污企业以签订合同的方式将污染物治理外包给环境服务市场主体（即第三方环保公司）的一种方式。第三方治理采取委托—代理制，排污企业委托第三方治理机构来完成环境污染防治任务，并向第三方治理单位支付污染治理费用；第三方治理机构按照有关法律法规和标准以及排污单位的委托要求，承担合同约定的污染

表 5－1　　我国生态工业园区的 ISO14000 国家示范区

序号	园区名称	批准时间	序号	园区名称	批准时间
1	苏州高新技术产业开发区	1999 年	10	温州经济技术开发区	2004 年
2	上海金桥出口加工区	2000 年	11	青岛经济技术开发区	2004 年
3	无锡高新技术产业开发区	2000 年	12	上海张江高科技园区	2005 年
4	天津经济技术开发区	2000 年	13	广州开发区	2005 年
5	苏州工业园区	2001 年	14	天津新技术产业园区花苑产业区	2006 年
6	烟台经济技术开发区	2002 年	15	南通经济技术开发区	2006 年
7	北京经济技术开发区	2003 年	16	昆山经济技术开发区	2006 年
8	上海漕河泾新兴技术产业开发区	2003 年	17	宁波经济技术开发区	2006 年
9	西安高新技术产业开发区	2004 年			

数据来源：根据各园区《生态工业园区建设年度评价报告（2016）》整理。

治理责任。在第三方治理模式中，政府要采取严格的准入制度、加大环境监管执法力度，同时在税收、金融信贷等方面为第三方治理单位提供支持，新闻媒体、公众和民间机构要积极参与环境污染治理监督。第三方治理是排污企业、政府、第三方治理单位以及社会公众等利益主体相互督促、相互制约，共担风险、共享收益的高效运行机制（见图 5－3）。

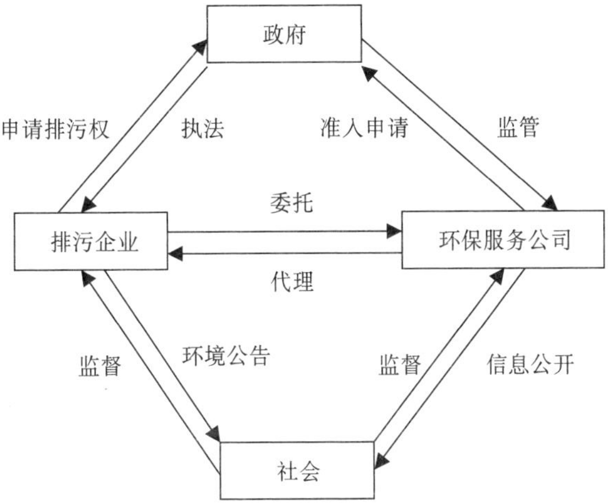

图 5－3　环境污染第三方治理框架图

我国生态工业示范园区积极推动环境污染第三方治理，天津经济技术开发区、上海化学工业经济技术开发区、合肥高新技术产业开发区、江苏常州钟楼经济开发区、宁波经济技术开发区等园区进展较快，并从三个方面创新发展模式：一是，组织引导。生态工业园区宣传和策划，积极引导大型第三方治理机构与园区企业对接。例如，天津经济技术开发区依托泰达低碳促进中心，推出“环保管家”服务计划；合肥高新技术产业开发区联合国内外48家环保技术服务单位和10家表面处理工业园联合成立合肥环境技术服务联盟等。二是，第三方参与政府治理。园区管委会把经营的污水厂、固废处置中心等外包给第三方治理机构，提高环境治理效率。例如，2015年国家发展和改革委员会正式批复宁波经济技术开发区试点开展工业污水集中收集、处理的环境污染第三方治理，将小港镇污水处理厂改造为集中处理工业污水为主的污水处理厂，并采用BOT形式引入第三方治理企业。三是，合同能源管理取得显著进展。生态工业园区管委会出台节能降耗的促进政策，对合同能源管理项目予以补贴，同时对在园区注册的节能服务公司能源管理平台建设项目也给予支助，从而激发了能源管理公司的积极性。目前，生态工业园区合同能源管理在市政道路照明节能改造、大型公共建筑节能改造等方面推进较快，而在工业余能回收、工业锅炉节能改造、蒸汽热力系统的节能改造等合同能源管理项目相对滞后。

4. 环境应急管理。与其他功能地块相比，工业园区具有产业种类多、工业企业集中分布的特点，因此也伴有环境风险源较多、环境事件连锁反应较强的特性。因而环境应急管理成为园区环境管理的重要内容。环境应急管理预案是指企业为了应对各类安全事故、自然灾害而预先制定的工作方案及紧急措施，其主要内容包括环境风险评估、应急资源调查、信息报告和现场处置预案等。企业环境应急预案是应对突发的环境污染事件而预先制定的处理方案和行动计划，从而避免或减少污染物对生态环境的影响。

在企业环境应急预案的基础上，我国生态工业园区也制定了园区层面的环境应急预案，形成两级突发环境事件应急预案体系和两级应急管理指挥机构。与企业环境应急预案不同，园区层面的应急预案的特点表现在以下三个方面：一是园区的环境风险源的基本单元是企业，需要根据污染物类型、排放数量来确定风险等级，如可分为国控、省控和市控污染源；同时，还需要关注企业之间“多米诺骨牌”式的事故连锁反应。二是强化园区应急预防能力建设，特别是环境基础设施的建设，如环境应急管理平台、消防水池、雨污水收集系统、防护带与缓冲带等。2017 年 10 月，江苏吴中经济技术开发区（化工集中区）率先建立起环境监控预警和风险应急管理信息化平台，起到了示范作用。天津经济技术开发区应急服务一体化指挥平台、宁波经济技术开发区临时应急管理中心系统、东营经济技术开发区管理委员会应急平台、大亚湾经济技术开发区国家危险化学品应急救援惠州基地应急平台正在建设之中。三是明确不同级别预案之间的衔接，构建地方政府应急机构、园区应急救援部和企业三方联动的应急响应机制。作为中间层次的预案，园区环境应急预案要与属地政府的环境应急预案相衔接，当超出园区应急救援处置能力时，应当请求上级环保部门及属地政府援助；同时，要对企业突发环境事件应急预案起指导作用，当超出企业职能部门应急处置能力时，就必须启动园区应急处置，统筹公安、消防、安监、环保、能源管理等职能单位，发挥联动效应。例如，无锡高新技术产业开发区强化突发事件的信息管理工作，构建起突发事件现场、无锡新区应急办、无锡市应急办、无锡新区宣传部之间“四点联动”的应急信息管理模式，

（三）生态环境监管

环境监测、监督和执法检查是生态工业园区预防重大环境问题发生的重要手段，也是生态工业园区可持续发展的重要保障。在国家和地方政府环境保护机构的指导和统筹协调下，我国生态工业园区的环境监管机制不断改革，环境监管体系日趋完善，在网格化环境监管、“双随机”执法、清洁生产审核、企业环境信息公开以及入微监管等方面取得了明显成效。

1. 网格化环境监管。网格化环境监管是按照一定的标准，把辖区划分为若干单元网格，将环境监管工作落实到每一个单元网格，形成横向到边，纵向到底的全方位无遗漏监管模式。它遵循横向到边，纵向到底的原则，建立条块结合、责任下沉、无缝对接、快速响应的环境保护网格化监督管理机制。

我国生态工业园区普遍实行网格化监管，在监管模式、网格划分和监管机制等方面进行了大量的探索。在监管模式方面，我国生态工业园区采用专业化网格监管和城市网格化监管两种模式。前者是专门为环境管理建立的网格化体系，如苏州工业园区、南宁经济技术开发区、临沂经济技术开发区等；后者是把环境监管纳入现有网格化城市管理系统，使环境监管与城管、治安、环卫、工商、社区、党建等管理活动结合在一起，形成网格化、标准化的城市综合服务系统，如北京经济技术开发区、上海市莘庄工业区和珠海高新技

术产业开发区等。在网格划分方面，生态工业园区遵循“科学规划、合理划分、全面覆盖、重点突出”的原则，形成区级—街道（镇、乡）—社区（村、居）等多层次系统，其中一个高级别网格单元由若干个低级别网格单元组成。大多数工业园区的环境监管网格采用三级网格体系，也有部分工业园区采用了二级网格体系和四级网格体系（见表5-2）。在监管机制方面，每个网格单元都有明确的地域范围和网格化管理中心，都设置有网格长和若干网格管理员，并明确了每个岗位的职责和任务，做到了定区域、定人员、定职责、定任务、定奖惩，并制订了环境监管网格日常工作制度和考核办法，确保各网格环境监管责任落到实处。北京经济技术开发区、合肥经济技术开发区等园区实行“信息采集、事件立卷、任务分转、任务处置、结果反馈、核实结项、综合评价、绩效考核”的八步工作流程，进一步规范了环境监管流程，提升了环境监管的效率。

表5-2 我国生态工业园区环境监管网格划分

工业园区名称	一级网格	二级网格	三级网格	四级网格（特殊网格）
合肥高新技术产业开发区	1	19		
贵阳经济技术开发区	1	13		
贵港生态工业示范园区	1	12		
常熟高新技术产业开发区	1	6		
北京经济技术开发区	1	21		
张家港保税区（金港镇）	1	43		
张家港经济技术开发区（杨舍镇）	1	38		
乌鲁木齐经济技术开发区	1	183		
南宁经济技术开发区	1	3	40	
临沂经济技术开发区	1	3	118	
扬州经济技术开发区	1	5	53	
昆山高新技术产业开发区	1	5	38	
常州高新技术产业开发区	1	10	158	
闵行经济技术开发区	1	13	976	
珠海高新技术产业开发区	1	17	142	
廊坊经济技术开发区	1	3	91	
锡山经济技术开发区	1	2	20	

续表

工业园区名称	一级网格	二级网格	三级网格	四级网格（特殊网格）
杭州经济技术开发区	1	2	35	
郑州经济技术开发区	1	6	63	
苏州工业园区	1	10	121	
无锡高新技术产业开发区	1	7	129	
日照经济技术开发区	1	2	90	
温州经济技术开发区	1	4	16	87
宁波经济技术开发区	1	2	10	263
成都经济技术开发区	1	10	12	141
盐城经济技术开发区	1	2	34	6（特）

数据来源：根据各园区《生态工业园区建设年度评价报告（2016）》整理。

2. 双随机执法检查。2015 年 10 月，中国生态环境部印发《关于在污染源日常环境监管领域推广随机抽查制度的实施方案》提出，要将随机抽查作为选取日常监督检查对象的主要方式。随机抽查采取“双随机”制度，即随机选派环境监察人员，随机抽取污染源（企业）进行现场联合检查，并将随机抽查情况和查处结果及时向社会公开，接受社会监督。与传统的频次式监管方法相比，随机抽查方法有效防止了“人情执法”、容易发现实际问题、提升企业的环保自律意识、减少了对企业生产的干扰。

2016 年以来，在所在地环保部门的指导和安排下，我国生态工业园区陆续开展了“双随机”环境执法检查，并逐渐趋于常态化，形成了一系列值得借鉴的经验和模式。在抽查频次与比例方面，大多数工业园区按季度进行抽查。例如，苏州工业园区从 2016 年第四季度开始实施“双随机”抽查，每次抽查约 65 家企业，并形成“季度”式的常态化的抽查机制。在确定抽查方案方面，生态工业园区建立和完善“两库一单”，即市场主体名录库、执法检查人员名录库和抽查事项清单，并对其进行动态管理。监管部门依照法律法规规章，按照抽查依据，确定抽查方式、抽查主体和抽查事项清单等，并及时向社会公布。福州经济技术开发区建立了包括 200 个企业的市场主体名录库，建立了由大队长、中队长和监察员等 8 人组成的执法人员名录库。同时，对照环境保护局权力清单制定“双随机”抽查事项清单，并对每一事项的抽查内容、依据、方式、次数和比例进行规定。在抽查信息公开方面，生态工业园区采取事前公示、事中全程留痕、事后依法依规进行处罚，将每一个环节都要及时向相关人员、机构以及社会公告公示，并将抽查结果纳入社会信用系统，建立联合惩戒机制。自2016年开始，廊坊市经济技术开发区环保局开展“双随机”抽查工作，公布了环境监察事项清单，及时公示季度抽查的相关信息，包括抽查单位数量、抽查内容、抽查结果及处罚等，形成较为完善的“双随机”抽查工作信息公开制度。

3. 清洁生产审核。清洁生产审核，也称清洁生产审计，是指按照一定程序，对生产和服务过程进行调查和诊断，找出能耗高、物耗高、污染重的原因，提出降低能耗、物耗、废弃物产生以及减少有毒有害物料的使用、产生和废弃物资源化利用的方案，进而选定并实施技术经济及环境可行的清洁生产方案的过程①。在国外，清洁生产审核又称为废弃物最小化评价或污染预防评价，美国环境保护局《废物最小化评价手册》（1988）提出了废弃物最小化评价的5项内容：基本概念、废弃物最小化评价组织、废弃物最小化评价、可行性分析和执行废弃物最小化方案。之后，瑞典、荷兰等欧洲国家引入美国的废弃物最小化评价方法，推动清洁生产进程。为了推进我国清洁生产进程，国家发展和改革委员会、国家生态环境部对2004年印发的《清洁生产审核暂行办法》（第16号令）进行修订，并印发《清洁生产审核办法》（第38号令）。在国家层面的引导下，全国各地全面推进清洁生产审核。清洁生产是生态工业园区发展循环经济和保护环境的重要手段，生态工业园区的建设发展与企业的清洁生产相伴而行。经过10多年的建设和发展，我国生态工业园区在企业清洁生产审核方面进行了大量的实践，积累了丰富的经验。目前，工业园区整体清洁生产审核正在探索之中，清洁生产试点示范园区工作正有序推进。

（1）园区企业清洁生产审核。我国生态工业园区的企业清洁生产审核趋于规范，地方政府和园区管委会在组织和推动企业清洁生产审核过程中发挥着重要的作用，并在以下环节形成一定特色。其一，审核计划。在地方政府组织下，生态工业园区管委会按照强制审核与自愿审核相结合的原则，确定园区年度清洁生产审核企业名单并上报上级部门。其二，集中培训。为进一步提高清洁生产审核质量，地方政府或工业园区管委会组织开展园区清洁生产审核企业的集中业务培训，并组织专家对拟开展审核的企业进行调研，针

① 国家发展和改革委员会，国家生态环境部．中华人民共和国清洁生产审核办法［Z］．2016-5-16.

对各个企业实际状况提出清洁生产审核建议，为企业开展清洁生产审核提供全方位指导。其三，过程监管。园区管委会对企业清洁生产审核过程进行监管，及时在网站公开其主要污染物排放情况，对企业实行定期报告制度（如月报制度）；同时，根据企业确定的中/高费方案，依托园区清洁生产促进中心和清洁生产咨询服务机构组织开展有针对性的技术与项目等对接交流会，为企业完成清洁生产审核搭建交流与合作的平台。其四，评估与验收把关：评估和验收是清洁生产审核工作的重要环节，也是约束企业规范开展清洁生产审核、激励企业推进清洁生产的重要手段。地方政府组织专家对企业递交的评估验收申报材料进行严格审核，对清洁生产审核报告质量不高，不能切实达到预期目标的，坚决不予通过评估和验收。大部分工业园区对通过清洁生产审核的企业给予资金奖励，苏州工业园区还授予“苏州工业园区清洁生产示范单位”荣誉称号。

（2）园区整体清洁生产审核。在推进园区企业清洁生产审核的同时，生态工业园区积极探索园区整体清洁生产审核。园区整体清洁生产审核，也称为清洁生产示范园区创建，是以园区为单位进行清洁生产审核的工作方法和过程，旨在提升清洁生产的整体水平，系统解决区域环境问题。[①] 与园区企业清洁生产不同，园区整体清洁生产的主体是园区而不是企业，是对园区复合生态系统的审核。基于这一理念，园区整体清洁生产审核要从整体层面、企业间层面和企业层面分别进行调查和诊断，并从三个层面分别提出清洁生产方案。园区整体层面审核是基于园区复合生态系统的整体，通过分析园区结构，发现污染产生的原因及对策，分析的内容包括园区产业结构、空间布局、环保基础设施、环境治理工程以及清洁生产规划等（见图 5 -4）。企业间层面审核是基于园区经济，通过分析企业间的有机联系，发现污染产生的原因及对策，分析的内容包括企业间投入产出关联的现状及可能性、行业共性技术现状及联合研发以及资源综合利用等。企业层面审核是基于企业，通过分析企业清洁生产的水平，发现污染源及其消减策略，主要内容包括重点污染源企业自动监控、企业清洁生产审核比例和企业环境信息公开等。

---

① 魏峣、罗斌、周波等：“工业园区清洁生产审核的框架及关键点”，《四川环境》，2017 年第 S1 期，第 17 -21 页。

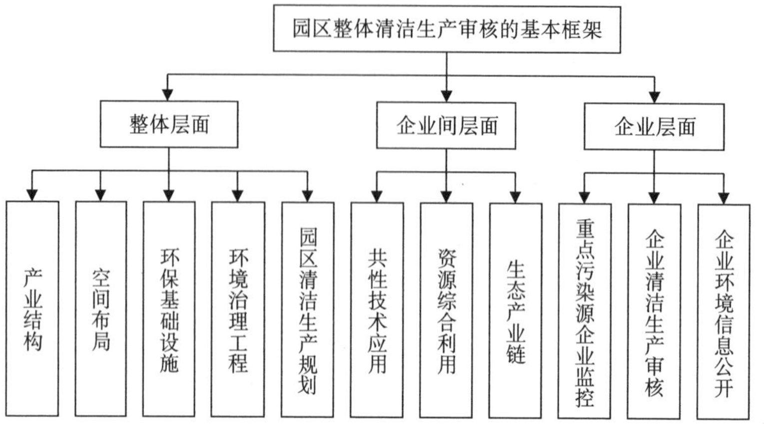

图 5-4 园区整体清洁生产审核的基本框架

2003 年国务院办公厅转发的《关于加快推行清洁生产的意见》指出，要充分运用市场机制，实施企业清洁生产自愿行动计划和清洁生产区域示范试点工作，在工业企业较集中的区域建立清洁生产示范园区，推动清洁生产工作由点到面开展。《工业绿色发展规划（2016-2020）》（工信部规〔2016〕225 号）指出，我国将推进清洁生产管理服务的模式创新，对于行业、工业园区和集聚区，探索开展清洁生产整体推行模式。在相关政策引导和支持下，我国各地区自 2010 年开始探索清洁生产示范园区建设工作。河北省（2013）、江西省（2013 年）、广东省（2013）、浙江省（2014）、贵州省（2015）、江苏省（2015）和四川省（2016）较早开展了清洁生产试点示范园区的创建工作，并取得了一定经验。其中，贵州省已经建立了包括贵州高新技术产业开发区在内的 9 个清洁生产试点示范园区，其他省份分别为：河北省 17 个；江西省 9 个；广东省 10 个；浙江省 10 个；江苏省 1 个。浙江省衢州高新技术产业开发区、贵州省贵阳市高新技术产业开发区和江苏省盐城市华丰工业园等园区在整体推进清洁生产尝试中取得了长足进步。其中，贵阳高新技术产业开发区于 2015 年 7 月开始创建清洁生产示范区。在企业层面，引导鼓励企业通过技术改造、提升工艺、节约水、电、物耗等，实现资源循环利用；在企业间层面，通过推进节能、节水、节地、节材，构建企业之间的循环经济产业链，实现生产过程耦合；在园区整体层面，贯彻绿色园区发展规划，制定产业结构调整计划，建设统一共享的基础公用设施，形成协调有序的城市生态环境系统。2016 年 12 月，该园区获批省级首批清洁生产示范园区。

4. 入微监管。入微监管是指环保部门或机构深入企业内部，调查研究企业的环境行为，指导和督促企业开展生态技术和管理创新，及时向企业提供环境信息和环境预警，从而预防环境事故的精细化管理方式。入微监管是环境精细化管理的重要体现，它注重企业内部的生产和管理细节，把环境管理落到实处。

我国生态工业园区管委会在入微监管过程中，逐渐形成了企业环保档案建设、官服结合、环境保护目标责任制和监测预警等有效方式。其一，企业环保档案建设。企业环保档案是企业在环境管理过程中形成的数据和资料，其内容包括企业基本信息、环境管理文件和环境监测资料。我国生态工业园区管委会十分重视企业环保档案的建设，普遍开展了“一企一档”建设工作，指导企业健全环保档案信息，督促企业及时更新环保数据信息，支持企业开展环保档案电子化管理，并针对园区产业构成和污染源构成开展了专项污染治理档案管理。其二，管服结合。严格依法监管、深化环境保护督查是生态工业园区环保部门的监管职责。同时，依靠行政权力和专业优势，积极主动为企业提供服务，深入企业，通过走访、调研和座谈等面对面交流的形式，倾听企业的诉求和建议，提供污染治理方面的技术指导和服务。其三，作为地方政府的派出机构，生态工业园区管委会要承担地方政府的环境保护任务，与地方政府签订《环境保护目标责任书》，并接受地方政府的监督考核；同时，作为工业园区的管理部门，要将环保任务分解、落实到企业和污染源单位，与所辖部门和企业签订《环境保护目标责任书》，并进行监督考核。其四，监测与预警。我国生态工业园区管委会充分利用现代信息技术对园区内企业的排污口开展严密监控和预警，并建立了企业自查、总部排查和上级环保督查三级环境隐患排查体系。郑州经济技术开发区派专人负责整理环境管理数据库，在建设项目环评办理的过程中和验收完成后，将每个企业的信息录入数据库存档，方便存储及查阅，并将建设项目档案规整到位。在此基础上，郑州经济技术开发区组织开展了污染源动态调整及环境统计工作，收集工业企业污染物排放及治理、环境污染源控制与管理等数据，并将数据进行比对、核实、修改并录入环境统计软件，及时进行滚动修改。

（四）督查督办

督查督办是指园区管委会通过书面下文、电话询问和现场检查等方式，跟踪环境问题的解决和环境政策的落实情况，并针对落实不力现象督促整改的管理方法和处置手段。督查督办是工业园区环境管理 PCDA 中的最后一环，即处置环节，主要用于处理环境问题无人过问，指令和政策拖延不办的现象，使环境保护方案落到实处，见到成效，确保园区环保工作有计划、有安排、有检查、有落实，形成闭合环境管理。生态工业园区除了自觉接受上级环保督察，完成好交办的工作外，还要主动对本区域的环保工作进行检查督办。在环境工作督查督办过程中，我国生态工业园区管委会主要采取了信访集中督办、环境专项整治和环保大检查三种方式，对于重大环境问题必须采取挂牌督办制度，并实行环境问责制，督查督办取得了成效。

1. 信访集中督办。在我国民主化推进过程中，居民环境维权意识不断增强，工业园区环境信访投诉日渐增加，而且呈现出以下几个特点：一是信访渠道多元化。在原有的来信来访方式基础上，环境信访还出现平面媒体、网络论坛、自媒体等各种载体，信访内容更具有传播性；二是连锁反应。在环境投诉中，表达诉求的群众最初只是个别或小群体，但涉及的利害关系人或潜在共同利益者较多，处理不当极易引发群体上访事件；三是信访问题具有复杂性，其中企业与周边居民间的环境纠纷数量多，且解决的难度大。

各工业园区管委会高度重视环境信访的督查督办工作，在阅批重要来信、接待重要来访和听取信访工作汇报基础上，排查、梳理出时间长、处理难度大的信访问题，组织开展“重点环境信访案件集中处理活动”，分期分批进行交办，在调查核实基础上，针对存在的环境问题责令相关单位进行整改。武进高新技术产业开发区、临沂经济技术开发区、扬州经济技术开发区等工业园区面对群众来信来访投诉，认真接待和梳理，聚焦研究信访工作中的突出问题，立行立改，严肃查处环境违法行为，较好地处理了园区企业污染扰民等群众反映强烈的环境问题。2017 年，临沂经济技术开发区共解决群众环境信访问题 800 余件，其中市级信访 8 件，省级信访 6 件，12345 热线信访 776 件，网络平台信访 10 个，处理率 100%。

2. 专项整治。环境专项整治是地方政府或工业园区针对特定行业污染或特定环境问题，或针对中央环保督察组和地方政府环保督查组交办的环境问题，在短时间内组织人力和物力开展集中整治的工作方法。环境专项整治具有针对性强、见效快等特点，是工业园区督察督办的主要方式。梳理近年来我国生态工业园区采取的环境专项整治来看，主要集中在危险废弃物、挥发性有机废气、重金属污染、燃煤小锅炉和水环境专项整治等领域。合肥经济技术开发区完成重点行业专项整治、化工企业专项整治、危险废弃物规范化整治、化学品调查、VOS 调查等 38 项专项执法行动。北京经济技术开发区先后通过大气污染专项执法、水和生态环境专项执法以及危险废弃物和辐射重点单位强化监管等专项工作，严格开展环境监察执法。截至2016年年底，环保局各项监察执法工作累计出动执法人员1799人次，检查污染企业1757家次，查处各类环境违法行为47起，其中处罚46家250.25万元。

3. 环保大检查。与环保专项整治不同，环保大检查是一种综合性的环境督查督办形式，是对工业园区工业企业产生的废水、废气、危险废弃物等项目的全面检查和整治，要深入排查环境风险隐患，对各类突出环境问题进行分类处理，督促整改。在督查督办类型上来看，环保大检查属于定期督查督办，每隔一定时期进行周期性检查，循环往复。2014年生态环境部办公厅发布《关于印发环境保护大检查工作方案的通知》（环办〔2014〕112号），各地方政府开始推动环保大检查工作，检查的重点是工业园区和排污企业，检查的内容是污染物排放种类、数量、环评、环保设施的运行情况、主要存在的问题以及整改的建议等。

我国生态工业园区环境保护大检查基本上采取自查自纠与排查整改相结合的方式，先由排污单位围绕生产装置、在线监测、环保设施及应急体系等开展自查自改，并上报发现的问题及整改措施。在自查基础上，园区管委会结合日常管理工作，全面、深入、细致、彻底地开展排查，对重点地区和重点企业进行详查，列出问题清单，制定分类治理方案，督促落实整改措施。在排查过程中，园区不断探索多部门联动执法的机制，建立了信息共享、会商督办、联合调查等联动方法。充分发挥行政执法与刑事司法衔接信息共享平台作用，实现环境污染案件网上移送、网上办案、网上审理。为了接受社会监督，园区管委会及时公开环保检查的依据、内容、标准、程序和结果；定期公布企业治污及整改情况，公布重点污染源监督性监测结果。临沂经济技术开发区按照“全覆盖、零容忍、明责任、严执法、重实效”的总体要求，实行三级环保检查制度，即企业开展自查自纠、街道开展全面排查、开发区管委会开展重点抽查。街道排查采取公安环保联勤联动执法，重点抽查采取公安、环保、国家电网和各街道办事处联合行动。对所有排污单位实行问题“双晒”制度（晒企业治污情况、晒环保监管情况），对企业自查、园区检查发现的问题和整改要求进行公示，自觉接受社会监督。

三、生态工业园区环境保护长效机制

环境监管和督查督办的主要功效在于强化落实环保措施，及时解决当前突出的环境问题，而要确保环境问题不反弹、生态环境持续得到改善，则必须通过制度性安排建立环境保护长效机制，使环境保护工作走向常态化、规范化和高效化，形成不想破坏、不敢破坏生态环境的社会氛围。在工业园区层面，环境保护长效机制基于环保意识培养、制度机制约束、政策引导和经济转型促进四个方面来进行顶层设计，并结合工业园区环境保护实践经验加以归纳和提炼而形成（见图5－5）。

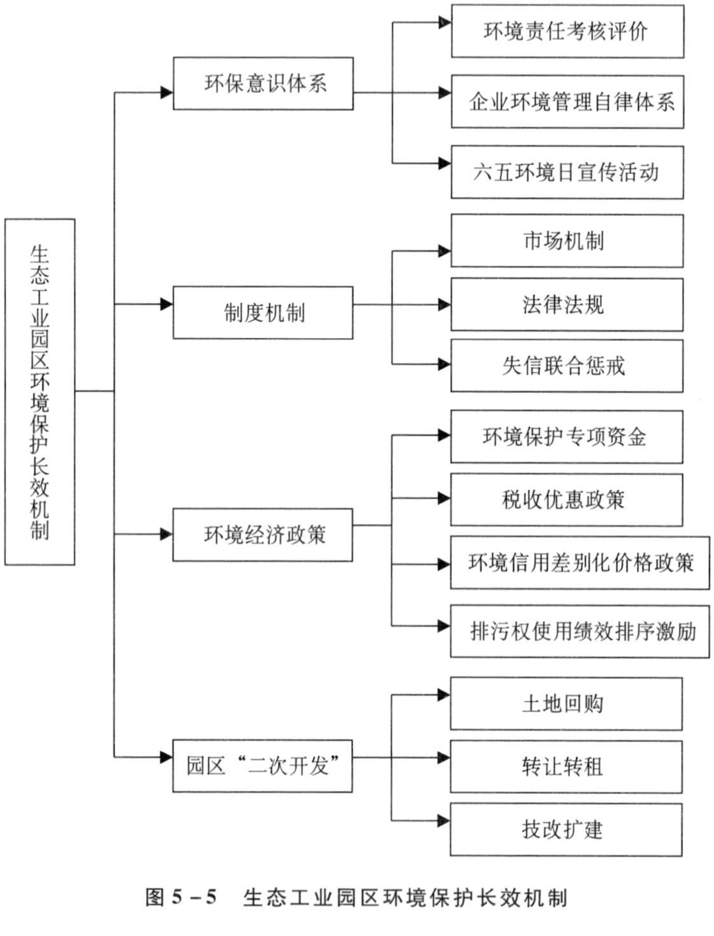

图5－5 生态工业园区环境保护长效机制

（一）环境意识培养体系

不想破坏生态环境，想要保护生态环境是工业园区环境持续改善的基础，是构建环境保护长效机制的思想来源之一。基于这一理念，工业园区要构建有效的环境保护意识培育机制，强化政府、企业和公众等主体的生态文明意识。

1. 环境责任考核评价。地方政府和园区管委会承担着安全生产、环境保护的重要责任。习近平总书记对安全生产工作高度重视，要求坚决落实安全生产责任制，切实做到党政同责、一岗双责、失职追责[①]。生态环境保护党政同责是指地方政府党政部门及干部对生态环境问题共同负责；一岗双责是指党政部门干部不仅要做好本职工作，还要以同等的注意力和责任心做好分管领域的生态环境保护工作；失职追责是指要按照生态环境事故原因分析，区分领导干部责任、属地管理责任和部门管理责任，并对相关责任人开展严肃问责，给予党纪、政纪处分，甚至追究其刑事责任。明确的环境责任有助于激发地方政府和园区管理委员会环境保护的责任心，有助于将环保工作由环保部门负责转向由党委与政府及各有关部门齐抓共管。“十三五”期间我国各地正在积极探索以环境质量为核心的年度环境保护目标责任考核，分地区和部门进行考核评价并向社会公开，并与干部选拔任用挂钩，对地方政府和园区管理委员会形成较大压力。在此背景下，我国生态工业园区管委会迅速行动，普遍出台环境保护“党政同责、一岗双责”的实施细则，组建环境保护委员会，形成党委领导、政府负责、环境保护委员会统筹协调、各局办、所辖街道等单位各负其责、分工协作、全社会共同参与的环保工作体系；全面落实安全生产监督与管理职责，做到环境保护工作和经济社会发展同步规划、同步部署、同步推进、确保环境保护工作顺利推进，环境质量持续改善；工业园区每年下达环保工作任务，并逐步完善年度环境保护目标任务考核机制，考核结果与单位评优评先、干部绩效考核挂钩，对没有完成年度环保目标任务的单位和个人实行约谈、诫勉谈话，实行“一票否决”。南京高新技术产业开发区管委会建立了党工委领导、管委会负责、环保部门监管、公众参与、各部门协调的环保工作机制，将环保目标责任制作为政府加强环境管理的重要手段，每年园区均召开全区环境保护工作大会，并层层签订环境保护目标责任书，量化环境保护目标，将生态保护和建设工作等内容纳入领导班子实绩考核内容，考核结果与经济报酬、创优争先等内容挂钩。

2. 企业环境管理自律体系。企业环境管理自律体系是指企业自觉践行环保法律法规及其他要求，主动规范生产经营活动、积极开展污染防治的一套自我规范、自我约束、自我监督、自我评价的主动式环境保护体系。企业环

---

① 2015 年 8 月 15 日，习近平就切实做好安全生产工作作出重要指示：要求各级党委和政府牢固树立安全发展理念，坚决遏制重特大安全生产事故发生。

境管理自律体系建设能够强化企业环境责任意识和环保法制思维，能够有效提高领导层、决策层对环境保护工作的重视程度，引导企业积极履行环境保护主体责任，自觉遵守环保法律法规，持续开展环境管理，使环境管理常态化、规范化。企业环境管理自律体系建设的主要内容包括：企业环境责任意识、环境管理机构建设、企业环境管理制度等。企业环境责任与社会责任相联系，它是指“企业自愿地将环境责任和社会责任与它们的商业经营相结合”[①]，强化企业环境责任意识的主要形式是签订环境管理自律承诺书、签订企业环境责任书。企业环境管理机构负责企业日常环保管理和监督检查等工作，一般建立二级（工厂—车间）或二级以上环境管理体系（企业—工厂—车间），配备相应数额的环境监督管理师。企业环境管理制度是企业为开展环境自我管理而制定的规章制度，以及企业开展污染减排、清洁生产的岗位职责、工作流程和相关标准，它是指导企业遵纪守法地开展各项生产经营活动的重要指南。

2015 年河北省率先在全国开展了企业环境管理自律体系建设，重点国控企业全部建立环境管理自律体系。河北省各工业园区积极落实省政府的决策部署，积极组织开展园区企业的环境管理自律体系建设。廊坊经济技术开发区注重提升企业环境管理自律意识，加强环境监管能力，督促企业建立环境管理自律体系。园区管委会下发关于建立和完善企业环境管理自律体系工作的通知 100 份，督导两家国控重点源完成自律体系建设工作，督导 11 家非国控重点企业先期进行自律体系建设工作。

3. “六五环境日”宣传活动。1972 年 10 月，第 27 届联合国大会通过决议，将每年的 6 月 5 日定为“世界环境日”，为宣传保护生态环境提供重要的媒介，以此唤醒人们的环境意识。响应联合国的号召，每年我国生态环境部都确立“六五环境日”宣传主题和活动方案，宣传活动在国家、地方政府和工业园区等层面同时展开。作为生态示范区，我国生态工业园区高度重视生态文明建设，把“六五环境日”宣传活动作为环境保护和生态文明建设的重要手段，制定完善的宣传方案，明确分工和责任，确保宣传活动有序、有效。各生态工业园区六五环境宣传活动持续一周以上，形式丰富多样，主要包括发放环境保护宣传资料、环保法规培训会、专家在线咨询和公众开放日、环境满意度调查、文艺汇演、环保微课堂、环保知识有奖问答、环保主题摄影

---

① 欧盟委员会．欧洲关于企业社会责任的基本条件［R］．2001.

展等。通过一系列活动，让清洁生产、循环经济等基本理念深入人心，将生态文明理念带进企业、社区和校园，引导企业自觉开展节能减排，开展清洁生产；引导居民从节约用水、垃圾分类、低碳出行等日常生活细节做起，养成善待自然、保护生态的良好习惯；引导学生参与学校绿化、净化、美化校园的活动，倡导师生节水、节电、节纸等低碳减排活动，从而在全社会形成崇尚节约、绿色低碳的社会主义生态文明新风尚。

在“六五环境日”，我国生态工业园区开展丰富多彩的宣传教育活动。2016 年，西安高新技术产业开发区联合区内企业在紫薇田园都市举办了题为“改善环境质量，推动绿色发展”世界环境日宣传活动，通过张贴环保宣传标语、设立环保法律咨询台、展出环保宣传展板、发放环保宣传资料、开展调查问卷等形式，向公众普及环保知识、提高公众环保意识。2017 年，北京经济技术开发区围绕“绿水青山就是金山银山”环境日宣传主题，组织开展“环保宣传到基层”活动，指导多家企业开展“环保宣传周”活动。2018 年，天津经济技术开发区组织开展了主题为“美丽泰达，我是行动者”的“六五环境日”系列纪念活动，重点组织开展 VOCs（挥发性有机物）治理专题、环保税专题、排污许可证专题、环保法律法规专题等多个培训会，普及环保法律法规及最新政策，指导企业合法合规经营，杜绝污染环境的违法排污行为。

（二）制度机制约束

让破坏生态环境者付出代价、从而不敢破坏生态环境是工业园区生态环境持续改善的保障，是构建环境保护长效机制的思想来源之一。基于这一理念，工业园区要科学运用市场手段、法制手段以及联合惩戒等构建有效的环境保护约束机制和激励机制，增强各类主体治污的内生动力，养成良好的生态文明行为习惯。

1. 市场约束。如果市场机制能够有效评价企业的环境污染行为，并征收相当的税费，从而大幅度提高企业的生产成本，则市场机制就能够约束企业的环境污染行为，并催生企业环保的内生动力。随着排污权交易制度、资源税征收、环境税征收以及生态环境赔偿制度等全面实施，企业环境违法成本低、守法成本高的问题得到缓解，市场机制对环境污染和破坏的约束能力进一步加强，从而成为工业园区环境保护的重要手段。

（1）排污权有偿使用与交易制度。排污权是指企业获得的、适量排放污染物的权力。排污权以排污许可证形式予以确认，排污许可证载明允许排放污染物的类型和数量。排污单位通过政府核定分配或市场交易获得排污权，排污单位在规定期限内对排污权拥有使用、转让、租赁和抵押等权利。排污权按照一定市场规则在不同排污单位之间的流动，不仅实现环境资源的有效配置，而且在激励企业节能减排和约束企业环境行为方面发挥着重要作用。在美国学者戴尔斯（J. Dales，1968）排污权交易思想的推动下，美国于1982年正式开始实施污染物排放权交易制度，主要包括空气污染许可证、水污染许可证以及汽油含铅量许可证。澳大利亚新南威尔士减排系统（NSWGRS，2003）、美国芝加哥气候交易所（CCE，2003）和欧洲排放交易系统（EU－ETS，2005）、日本自愿排放交易计划（JVETS，2005）和挪威温室气体减排交易制度（NMDETS，2005）在推动节能减排，提高环境监管效率方面都发挥了重要的作用。2007年我国财政部、生态环境部和发展和改革委员会批复江苏、浙江、天津、湖北、湖南、内蒙古、山西、重庆、陕西、河北和河南11个省市开展排污权交易试点工作，探索我国排污权交易模式。

近年来，我国生态工业园区在排污权交易方面积极进行探索实践。在一级市场，园区管理委员会积极制定控制污染物排放许可制实施方案，分行业有序推进排污许可证的审核和发放工作，并依据排污许可证对企业实施证后监管，对无证排污和未按证排污的企业实施处罚。为提高排污许可证核发质量，各园区采取总量控制、集中审核、通报督办等方式进行排污权的优化配置，通过公开竞价、直接出让等方式出让储备排污权指标，稳步有序推进排污许可证的核发工作。为提高证后监管水平，各园区加强证后管理台账制度和执行报告管理制度，记录和编制生产设施运行情况、污染物排放的自行监测信息、达标排放情况、污染治理措施运行管理记录等。苏州高新技术产业开发区按照生态环境部“核发一个行业、清理一个行业、规范一个行业”的要求，环境监察大队开展排污许可证专项执法检查，现场查看企业自行监测的落实情况；核实排污口是否规范，大气污染物、水污染物自动监控设备是否与环保部门联网；了解污染防治设施运行情况及台账记录，污染物排放浓度是否达标。通过检查，督促企业严格落实“持证排污、按证排污”的主体责任，加快排污许可证制度的实施。在二级市场，企业通过关停污染项目、改造升级旧的生产工艺，达到节能减排，多余的排污权就可以在二级市场交易，从而减少生产成本。2014年以来，园区企业间排污权交易量开始增加，二氧化硫、氮氧化物、化学需氧量和氨氮排污权交易同步展开。

（2）资源税征收。依据《中华人民共和国资源税条例（草案）》（国发

〔1984〕125)，我国于 1984 年 10 月 1 日开始征收资源税，以发挥资源税促进资源节约保护的作用。其后，适应我国市场经济体制改革和环境保护的需要，在 1993 年（国务院令〔1993〕第 139 号）、2011（国务院令〔2011〕第 605 号和 2016 年（财税〔2016〕53 号）进行三次修改，并集中表现在以下四个方面：一是不断扩大资源征收的范围，全面发挥资源税在促进环境保护中的作用。1984 年 10 月，资源税只针对原油、天然气、煤炭原油、天然气、煤炭征收；1994 年 1 月开始对金属矿产、非金属矿产和盐征收资源税；2016 年 7 月，国家在河北省开征水资源税试点工作，并允许地方政府积极探索森林、草场、滩涂等资源税征收方案。依据《扩大水资源税改革试点实施办法》（财税〔2017〕80 号），自 2017 年 12 月 1 日起在北京、天津、山西、内蒙古、山东、河南、四川、陕西、宁夏 9 个省（自治区、直辖市）扩大水资源税改革试点。二是推广从价定率计征办法，增强资源税组织收入和调节经济的功能。1984 年 10 月起，资源税征收以实际销售收入为计税依据。1994 年 1 月开始，资源税采取从价定率和从量定额两种方式征收，但除原油、天然气按从价定率计征外，煤炭和其他矿产品都按从量定额计征。依据财政部《关于实施煤炭资源税改革的通知》（财税〔2014〕72 号）精神，我国自 2014 年 12 月 1 日起开始起在全国范围内实施煤炭资源税从价计征改革。三是清费立税，平稳推进由费转税改革。依据财政部、国家税务总局《关于调整原油、天然气资源税有关政策的通知》（财税〔2014〕73 号）的规定，2014 年 12 月 1 日开始，煤炭、原油、天然气矿产资源补偿费费率降为零，并停止征收煤炭、原油、天然气价格调节基金等。依据《关于全面推进资源税改革的通知》（财税〔2016〕号）精神，2016 年 7 月开始，全部资源品目矿产资源补偿费费率降为零，停止征收价格调节基金，取缔地方针对矿产资源违规设立的各种收费基金项目。四是赋予地方适当的税征管理权，调动地方发展经济的积极性。为发挥地方政府的主观能动性，资源税改革在统一税政基础上实施适度分权，赋予地方政府确定部分资源税目税率、税收优惠及提出开征新税目建议等税政管理权。

为了顺利推进资源税征收工作，我国生态工业园区管委会主要开展以下工作；一是，清查纳税人税源。2016 年 7 月以来，各园区借资源税改革之机，对园区所辖企业资源税情况进行摸底，重点了解资源开采和利用情况；二是，加强纳税宣传。通过培训和宣讲等方式，园区税务部门向纳税人介绍资源税的适用范围、征收制度和申报流程，树立资源税征收在恢复生态，推动绿色经济发展的重要意义。三是，建立横向联动机制。园区管委会与地方政府国土部门、发展和改革委员会等机构紧密联系，建立信息共享、联合行动的工作机制。四是，奖罚并举。一方面，根据我国水资源税改革试点方案，各生态工业园区全面启动超计划取水累进加价征收水资源税（费）制度，即对园区内企业超计划取用地表水或地下水的，对超计划取水部分，按照累进加价原则加收水资源税（费），实施惩罚性的征收标准。另一方面，对在节约用水、计划用水方面做出突出贡献的企业进行奖励，并予以表彰。

（3）环保税征收。2016 年 12 月 25 日，第十二届全国人民代表大会常务委员会第二十五次会议通过《中华人民共和国环境保护税法》（中华人民共和国主席令第六十一号），决定自 2018 年 1 月 1 日起开始依法征收环境保护税。该法规定："在中华人民共和国领域和中华人民共和国管辖的其他海域，直接向环境排放应税污染物的企业事业单位和其他生产经营者为环境保护税的纳税人，应当依照本法规定缴纳环境保护税。"同时规定，应税污染物包括大气污染物、水污染物、固体废物和噪声，征收方式采取从量定额计征。其中，应税大气污染物、水污染物要根据各类污染物污染当量值折合计算污染当量数；应税固体污染物按实际排放量计算，应税噪声按超过国家规定标准的分贝数确定。与实行近 40 年的排污费制度（1979）相比，环保税是以原排污费征收制度为基础进行平移，但是环保税是依法征收，征收制度更加严格、规范，消除了地方政府的干预，强化了环境税费征收制度的刚性和稳定性，从而对排污行为产生更强的约束，而对环境保护行为形成更强的正向激励。

环保税实施以来，我国生态工业园区税务部门针对企业集中、环保纳税人比重高的特点，通过"互联网 +"、下户走访、税企培训等多种渠道宣讲环保税政策，指导纳税申报业务流程，开辟环保税绿色通道，全力开展环保税申报服务工作。环保税征收实行协作征管的工作机制，采取"企业申报、税务征收、环保协同、信息共享"的税收征管模式，园区税务部门联合环保部门开展环保纳税户识别、纳税申报数据资料异常的复核，企业排污情况现场核查、工艺流程和污染物自动监测设备检查等，确保计征依据真实准确，提升纳税申报准确率；同时听取企业诉求和对环保税征收工作的建议，平稳实现排污费征收向环保税征收的转变。廊坊经济技术开发区、温州经济技术开发区、南通经济技术开发区等园区地税局与环保局建立常态联系制度，定期进行业务交流和数据交换，联合开展排污量计算、环保基础源数据库建设和纳税人识别等工作。环保税开征以来，园区企业不断加大环保设备投入，积极开展技术创新，减少排放数量和排放浓度，达到环境保护法规定的减免条件，还能享受税收优惠。因此，新税种对园区企业没有负面影响，反而加速了企业转型升级的进程。

（4）生态环境损害赔偿。生态环境赔偿制度是指国家追究造成环境损害责任者的损害赔偿责任的一项法律制度。在经过 2 年的生态环境赔偿制度试点工作基础上，2017 年 12 月中共中央办公厅、国务院印发《生态环境损害赔偿制度改革试点方案》（中办发〔2017〕68 号），决定自 2018 年 1 月 1 日起，在全国试行生态环境损害赔偿制度。在适用范围方面，方案规定有下列情形之一的，要求依法追究生态环境损害赔偿责任：①发生较大及以上突发环境事件的；②在国家和省级主体功能区规划中划定的重点生态功能区、禁止开发区发生环境污染、生态破坏事件的；③发生其他严重影响生态环境后果的。各地区应根据实际情况，综合考虑造成的环境污染、生态破坏程度以及社会影响等因素，明确具体情形。作为一项法律制度，生态环境损害赔偿制度具有连续性和强制性，无论什么时间，只要出现达到法定标准的环境事件，生态环境损害赔偿自行启动，从而对环境污染责任人形成强大的震慑作用，对破坏环境行为形成持久的压力，成为环境保护长效机制的重要组成部分。

2018 年以来，我国生态工业园区贯彻和执行国家和地方政府制定的生态环境损害赔偿制度改革方案，园区管委会成立生态环境损害赔偿领导小组，统筹推进生态环境损害赔偿事项；加强生态环境赔偿综合工作基础能力建设，建立疑似生态环境损害地块数据库，并委托第三方开展调查、评估；选取生态环境损害赔偿试点省市的典型案例，深入企业开展生态环境保护法律法规的宣传教育，树立环境损害者赔偿的环保理念。近年来，生态工业园区生态环境损害赔偿案件屡有发生。2016 年 7 月，苏州工业园区胜浦街道办事处起诉江西新悦达公司、邵志红、徐进云、季长建、王传奎等人在苏州工业园区吴淞江边空地上不法倾倒 400 吨有毒污泥，2017 年 5 月，苏州工业园区法院对此案进行公开审理，判决五被告赔偿原告苏州工业园区胜浦街道办事处环境污染代为处置费用 94.5164 万元。后部分被告不服，向苏州市中级人民法院提出上诉。2017 年 12 月苏州中院终审判决驳回上诉、维持原判。被告作为赔偿义务人，必须为其污染环境的行为承担赔偿责任，其违法行为受到惩罚，苏州工业园区履行赔偿权利人权利，为生态环境安全、公众安全负责的行为值得肯定和推广。

2. 法制约束。生态环境法制化是生态文明法制建设的重要内容，也是实现治理成本降低和可持续化的关键所在。生态环境法制化要求在生态环境保护领域做到有法可依、有法必依、执法必严、违法必究。《中华人民共和国环境保护法》《中华人民共和国环境影响评价法》《建设项目环境保护条例》等法律法规（见表5－3），以及地方政府环境保护的法规条例为生态工业园区运用法律手段推进生态环境治理奠定坚实的基础。

表5－3　中华人民共和国环境保护法律法规一览

序号	法律法规名称	发布时间	实施时间
1	《中华人民共和国环境保护法》（主席令第二十二号）2014年4月24日修订	1989－12－26	1989－12－26
2	《中华人民共和国环境影响评价法》（主席令第四十八号）	2016－07－02	2016－09－01
3	《中华人民共和国环境保护税法》（主席令第六十一号）	2016－12－25	2018－01－01
4	《中华人民共和国清洁生产促进法》（主席令第五十四号）	2012－02－29	2012－07－01
5	《中华人民共和国大气污染防治法》（主席令第三十一号）2015年8月29日第二次修订	1987－09－05	1988－06－01
6	《中华人民共和国固体废物污染环境防治法》（主席令第三十一号）	2004－12－29	2005－04－01
7	《中华人民共和国水污染防治法》（主席令第十二号）2008年2月28日修订	1984－05－11	1984－11－01
8	《中华人民共和国放射性污染防治法》（主席令第六号）	2003－06－28	2003－10－01
9	《中华人民共和国海洋环境保护法》（全国人大委员会令第九号）1999年12月25日修订	1982－08－23	1983－03－01
10	《中华人民共和国环境噪声污染防治法》（主席令第七十七号）	1996－10－29	1997－03－01
11	《中华人民共和国循环经济促进法》（主席令第四号）	2008－08－29	2009－01－01
12	《中华人民共和国放射性污染防治法》（主席令第六号）	2003－06－28	2003－10－01
13	《建设项目环境保护管理条例》（国务院令第253号）	2017－06－21	2017－10－01

续表

序号	法律法规名称	发布时间	实施时间
14	《污染源自动监控管理办法》（环保总局令第 28 号）	2005 - 07 - 07	2005 - 11 - 01
15	《医疗废物管理条例》（国务院令第 380 号）2011 年 1 月 8 日修订	2003 - 06 - 04	2003 - 06 - 04
16	《危险废物经营许可证管理办法》（国务院令第 08 号）2016 年 2 月 6 日第二次修订	2004 - 05 - 30	2004 - 07 - 01
17	《环境污染治理设施运营资质许可管理办法》（环保部令第 20 号）	2011 - 12 - 30	2012 - 08 - 01
18	《放射性同位素与射线装置安全和防护条例》（国务院令第 449 号）2014 年 7 月 29 日修订	2005 - 09 - 14	2005 - 12 - 01
19	《电磁辐射环境保护管理办法》（环保总局令第 18 号）	1997 - 03 - 25	1997 - 03 - 25
20	《电子废物污染环境防治管理办法》（环保总局令第 40 号）	2007 - 09 - 27	2008 - 02 - 01

作为地方政府的派出机构，生态工业园区生态环境法制化的重点在于有法必依、执法必严和违法必究，主要包括环境行政处罚自由裁量权基准、提高环保执法能力、建立有效执法机制和提高执法的公信力等。其一，制定环境行政处罚自由裁量权基准。环境行政处罚自由裁量权是指环保部门在查处环境违法行为时，依据法律、法规和规章的规定，酌情决定对违法行为人是否处罚、处罚种类和处罚幅度的权限。北京经济技术开发区、湛江经济技术开发区率先制定了园区一级的环境行政处罚自由裁量权基准。其二，提高环保执法能力。针对环保执法人员少、专业性不强和机构设置不合理等执法能力不足的问题，生态工业园区在执法大练兵的基础上，不断建设街道、社区环保机构和队伍，提高基层组织的环保能力。其三，建立联合、联动执法机制。为提高执法效率，生态工业园区环保、司法、土地、气象等部门联合执法；为解决重大环境污染问题，生态工业园区与交接区域、同流域区域开展区域协同治污，形成联防联控机制。其四，提高执法公信力。环保执法人员在处理问题过程中，遵循调查、取证、告知等法定程序，及时公开执法依据、标准、程序、结果等内容，提高环境监管执法工作透明度，满足群众对环境监管执法的知情权、参与权和监督权，不断提高环境执法的亲和力和公信力。

3. 环保失信联合惩戒。2016 年 7 月 20 日，国家发展和改革委员会、中国人民银行、生态环境部、公安部、财政部、国土资源部、税务总局、商务部等 31 部门联合印发《关于对环境保护领域失信生产经营单位及其有关人员开展联合惩戒的合作备忘录》（发改财金〔2016〕1580 号），决定对环保领域失信生产经营单位及其有关人员开展联合惩戒，并建立惩戒效果定期通报机制。生态环境部通过全国信用信息共享平台向签署本备忘录的各有关部门提供环境保护领域失信生产经营单位及其有关人员相关信息，并按照有关规定动态更新。政府各部门、银行业、保险业在各自业务范围内，依据失信记录实施惩戒。惩戒和受限范围包括市场准入、行政许可、优惠政策、评优评先、银行授信等。

2018 年 3 月 27 日，廊坊经济技术开发区发布《信用联合奖惩实施方案》（廊开环办〔2018〕3 号），着力解决当前环境污染、人民群众反映强烈、对社会发展造成重大负面影响的重点领域失信问题。廊坊开发区环保局核实“红黑名单”后，及时将核查结果反馈至廊坊市环保局，并上传至廊坊市公共信用信息共享平台，作为联合惩戒的依据。对于列入“黑名单”的企业，联合惩戒措施包括：①严格、审慎审批新改批建项目的环评事项；②依照环境保护相关法律法规予以行政处罚，列入环境保护“重点监管”对象，并增加环保执法检查频次；③吊销或收缴企业危险废弃物经营许可证，并通知工商行政管理部门依法吊销其营业执照；④责令企业向社会公布改善环境行为的计划或者承诺，限期向环境保护部门书面报告失信问题整改情况；⑤暂停或不予安排环保专项资金项目、清洁生产示范项目、循环经济试点项目和环保科技项目；⑥取消参加评优评先活动的资格。

（三）政策推动

生态环境的持续优化，离不开相关政策的扶持。随着生态文明建设，国家和地方政府不断探索激励节能减排、保护生态环境的环境经济政策，为生态工业园区持续开展环境监管和环境保护提供了重要的工具。这些政策工具主要包括环境保护专项资金、税收优惠政策、环境信用差别化价格政策和排污权使用绩效排序激励等。

1. 环境保护专项资金。环保专项资金是指除行政事业经费以外由环境保护部门会同财政等有关部门安排的专门用于环境保护的专项资金，环保专项资金纳入本级财政预算管理。2003 年财政部、国家环保总局发布的《排污费资金收缴使用管理办法》（环保总局令第 17 号）确立了环境保护专项资金管理的基本原则，规定了环境保护专项资金的支出范围和使用的管理，使污染防治项目、节能减排技术应用得到稳定的资金支持。设立环保专项资金支持企业节能减排技术改造、重奖节能减排先进企业，是我国多年来推行和倡导的基本策略。随着生态文明建设的不断深入，中央及各级地方政府环境保护专项资金投入也大幅度增加，并在污染防治、节能减排、生态修复和城乡环境改善等方面发挥了重要的作用，取得显著成效。

在生态工业园区层面，各园区管委会（建设局）积极组织园区企业申报各级政府提供的环境保护专项资金项目，积极争取上级政府的资金支持。同时，各园区也在探索区级层面的环保资金支持政策。目前，大多数园区在年度财政专项资金支出中加大环保专项补助和奖励资金，如清洁生产审核补贴、节水配套奖励资金、环保目标责任制考核奖励等。规模较大的国家级经济技术开发区或高新技术产业开发区开始探索设立园区级别的环保专项资金，用于支持污染治理、生态改造技术项目，奖励通过清洁生产审核、环境体系认证的企业。天津经济技术开发区（“泰达节能降耗、环境保护专项资金”，2007）、苏州工业园区（环境保护引导专项资金管理办法，2007）、北京经济技术开发区（新区环境保护资金，2014）、天津港保税区暨空港经济区（生态文明建设专项资金，2016）、杭州经济技术开发区（生态文明暨美丽东部湾建设专项资金，2018）和长沙经济技术开发区（生态文明建设专项资金，2018）等园区率先开始了环保专项资金支持政策。

2. 税收优惠政策。税收是政府宏观调控的重要工具，也是生态环境保护的重要手段。在我国相关法律中，对资源综合利用、从事环境保护、节能节水、购置环保专用设备及其关键零部件、节能减排等项目都给予了税收优惠和激励。为了充分发挥税收在环境保护中的调节和促进作用，生态工业园区积极落实促进节能环保各项税收优惠政策，同时加大对政策执行情况的调研分析力度，努力建立健全税收促进节能环保的长效机制。

目前，我国财税政策中针对节能环保的优惠政策主要涵盖以下七种企业经济活动或项目。一是，资源综合利用企业。根据财政部、国家税务总局《关于执行资源综合利用企业所得税优惠目录有关问题的通知》（财税〔2008〕47 号）的规定，对符合条件的资源综合利用企业予以所得税减免。二是，资源综合利用项目。根据财政部、国家税务总局《关于印发资源综合利用产品和劳务增值税优惠目录的通知》（财税〔2015〕78 号）规定，对符合条件的资源综合利用项目实施增值税退税。三是，环境保护、节能节水项目。根据《中华人民共和国企业所得税法实施条例》（国务院令第512号）第八十八条规定，对符合条件的环境保护、节能节水项目给予所得税减免。四是，合同能源管理项目。根据《关于促进节能服务产业发展增值税、营业税和企业所得税政策问题的通知》（财税〔2010〕110号）规定，对符合条件的合同能源管理项目给予所得税减免。五是，购置环境保护、节能节水和安全生产专用设备企业。根据《中华人民共和国企业所得税法实施条例》（国务院令第512号）第一百条的规定，对符合条件的购置环保专用设备的企业实施所得税投资抵免。六是，进口污染治理设备的企业。根据《关于调整重大技术装备进口税税收政策的通知》（财关税〔2014〕2号）和《国家支持发展的重大技术装备和产品目录》的规定，对符合条件的国内企业为进口大气污染治理设备、工业废水城市污水污泥处理设备、固体废弃物处理设备以及资源综合利用设备，免征关税和进口环节增值税。七是，节能减排企业。根据《中华人民共和国环境保护税法》（国家主席令第六十一号）第十三条规定，对符合条件的节能减排企业实施环保税减免。

3. 企业环境信用差别化价格政策。企业环境信用评价是指环保部门或征信机构对企业环境行为信息进行采集、加工，对企业环境行为进行评级的工具和手段。依据评价指标和方法，企业环境信用等级由高到低依次分为绿色、蓝色、黄色、红色、黑色等级别，并向社会公开。作为评价的重要结果，企业环境信用等级已经成为我国地方政府及生态工业园区环境管理的重要依据。2013年以来，我国各地方政府依据国家《企业环境信用评价办法（试行）》（环发〔2013〕150号），组织制定了地方层面的企业环境信用评价办法。各生态工业园区结合本地实际，对园区内企业开展年度企业环境行为信用等级评定，对环境信用评定等级为警示和不良的企业实行要素价格加价政策。

南通市是全国首批企业环境信用评定试点城市之一。自2001年以来，南通市积极探索企业环境信用评价方法，建立了包含污染防治、环境管理、社会影响三大类20项指标的评价指标体系，并在全国率先推出了企业环境信用等级“五色榜”。2009年，依据企业环境信用等级，南通市率先实施差别化水价、电价政策，提高信用等级为红色、黑色企业的污水处理费和电价，用价格杠杆倒逼企业降低水耗；同时，政府与银行、保险机构建立协作机制，对绿色、蓝色企业实行优惠贷款政策。基于企业环境信用评价的环境管理，明显地提高了企业环境自律程度，为我国各地实施环境信用差别化价格政策提供了值得借鉴的“环保信用体系南通模式”。作为南通市企业最为集聚的区域，南通经济技术开发区认真落实差别化水价、差别化电价政策，对环境信用评级为“红色”“黑色”等级的企业加收污水处理费和电费。2017 年南通经济技术开发区环保信用评价为“红色”等级的企业 31 家，“黑色”等级的企业 14 家，都依据差别化水价和电价政策予以收缴，确保政策落实到位。从政策效果来看，信用与价格联合发力使园区企业认识到环境信用评级的价值，开始依据环境法律法规认真纠正环境违法行为，并加大环保资金投入进行技术改造，减少环境污染，努力修复并提高企业的环保信用等级，从而形成环境守法、节能减排的环保氛围。

4. 排污权使用绩效排序激励。2013 年 1 月 22 日，浙江省人民政府印发《关于加强环境资源配置量化管理推动产业转型升级的意见》（浙政办发〔2013〕8 号），旨在加强环境资源配置量化管理，全面构建环境资源配置制度体系。意见提出要建立产业转型升级排污总量控制激励制度，以纳税工业企业吨排污权贡献率（当年税收/排污权指标）为主要指标，评价企业排污权使用绩效并进行“三三制”分类排序，即按照分值排序把所有企业分为三种类型：先进企业（排名前 1/3）、一般企业（排名中间 1/3）和落后企业（排名后 1/3）。对于不同排名的企业，政府在减排任务、排污权指标和项目支持等方面给予不同政策。在减排任务方面，不同类型的企业不仅减排任务标准不同：先进企业的减排任务可低于当地工业平均消减比例，一般企业的减排任务按当地工业平均消减比例确定，落后企业的减排任务应高于当地工业平均消减比例。在排污权指标方面，政府储备排污权指标优先保障先进企业的租赁需要，从严核定一般企业的排污权，从严控制落后企业新、扩、改建项目新增的主要污染物排污权指标。在项目支持方面，支持先进企业开展绿色技术创新，增加先进企业的环保专项资金；反之，严格限制落后企业的扩建、改建，原则上不向落后企业发放环保专项资金。

作为工业企业集聚的区域，行业排污权使用绩效排序激励在园区环境保护中具有更大的应用价值。自 2015 年以来，杭州经济技术开发区、宁波经济技术开发区、宁波高新技术产业开发区、温州经济技术开发区、嘉兴港区等园区陆续实施重点污染行业排污权使用绩效排序激励，并积极探索贷款、税收、审批等方面的差别化激励政策。按照《北仑区主要污染物总量控制激励制度（试行）》的要求，宁波经济技术开发区对重污染行业中的印染和电镀行业进行了排污权使用绩效排序，探索出一套行之有效的环境保护激励政策。

（四）园区“二次开发”

通过经济转型淘汰高污染行业，从源头上为生态环境减负，使生态环境不能被破坏是工业园区生态环境持续改善的长期策略，是构建环境保护长效机制的思想来源之一。作为基本的生产要素，生态工业园区土地的利用结构和利用方式事关园区持续发展的能力。经过多年发展，我国生态工业园区普遍出现新增工业用地不足问题，土地供求矛盾日益突出，限制了高端制造业和现代服务业项目的落地和发展。土地短缺已经成为各园区产业结构转型和绿色发展的瓶颈。为了盘活利用存量土地资源，2010 年以来，生态工业园区陆续组织开展园区土地的“二次开发”，通过政府储备、转让转租、技改扩建等方式，为新兴产业提供充足的土地资源和生产要素，实现“腾笼换鸟”。

1. 政府储备。政府储备是指园区管委会通过各种途径收回闲置、半闲置和低效利用土地，从而为重新招商引资提供工业用地，确保土地资源向优质项目资源转移配置。政府储备的主要来源包括以下几个方面：一是，产能退出后的划拨用地。依据《关于利用综合标准依法依规推动落后产能退出的指导意见》（工信部联产业〔2017〕30 号）的规定，产能退出后的划拨用地可依法转让或由地方政府收回，地方政府收回原划拨土地使用权后的土地出让收入，可按规定通过预算安排支付产能退出企业职工安置费用。二是，闲置、半闲置土地。对难以维持经营的“僵尸”企业、因企业自身原因造成项目不按时开工的企业，应收回土地使用权；对企业依法取得土地使用权后，因项目、资金、预期效益等原因，无法按照土地出让合同和投资约定开发的部分闲置土地，园区管委会应依法依规收回闲置土地使用权；三是，企业因市场变化或自身原因，要求政府回购的。四是，对一些企业建而不用的闲置厂房，应督促企业通过招租或转产的方式，限期盘活闲置厂房，逾期未盘活的，采取协商方式回购闲置及低效利用的土地和厂房。

廊坊经济技术开发区大力实施“退二优二”“退二进三”的政策措施，主动从清理低效用地入手，全面清查并形成 386 家占地企业情况底册，对 100 家低效用地企业实施“一企一策”、倒逼转型。对 54 家涉挥发性有机污染物企业，通过转移、退出、关停等措施腾退土地和厂房，引入多家无污染、低耗能企业，从而加快工业企业转型升级和低效污染企业有序转型。

2. 租赁转让。企业将部分征而未用的地块和建而未用的厂房，在不涉及产权变更的前提下整体出租或部分出租给新进入企业。企业对外招商或招租应向工业园区管委会备案，并经园区管委会审核通过。在厂房招租转让过程中，生态工业园区必须坚持正确的导向，不仅要盘活闲置的厂房和土地，而且还要引导闲置厂房和土地向优质项目配置。其一，盘活闲置厂房。天津经济技术开发区、廊坊经济技术开发区、东营经济技术开发区、温州经济技术开发区、肇庆高新技术产业开发区等园区创新资源利用方式，积极开展盘活闲置厂房工作，对区内闲置厂房进行全面调查，以企业位置、楼层结构、基础设施、闲置面积以及拟出租价格等指标信息为基础，建立闲置厂房档案信息平台、闲置厂房出租备案制度、闲置厂房推介机制，向符合园区产业要求和环保要求的投资商推介，引导项目业主和投资人通过收购、合作、租赁等多形式充分利用闲置资源，让闲置厂房成为招商引资的资源，实现“二次招商”。天津经济技术开发区泰达智能无人装备产业园是在津滨高科技工业园三期1.3万平方米的“老”厂房改造基础上形成，目前已经形成智能无人装备整机研发与生产的集聚态势。2016年肇庆高新技术产业开发区宇狮公司60亩闲置厂房被香港冠运实业有限公司用于建设新的生产基地，迅速提升了本地高档文具用品的研发和生产能力。其二，规范厂房招租。为了引导和规范企业招租和转让，杭州经济技术开发区、温州经济技术开发区等园区制定了园区工业厂房租赁管理办法，落实企业优质厂房统租统管工作，完善出租管理流程，并对无序招租进行严格整顿。针对许多企业将优质厂房出租给“五无”企业（“无证无照、无安全保障、无合法场所、无环保措施、无财政贡献”）的问题，2018年杭州经济技术开发区开展了声势浩大的“五无”企业整治工作，以此来加快淘汰落后产能、盘活低效用地，最大限度地整合产业发展空间，助推开发区转型发展。

3. 兼并重组。各地方政府和工业园区积极探索通过股权交易方式盘活低效土地，优化低效企业的业态。园区管委会引导经济实力较强、发展空间不足的企业通过合并、收购、联合、参股等多种形式，与低效企业开展兼并重组，以较低交易成本获得持续土地资源和发展空间。其一，鼓励行业龙头企业中小企业进行产业链兼并重组，通过产业上下游企业联合重组，促进制造业向高端环节延伸，推动产业向价值链高端攀升。其二，鼓励急需增量资源的高成长企业对经营困难、经济效益差、土地利用率低的企业实施兼并重组，推进现有闲置资源的优化重组，既缓解高成长型企业发展中存在的要素制约，又推动企业结构、产业结构调整升级；其三，充分发挥国有资本在促进转型升级上的有效作用，引导国有企业通过股权交易收购那些出现暂时性亏损、经营困难，但产业发展前景好、市场潜力大的民营企业。

为了鼓励企业兼并重组，工业园区纷纷出台奖励政策。宁波高新技术产业开发区鼓励企业重组并购，对符合园区产业导向的企业收购兼并相关行业企业，且相控股，经市级以上行政部门审批、收购兼并金额在1亿元以上的，按实际出资金额的2.5%予以补贴。合肥经济技术开发区对优势骨干企业通过兼并、收购、联合、参股等方式并购区内资源利用率低、经营困难的企业的，重点行业上下游企业联合重组的，以及优势企业强强联合的，且并购方对目标企业的实际现金交易额1000万元的，给予5%的并购奖补，单个项目不超过3000万元。

4. “零土地”技改。“零土地”技改是指工业企业在不增加建设用地的条件下开展的技术改造。在原有建设用地基础上，企业通过增资扩股、引进智能制造设备或新的生产线，能够实现产品创新、提升全要素生产效率，而且能够有效减少资源消耗和污染物排放。由于不涉及新增建设用地问题，“零土地”技改已经成为园区土地“二次开发”、经济转型升级的重要形式。在“零土地”技改过程中，虽然建设用地不发生变化，但厂房及地上建筑物需要根据技改项目的要求进行改建和扩建，从而也能够提高建筑系数和容积率，实现节约、集约利用土地的效果。

各地方政府和生态工业园区都积极鼓励“零土地”技改项目，在申报、审批、验收管理等方面给予支持。在宣传发动方面，工业园区管委会主动联系符合条件的企业，提前告知企业代表关于技改的各项措施，并安排专人提供各类咨询，现场指导企业填报“零土地”技改备案表。在审批方面，浙江省率先推出“零土地”技改项目承诺备案制度，即不涉及新增建设用地，且不在“负面清单”上的项目，企业无需多部门依次审批，只要向相关部门实行承诺报备即可，极大地简化了办事流程。在厂房改扩建方面，在不改变土地用途的前提下，通过原地改建、加层扩建等方式提高工厂建筑面积和容积率的，不仅免收土地价款，而且减免城市基础设施配套费。

肇庆高新技术产业开发区充分利用广东省企业技术改造政策支持计划，为企业技改争取省、市财政资金扶持、搭建产学研平台，积极推动企业“零土地”技改，为园区赢得发展新空间。开发区技术改造主要集中于企业扩能增效、智能化改造、淘汰落后设备、清洁生产、节能技改等多邻域。截至2016年年底，园区共有80家规模以上工业企业实现技术改造，占规模以上企业数量的52%。通过“零土地”技改，园区企业提高了生产效率，提升了产品质量、降低了污染排放量，实现转型升级。例如，肇庆焕发生物科技有限公司投入5000多万实施淀粉糖生产线余热及沼气综合利用节能减排技术改造，改造完成后将基本实现污染物的零排放以及热能、生物质能的全面循环利用，年节约4964吨标准煤。

四、环境保护社会化

居民是环境保护的主体之一，居民和社会组织参与环境保护能够弥补政府环境监管能力不足的问题、化解民企之间的环境矛盾，有力推进生态文明社会建设。在我国生态工业园区建设中，地方政府及其派出机构（园区管理委员会）是环境保护的主导部门，在环境决策、监管以及宣传等方面发挥核心作用。相比之下，公众及环保民间组织等社会力量在环境保护中发挥的力量相对不足，手段相对单一，制约着环境保护的效果。而且，随着公众对环境质量关注度不断提高，民企之间环境纠纷突显，公众参与环境保护的积极性日益提高。因此，如何提高公众参与环境保护的积极性、构建公众参与环境保护的有效机制已经成为生态工业园区环境保护面临的挑战。20世纪90年代以来，天津经济技术开发区积极探索以“政府引导、企业主体、公众参与、媒体推广”为特色的环保社会机制，积极发展非营利性环保组织、大力推进企业环境信息公开制度，创新自愿性环境协议，健全完善社会监督员制度，组织开展生态管理标识活动，取得了显著的成效，对其他生态工业园区具有重要的借鉴价值。

（一）环境保护社会机制的构成要素

环境保护社会机制是指公众及民间环保组织以生态环境改善为目标，依据法律赋予的权利义务，通过一定的程序或途径，参与环境决策、环境管理以及维护环境权益的制度安排。环境保护社会机制的三个必备要素是：公众是环境保护的主体、法律赋予公众的环境权益，以及公众参与环境保护的程序与形式。

1. 环境保护的主体。环境保护之目的是提供优良的、稳定的生态环境。在某种程度上，生态环境具有公共产品的性质，即消费的非竞争性和受益的非排他性。与其他公共产品相似，由于得不到相应的回报或激励，营利性企业不愿在环保领域投入大量资金，市场机制（第二种力量）存在失灵现象。

因此，生态环境保护主要由非营利性组织来承担，包括政府部门（第一种力量）和非政府非营利部门（第三种力量）。其中，政府以其强大的投资能力和监管权利成为环境保护的主导部门，在环境规划、污染物总量控制、环境监管以及市场激励等方面发挥着核心作用。但是，政府部门在环境保护中往往出现信息不完全、人员短缺、权利寻租等问题，出现政府失灵现象。公众及环保民间组织也是环境保护不可或缺的主体之一，该类主体具有广泛的群众基础，对生态环境变化的反应更为直接、敏感，是对环境保护的第一种力量和第二种力量的必要补充，也是构建环境保护多方制衡治理结构的重要部分①。

2. 环境权。环境权是一种新型的基本人权，是指每一个公民都享有在良好环境下生活的权利，并赋予承担保护环境的义务。显然，环境权是权利与义务的统一体，享有在不被污染和破坏的环境中生存是公民的基本权利，同时保护环境也是每个公民应尽的义务。这些权利主要包括环境信息的知情权、参与环境保护的权利和监督环境保护的权利等。环境权以法律的形式赋予公众保护环境的权利和义务，是环境保护社会机制建立的根本保障。

在理论研究与法律实践上，环境权的出现与日益严重的环境污染密切相关。20世纪70年代初，美国密执安大学萨克斯教授依据公共信托理论，提出环境权理论。他认为，在当今环境污染严重，以至威胁到人类正常生活的情况下，空气、水、阳光等人类生活必须的环境要素不应再视为“自由财产”，而应成为所有权客体，应是全体公民的“共享资源”和公共财产。任何人不能任意对其进行管理，国家对环境资源的管理是受共有人的委托行使管理权。1972年6月联合国人类环境会议通过的《人类环境宣言》首次确立了公民环境权：“人类有权在一种能够过着尊严和福利的生活环境中，享有自由、平等和充足的生活条件的基本权利，并且富有保证和改善这一代和世世代代的环境的庄严责任。”在国际上，南斯拉夫联邦（1974）、葡萄牙（1976）、韩国（1987）、巴西（1988）、俄罗斯（1993）、南非（1993）、法国（2005）、埃及（2012）等90余个国家先后在其宪法或环境保护基本法中确认了环境权②。1979年颁布的《中华人民共和国环境保护法（试行）》第八条规定：公民对污染和破坏环境的单位和个人，有权监督、检举和控告，在法律上首次赋予

---

① 徐玲燕：“环境保护的社会机制”，《浙江大学》2005年，第7－27页。

② 吴卫星：“环境权入宪的比较研究”，《法商研究》，2017年4期，第174－176页。

公民环境保护监督权。2014 年修订的《中华人民共和国环境保护法》第五十三条规定：公民、法人和其他组织依法享有获取环境信息、参与和监督环境保护的权利。依据该法，我国生态环境部针对公众参与环境保护出台《环境保护公众参与办法》，并于 2015 年 9 月 1 日起正式施行。

3. 参与环境保护的形式。公众与环保民间组织参与环境保护还需要一套完整的制度作保障，包括知情机制、表达机制、监督机制、诉讼机制、宣传机制等。其一，环境信息的知情机制是指公众了解区域环境状况和企业环境信息的制度或渠道，主要是政府与企业的环境信息公开制度，包括区域环境质量公开、企业环境信息公开等。其二，环保建议的表达机制是指公众参与环境决策、发表建议与意见的渠道和程序。在环境法规和政策制定、环境决策和环境影响评价时，一般采取专家论证会、公众听证会、民意调查、一般公开说明会、新闻发布会等形式，广泛征求公众的意见，并对征集的意见及采纳情况及时予以公布。其三，环境行为监督机制是指公众对政府的环境执法工作和企业环境行为进行监察和监督的制度。在“环境监督”时，环境保护行政主管部门可以聘请人大代表、政协委员、民主党派和无党派人士、环保社会组织代表担任环境保护特约监察员，对环境保护行政主管部门的环境执法工作进行监察；可以聘请环保志愿者、环保社会组织代表担任环境保护监督员，监督企业的环境行为和建设项目的环境影响。其四，环境诉讼是指人民法院对平等主体之间有关环境权利义务的争议，依照民事诉讼程序进行审理和裁判的活动。环境诉讼制度是维护公众环境权益的重要法律制度，是公众参与环境保护的法律手段。其五，环保宣传与教育机制是指公众及环保社会组织开展环境宣传教育和知识普及工作的制度，主要有环境知识讲座、环保志愿活动、环境教育培训、绿色创建活动等。

（二）我国生态工业园区环境保护社会机制建设的经验

截至 2016 年年底，我国生态环境部、科学技术部和商务部批准为国家生态工业示范园区的园区 48 个，批准开展国家生态工业示范园区建设的园区 45 个，这些园区在资源能源高效利用、废弃物循环利用、污染物减量排放和环境保护等方面取得了显著成效，在环境保护社会机制建设方面也率先进行了创新探索，在全国处于领先地位。其中，天津经济技术开发区（TEDA）探索以“政府引导、企业主体、公众参与、媒体推广”为特色的泰达环保社会机制，引导社会各界共同保护生态环境，在环保民间组织建设、企业环境信息公开、自愿性环境协议、绿色标识、家庭碳减排活动等方面进行了大量的实践，提升了区域生态文明水平，取得了丰富的经验。

1. 非政府非营利组织的建设。20 世纪末，天津经济技术开发区公众环境意识逐步增强，非政府非营利性环保组织开始发展，泰达环保协会（1996）、天津绿色之友泰达分会（2000）和天津绿领（2014）等环保民间组织相继成立，并在循环经济和环境保护中承担着重要职能。泰达循环经济促进中心（2006）则是介于政府非营利性组织与非政府非营利性组织之间的中间型非营利性环保组织。

（1）非政府非营利性环保组织。非政府非营利性环保组织，即环保民间组织，是指由民间出资举办的、从事环境保护的社会公益性组织。泰达环保协会、天津绿色之友泰达分会和天津绿领均属于环保民间组织，它们以保护生态环境和实践绿色行动为宗旨，组织开展了形式多样的活动。其中，泰达环保协会持续组织开展企业环境信息公开、承办环境保护研讨会议或交流座谈会、举办开发区企业环保自查培训等项工作；天津绿色之友泰达分会通过环保讲座、绿色广播、绿色沙龙、绿色论坛、生态教学等方式宣传环保知识；通过建设绿友环保信息中心，收集整理各类环保信息和公众意见，为社会提供咨询服务，向政府提供建议。天津绿领则在水污染检测、废气排放调查与监督、危险化学品生产安全防护指导等方面发挥着积极的作用。

（2）中间型非营利性环保组织。中间型非营利性环保组织是指由政府与民间联合出资举办的非营利性环保组织。泰达循环经济促进中心是由天津经济技术开发区管委会与南开大学共同组建的非营利性社会服务机构（2006年），它不同于政府设立的非营利性环保组织（泰达低碳经济促进中心），也不同于民间举办的环保组织（泰达环保协会等），是介于两者之间的中间型非营利性环保组织。该机构依托南开大学循环经济创新基地，以技术、信息和人才为纽带，构建了政、产、学、研协同创新平台，联合各方力量共建泰达资源循环利用和清洁生产的“试验场”，全力推动园区的循环经济发展和环境保护工作。该机构的主要工作内容包括以下三个方面：一是建立天津经济技术开发区循环经济信息系统，提供整套循环经济信息数据，并开通技术服务热线；二是提供清洁生产技术咨询服务、从事清洁生产审核；三是承担循环经济技术支撑工作，依托产学研一体化机制组织开展技术交流与合作、培训与宣传以及经验推广。

2. 环境信息公开制度。

（1）企业环境信息公开。根据国家生态环境部《环境信息公开办法（试行）》中有关企业环境信息公开的规定，2009 年泰达环境保护协会开始组织园区内企业开展环境信息自愿公开活动，诺维信（中国）生物技术有限公司、卡博特（化工）天津有限公司、天津顶益国际食品有限公司等 16 家会员企业自愿公布了环境信息。此后，泰达环保协会每年定期组织此项活动，参与企业的数量连年上升。2016 年自愿公开企业环境信息的企业已经达到 101 家。[①] 为了进一步提高企业环境信息公开的效果，天津经济技术开发区创新开展了以下工作：一是印发了《天津滨海新区企业环境信息公开报告编制指南》，明确要求环境信息内容、报告编写规范、第三方评估机构资质等。二是每年举行企业环境信息公开报告发布会，并公布优秀案例。三是对于连续三年自愿发布环境信息公开报告的企业给予 3 万元奖励。

（2）企业环境诚信评价。为加强企业自律，促进社会监督企业的环境行为，天津经济技术开发区于 2008 年制定并实施了《天津经济技术开发区企业环境诚信评价体系实施方案》，评价指标体系由两大类 19 项指标组成，其中法定性指标 12 项（90 分），内容包括环境影响评价审批、环保验收合格、排污申报登记、环境统计报表、排污许可证办理、水污染排放、大气污染排放、噪声排放、危险废弃物处置、排污费缴纳、环境污染事故、环境违法行为；鼓励性指标 7 项（10 分），排污口规范化、ISO14000 体系审核、清洁生产审核、清洁生产改造、污染物排放消减、资源综合利用项目、参与环保公益事业。根据评价指标体系，经过企业自评、环保局初审、陈述后复核等评价程序，最终将企业的环境行为分为很好、好、一般、差和很差五级，评价结果在开发区管委会门户网站向社会公布。评价结果与企业的银行信用等级挂钩，并列入企业的社会诚信评价体系。2015—2016 年，园区参评企业已经达到 129 家，社会反响强烈。

（3）其他的信息渠道。为了进一步增强公众对企业环境行为的了解和认识，天津经济技术开发区还建成 10 余家企业环境教室，组织开展了三次企业环境社会责任论坛。目前，天津经济技术开发区的诺维信、可口可乐等 10 余家企业建成企业环境教室，免费向公众展示企业在绿色发展和环境保护方面

---

① 天津经济技术开发区环境保护局.2016 年度企业环境信息公开报告［EB/OL］. http://www.teda.gov.cn/hjbhj/contents/2939/243228.html，2017-6-2.

的成果，帮助居民学习环保知识。企业环境社会责任论坛是展示企业将环境管理融入企业运营环节的交流平台，它有助于提升企业环境责任竞争力，也是公众和环保组织了解企业环境责任意识、环境管理能力的重要窗口。

3. 自愿性环境协议。自愿性环境协议是指为了改善环境质量和资源利用效率，企业、政府和非营利性组织之间自愿达成的一种非法定协议。20 世纪 90 年代以来，自愿性环境协议在发达国家得到迅速发展，在提高企业环境自觉性、全社会的环保意识等方面发挥了重要的作用。21 世纪以来，天津经济技术开发区借鉴国外经验，在全国首先开展了废弃物最小化俱乐部和协议节能目标责任书等活动，取得了一定成效。

（1）废弃物最小化俱乐部。废弃物最小化俱乐部是由多个企业组成的、交流减少废弃物的技术和信息的平台。2004 年，在“中欧环境管理合作计划（EMCP）”工业发展之生态工业园试点项目的援助下，泰达废弃物最小化俱乐部正式成立。俱乐部采用民间社团活动机制，俱乐部成员全部为企业，第一期活动吸引了格兰素史克有限公司、卡夫天美食品有限公司、西迪斯电子有限公司等七家企业，由水、能源、环境管理等行业构成的专家组为俱乐部成员企业诊断环境问题并设计技术改造方案，定期组织开展废弃物循环利用的培训和交流活动，以减少和消除废弃物的排放。2006 年，泰达废弃物最小化俱乐部第二期活动又吸引了泰达药业、信汇化学品、精工华晖等九家企业，该期活动以清洁生产为主题，为成员企业提供基于管理、生产和服务等不同层面的清洁生产交流和互助活动；对自愿开展清洁生产审核单位提供审核员培训等活动，积极推进清洁生产审核。①

（2）协议节能目标责任书。节能自愿协议是用能企业与政府达成的非强制性协议，内容包括节能目标、方案、奖惩措施等。天津经济技术开发区通过对重点用能单位开展能源统计和审计，与重点用能单位签订《协议节能目标责任书》，并进行考核验收，对重点用能单位开展节能工作政策激励等措施，落实区域节能目标。2010 年，在总结泰达控股系企业签署协议节能目标责任书的试点经验基础上，天津经济技术开发区节能办公室将签署责任书的企业范围推广至区内 30 家重点用能单位，并取得良好效果，累计完成节能量 60000 吨标准煤。2016 年签订重点用能单位节能目标责任书的企业扩大到 70

---

① 张象枢、张迪、韩晓怡等：“生态工业园区政府创新研究——以天津经济技术开发区废物最小化俱乐部为例”，《资源节约与环保》，2007 年第 3 期，第 31－33 页。

家，签订节能量 23556 吨标准煤。

4. 环境社会监督员制度。2007 年，天津经济技术开发区制定了环境社会监督员制度，聘请一批环保社会监督员（其中每个社区各聘请 1—2 名，区内企业共聘请 10—20 名），参与园区环境监管工作。在日常环境监管中，环保社会监督员积极检举环境违法行为，及时反映社区居民的环境诉求，大力宣传环境保护法规，履行了环境保护的侦查员、联络员和宣传员的职责。这些环境监督员来自开发区的企业员工、学校师生以及小区的热心居民，他（她）们对自身生活、工作周边的生产和生活环境十分熟悉，可以有效地补充执法队伍日常监管的盲区或空白点。经过培训后的监督员可以辨识各种污染异味、水质类型以及噪声的等级，随时通过书面、电话、短信等各种通报方式进行详细汇报，而且深入社区开展多层次、多种方式的宣传和交流，形成园区环境监管的“毛细血管”，有效激活了园区环境监管体系，提升了园区环境监管的效率。

5. 生态管理标识活动。在“环境标志产品认证”（国家生态环境部）、“国家环境友好企业”（国家生态环境部）、“绿色工厂”（国家工业和信息化部）等绿色标志活动基础上，2005 年天津经济技术开发区开展了“工业废弃物生态管理标识活动”。该活动是天津经济技术开发区一般工业固体废弃物全过程管理项目的子活动之一，它是通过对企业一般工业固体废弃物产生、分类、转移、处置等各环节的考察和评估，对于内部管理、资源综合利用、无害化处置等方面做法优秀的企业给予认证合格，并给企业颁发“生态标识”证书。并且，连续 3 年获得“天津开发区工业废弃物生态管理标识企业（生产型）”称号的企业，给予一定奖励。该活动对企业规范固体废弃物管理起到了很大的推动作用，企业参与此项活动的积极性不断提升。天津开发区从 2005 年开始推动工业废弃物生态管理标识活动，2015 年度参与评审企业 62 家，其中 61 家企业获得生态标识。

6. 绿色系列创建活动。为了进一步加快生态文明建设，形成全民参与环境保护的氛围，泰达环保协会、天津绿色之友泰达分会等环保组织积极开展环保宣传教育活动，并组织实施了绿色社区、绿色学校、绿色单位等系列创建活动，并对成绩突出的单位和个人给予物质奖励。绿色社区建设活动主要包括以“低碳生活、由我做起”为主题的家庭减排活动、以家庭有害垃圾回收为主题的“绿箱子”活动、通过废弃物回收换取购物券的“绿色超市”活动、组织居民循环使用物品的“跳蚤市场”等活动。绿色学校创建方面，天津经济技术开发区将环境教育纳入学生的素质教育，区内学校已全部建成绿色学校，其中包括两所国家级绿色学校。绿色单位创建的重点是旨在减少企事业单位办公废弃物的“将绿色办公进行到底”活动。

（三）我国生态工业园区环境保护社会机制建设的经验与问题

通过对天津经济技术开发区环境保护社会机制的分析，结合我国其他生态工业园区的实践，不难发现我国生态工业园区环境保护社会机制的构成要素已经初步形成，各园区探索推出具有中国特色的经验和模式，也发现了一系列有待解决的问题，这些都为我国生态工业园区环境保护社会机制的建设和发展奠定了坚实的基础。

1. 经验。

（1）环境宣传教育在各个层面全面展开。作为生态文明和环境保护的引领区域，我国生态工业园区积极贯彻执行各个时期的《全国环境宣传教育工作纲要》，在政府、工厂、学校、医院、社区、家庭等各个层面开展了丰富多彩的环境宣传教育工作，例如，环保公益广告、绿色细胞创建（绿色学校、绿色工厂、绿色社区、绿色超市、低碳家庭、绿色单位等）、企业环境教室、企业环境社会责任论坛、生态教育基地、环保知识竞赛、环保摄影大赛、环保慈善公益基金、社会满意度调查、环保微课堂以及国家级经济技术开发区绿色发展联盟等，在全社会树立环境意识、生态文明理念方面产生广泛而深刻的影响，对推行生态文明主流价值观具有积极的作用。在此基础上，生态工业园区的环境宣传教育要结合新媒体技术不断创新宣传手段，不断提高宣传的针对性和有效性，不断创作群众喜闻乐见的生态文化产品，使绿色生活深入人心，使环境保护成为共识。其中，特色比较突出的有如下几种形式：

（2）环境信息公开制度日益完善。为了让公众更多地了解园区的环境状况，我国生态工业园区积极完善环境保护信息公开制度，在不断推进企业年度环境信息公开、企业环境诚信评价体系的基础上，园区管委会还利用园区微信公众平台、园区官网和园区信息管理服务平台等，及时公开建设项目环境影响评价审批、排污许可、固废管理、辐射管理、地表水监测情况、重金属污染源监督监测等环境信息，环境信息公开程度明显提高，极大地维护了公众的环境信息知情权。在此基础上，园区要进一步规范环境信息公开的内容，提升环境信息和数据的可理解度，推进企业发布环境社会责任报告，建立健全环境新闻发布制度，逐渐形成具有中国特色的环境信息公开体系。

（3）环境保护社会机制的多样化。借鉴发达国家环保社会机制的经验，我国生态工业园区积极探索公众参与环境决策、环境监督的方式和机制，逐渐形成一系列适合中国国情的环保社会机制。天津经济技术开发区创建的废弃物最小化俱乐部、生态管理标识、企业环境教室等独具特色；苏州工业园区创建的企业社会责任联盟不断成熟壮大，形成政府搭台、联盟推动、企业自觉的企业社会责任管理机制，在推动企业环境社会责任和环境保护方面发挥着重要作用；上海市莘庄工业区采用问卷调查法对工业区环境质量和问题进行调查，不仅获取到公众对环境质量的评价和环境问题，而且收到了许多有价值的环境保护建议和措施①；上海化学工业园区践行园区责任关怀，推行园区环保监督员制度、环保违法行为有奖举报制度；南京高新技术产业开发区实行环保“双随机”（调查的企业随机抽取、调查的专家随机抽取），推动环境执法监察管理改革，真正发挥专家的监督作用。在此基础上，生态工业园区还需要进一步拓宽公众参与环境保护的渠道，同时要不断发现和解决环保社会机制中的问题，着力提高其有效性，从而提升公众在环境保护中的影响力。

2. 问题。

（1）民间环保组织发展不足。在我国大多数生态工业园区，民间环保组织的数量比较少，而且其专业水平有限。一方面，我国的非营利性环保组织的建立都与地方政府存在关联，包括资金来源、管理人员以及活动章程等，因而是一种半官方的环保组织。其对环境问题的判断和监督缺乏独立性，不能有效弥补政府环境管理的不足。只有当非政府、非营利性的民间环保组织发展壮大，环保社会机制才能发挥应有的作用。另一方面，大多数非营利性环保组织的成员缺乏专业技术知识，也缺乏解决环境问题的思路和能力，因此这些机构工作的主要内容是环保宣传教育，如循环经济技术改造方案设计、环境公益维权等领域的专业能力明显不足。因此，强化环保社会组织的资金保障、提高环保志愿者的能力培训力度、引导培育环保社会组织专业化成长是环保社会机制建设的关键所在。

（2）环境保护社会机制不完善。与发达国家相比，我国公众参与环境保护的法律法规的出台时间比较晚，而且相关规定比较笼统和抽象，对于公众

---

① 石勇：“生态工业园区环境影响评价中的公众参与——以上海市莘庄工业区为例”，《科技创新与生产力》，2012年第9期，第11—13页。

参与环保的条件、形式和程序缺乏可操作性、具体的细则或规程，因而在遇到环境问题时，公众和民间环保组织常常找不到正确的反映渠道、拿不出合法的解决方案，得不到相关机构的及时反馈，由此降低了环保社会机制的效率，延误了解决环境问题的时机，甚至引发群体性环境事件。这就要求生态工业园区要结合环境问题完善公众参与的制度程序，制定切实可行的环境保护政策，建立环保舆情监控回应机制，使公众能够广泛而深入地参与环境立法、环境规划、环境监管等环境事务，形成环境保护的全社会治理体系。

（3）公众参与环境保护的范围有限。在我国环境保护方面，公众通常缺乏主人翁意识，认为环境保护主要是政府的职责，出现“政府依赖症”，由此导致其思维的局限性和行为的被动性，事前参与少而事后参与多，局部现象多而全局问题少。其一，由于缺乏长远的环境战略意识或预见性，公众参与环境规划、环境政策和项目环境评估等事前活动的主动性不足。只有当生态环境受到严重危害，或者影响到环境权益时，才会采取行动或者向上级部门投诉。其二，由于缺乏系统思维或全局观念，公众只关心身边的、社区的环境问题，对园区性的、区域性的环境问题关注度、参与度均不高。为此，在环境宣传教育中要突出环境保护的全局意识、大局意识，在项目决策或环境政策制定时要广泛征求公众的意见，在发布园区环境保护战略等重大事项时要通过主流媒体做好报道工作，把握舆论导向。

第六章

我国生态工业园区创新网络的理论与实践

技术创新是延长生态产业链和推动产业结构转型升级的重要动力。在生态工业园区，开展技术创新的有效方式是区域创新网络，其产生的知识外溢有效提高了园区技术创新能力。依据区域创新网络理论，苏州工业园区在创新生态圈建设方面做了有益的探索，为其他园区提供了宝贵的经验。

第一节　区域创新网络的理论来源

区域创新网络是指空间集聚的企业、研发机构及市场中介，通过广泛信息交流与联合行动机制，形成的区域协同创新系统。与大企业的独立创新系统不同，区域创新网络的显著特征是知识与技术信息能够在企业、高校、科研院所、政府及金融机构之间快速流动，合作创新成为技术创新的普遍组织形式。从产业区理论到新产业区理论，从产业集群到创新集群，这些创新理论都包含着区域创新网络的分析和解释，从地方根植性、企业间的竞争与合作和创新系统的构成等方面诠释了创新网络的重要特征和运行机制。

一、产业区理论

19 世纪末，经济学家马歇尔（A. Marshall）基于对英国谢菲尔德的刀具制造商和北安普顿的制衣厂商集聚现象的观察，提出了“产业区”概念，并分析了中小企业集聚的原因。他在《经济学原理》（1890 年）中指出，产业集聚的主要原因是产业规模扩大所导致的外部性，它包括以下三个方面：其一，劳动力市场共享。由于集聚产生对特定产业技能劳动力的大量需求，从而吸引和培养熟练的技术工人，形成专业化的劳动力市场。这样，各企业可以方便地获得特定技能的劳动力，降低劳动力出现短缺的可能。其二，专业化的中间产品和服务。由于产业内企业的集聚，从而产生了对中间产品和服务的大量需求，在达到中间产品和服务企业的最低需求规模时，就会引发中间产品和服务的本地化生产。由此，原本是企业的某些业务项目就被剥离出去，由这些中间产品生产厂商生产。专业化分工进一步深化，使企业的专业化程度和生产效率提高。例如，服装生产厂家集聚，可以刺激纽扣生产厂商的出现。其三，技术外溢。每个中小企业都不能拥有全部的生产知识和技术，因而需要与其他企业交流与合作；而地理临近加速了信息的沟通与交流，增强了知识和技术的外溢。这种现象被马歇尔称为产业集聚的“空气”：凝聚行业秘密和技术信息的“空气”弥漫于产业区，启发了人们的创新设计，成为产业区技术创新的思想源泉。

1978 年，意大利学者巴卡提尼（G. Bacattini）在分析和总结意大利东北部和中部的中小企业集群的基础上，提出新产业区的概念，即新产业区是由具有共同社会背景的人们和企业在一定自然地域上形成的社会地域生产综合体。1984 年，皮埃尔和赛伯（M. Piore 和 C. Sabel）合著的《第二次产业分工》中认为“第三意大利”的产业区与 19 世纪马歇尔描述的产业区具有惊人的相似，并归纳总结出以下特点：其一，弹性专精。新产业区的主要特征是弹性专精，大量专业化的中小企业在地域范围内的集聚，它们之间分工协作，形成适应市场变化的地方生产体系。其二，“集体效率”。新产业区企业之间既竞争又合作，有助于提高园区的运行效率。一方面，集聚的专业化生产企业容易感知竞争压力，从而提升创新的动力，使新产业区出现技术创新氛围；另一方面，中小型的专业化企业缺乏完整的技术创新体系，因而又需要创新合作，需要一种广泛的互动与交流，包括正式交流和非正式交流。并且，企业与市场中介、行业协会及政府之间也存在紧密的联系，通过协调而实现联合行动，提高集群的生产效率。其三，地方根植性。企业的经济行为根植于地方文化和社会关系网络，由此建立起以信任和承诺为基础的默契合作关系，从而减少机会主义，促进企业之间开展有效的合作，提高企业和集群的生产效率①。

---

① M. Piore and C. Sabel. The second industrial divide—Possibilities for prosperity [M]. Basic Books, New York, 1984.

新产业区理论将社会资本引入集群发展研究，建立内生社会资本模型。该理论认为社会资本、空间距离是影响产业集聚效应的内生因素，并且良好的社会关系有助于节约交易费用。

二、新竞争经济学与产业集群研究

20世纪80年代，美国哈佛大学教授迈克尔·波特（M. Porter）发表了其著名的竞争优势理论三部曲，《竞争战略》（1980）、《竞争优势》（1985年）和《国家竞争优势》（1990年）。在《国家竞争优势》一书中，他首次提出了产业集群概念，并分析了产业集群竞争优势的来源。1998年，迈克尔波特在哈佛商业评论上发表了“集群和新竞争经济学”一文，对产业集群进行了详细定义，系统分析了集群与国际竞争优势产业的关系，形成了新竞争经济学。

波特（M. Porter，1990）认为，产业集群是在某一特定领域中，并在地理位置上集中，且相互联系的公司和机构的集合，并以彼此共同性和互补性相连结。波特把产业集群纳入竞争优势理论的分析框架，认为产业集群是介于科层制与市场制之间的空间组织。与科层制组织（企业）和纵向一体化组织不同，产业集群能够避免组织的刚性，避免保持正式的伙伴关系所带来的管理上的挑战；与自由的、偶然的市场交易关系也不同，产业集群的地理邻近有助于培育和建立企业之间的信任和协调，减少了交易摩擦。因而，产业集群是一种具有适度弹性、能够创造竞争优势的中间组织形式，是具有国际竞争优势产业普遍采用的生产组织方式。如美国的电子产业集聚在硅谷、德国的汽车产业集聚在慕尼黑等南部地带、瑞士的制药公司集聚在巴塞尔等。

新竞争经济学强调，现代竞争优势依赖的是生产效率，而不是企业的投入和单个企业的规模。生产效率则取决于企业间竞争的形式，而不取决于竞争的领域。产业集群能够提高企业的生产效率的原因主要包括以下四个方面：其一，分工与协作提高了企业的生产效率。集群内企业数量众多，虽然每个企业的规模经济效应并不明显，但高度的、紧密的分工协作，提高了企业的生产效率。其二，地理邻近带来了成本的节约。本地化的专业人才市场降低了劳动力的交易成本，相互信任关系减少了机会主义，便捷的信息交流有利于捕捉市场机遇，中介机构和公共设施的共享降低了生产成本等。其三，创新网络能够提高群落内企业的持续创新能力。本地化的创新网络促进了技术信息的传播，相互学习和模仿带来技术的不断改进；供应商、挑剔的客户和研究机构同时卷入创新链条，不仅激发出创新的灵感，也创造出合作创新的机会；集群内企业更容易感知竞争对手的压力，因而进一步增强企业的竞争意识和创新动力。其四，集群影响力提高了企业经营的稳定性。产业集群形成的品牌形象增强了消费者对集群产品的忠诚度，有利于集群中每个企业的销售，从而降低了企业的市场风险。基于集群的社会关系网络，本地金融机构和投资公司对集群的企业往往收取较低的风险金，从而有效降低了金融市场波动带来的冲击；凭借集群发展过程中逐渐形成的交易、技术网络或平台，企业能够更加顺利地完成生产和交易活动。

三、技术创新理论与创新集群

1912 年，约瑟夫·熊彼特（J. Schumpeter）发表“经济发展理论”，开创了技术创新理论。在熊彼特的影响下，技术创新研究遵循发明—开发—设计—中试—生产—销售的“线性模式”，研究重点局限于企业内部。20 世纪 80 年代以来，学者将技术创新研究的视角从企业内部转向企业外部，认为企业的外部信息及企业间的联系能够有效克服单个企业技术创新能力的局限，降低创新活动中的技术和市场不确定性，从而形成技术创新的“网络范式”。1987 年，弗里曼（C. Freeman）在其《技术和经济运行：来自日本的经验教训》一书中率先提出了“国家创新系统”，即“公私部门的机构组成网络，它们的活动和相互作用促成、引进、修改和扩散了各种新技术”。为了研究区域层面上的创新活动，英国学者库克（P. Cooke，1992）首先提出区域创新系统，即在一定地理区域中相互分工与关联的生产企业、研究机构和高等教育机构等构成的区域性组织体系。实际上，产业集群存在发达的创新网络，它是一个简化的国家创新系统。经济合作与发展组织（OECD，2001）在“创新集群：国家创新体系的推动力”的研究报告中提出创新集群，认为它是以创新为目标的产业集群，是由企业、研究机构、大学、风险投资机构、中介服务组织等构成，通过产业链、价值链和知识链形成战略联盟或各种合作，具有集聚经济和大量溢出的特征①。

区域创新网络分为要素和关系两大组成部分。要素是构建区域创新网络

---

① 经济合作与发展组织：《创新集群：国家创新体系的推动力》，科技文献出版社 2004 年版，第 1－50 页。

的节点，其分为主体要素、资源要素、功能要素和环境要素。主体要素由企业、政府、高校与科研机构、中介机构、金融机构等组成，其中企业是核心主体；资源要素由知识、信息、技术、人才和资本等子要素构成；环境要素由创新文化、市场结构、金融体系、政策法律体系、基础设施、管理体制等子要素组成。关系是创新知识的产生、传播、渗透的通道和途径，是构建网络的基本框架。主体要素之间的关系分为正式关系和非正式关系。其中，正式关系是基于契约、合同形成的关系，如基于契约的交易关系、战略联盟、供应链管理、行业规范等。非正式联系是基于感情逻辑形成的、隐藏于集群中的社会关系，包括血缘关系、地缘关系、友谊关系等。由于非正式关系分布广泛，因而是知识、信息传播的重要途径。知识和技术信息的交流动力来源于以下几个方面：一是集体学习。创新网络中大量同质主体存在激烈的竞争，加大了主体技术学习的动力，形成同行企业之间、企业与供应商、投资方以及科研院所之间相互学习的氛围；二是合作创新。高度的分工和专业化要求企业之间、企业与其他主体之间实现有机联系和合作，只有通过多个机构的协同才能完成创新；三是地缘关系。地理临近为企业提供了更广泛的交流机会，减少了知识和信息交流和交易的费用，特别是对隐含性知识的传递具有重要意义。四是信任关系。相互信任使机构之间建立起比较紧密的关系，克服了企业边界对知识和信息流动的限制。五是创新环境。集群所在地的社会文化环境使得创新性机构能够创新，并与其他机构相互协调。在上述动力因素中，欧洲 GREMI 小组（1995）认为集体学习是创新网络形成的关键因素。

创新集群是典型的区域创新系统。集群内各行为主体相互间的正式、非正式关系形成了各种关系链层次，构成了纵横交错、发达的创新网络，集群成员获取创新资源的活动具有强烈的网络化特征。与传统的产业集群相比，创新集群的特点表现在以下几个方面：一是多元创新要素汇集。创新集群的构成要素是多元的，从事创新活动的参与者也是多元的。企业、科研院所、金融机构、中介结构和政府都是创新主体，打破了传统产业集群把科研院所作为外生变量的局限，为集群创新创造了更好的条件和环境。二是创新集群的核心功能是知识和技术的生产、交流、扩散、共享和转化，成员之间更注重创新合作而不是生产合作。三是创新集群具有发达的创新网络。创新主体之间在人才、技术、资金、信息等高端要素之间建立起更为紧密而复杂的联结，形成高效的协同创新能力，进一步提高了创新资源的组织效率和利用效率，减少创新风险，产生边际递增效应。四是创新集群具有更高的生产效率。

传统产业集群通过集聚控制成本，而创新集群通过集聚提高技术水平，因而创新集群具有更高的生产效率。20 世纪 90 年代中期知识经济开始形成，科学技术知识的生产、扩散和应用成为国家竞争优势的基本来源，创新集群发展上升到国家战略层面。欧洲大多数国家意识到，创新集群是推动国家经济增长的有效工具，并采取一定政策引导产业集群向创新集群转变，许多产业集群的产业结构从低端迈向高端，并形成强大的创新能力。

四、我国创新型产业集群的建设

2006 年，中国提出建立创新型国家的战略目标，并把培育若干综合竞争力居世界前列的创新型企业和科技型中小企业创新集群作为目标之一。2011 年科技部启动实施了“创新型产业集群建设工程”，通过创新型产业集群试点工作，培育具有国际竞争优势的战略性新兴产业集群。截至 2017 年年底，我国科技部已经开展了三批创新型产业集群试点，共计 61 个产业集群批准开展试点工作。

我国《创新型产业集群试点认定管理办法》（国科发火〔2013〕230 号）指出，创新型产业集群是指产业链相关联企业、研发和服务机构在特定区域集聚，通过分工合作和协同创新，形成具有跨行业跨区域带动作用和国际竞争力的产业组织形态。我国创新型产业集群建设的核心是集群产业链协同机制，即围绕集群产业链，聚焦聚集各种创新要素，构建务实、高效的资金链、创新链、服务链，形成跨区域协同、多平台共享、深层次合作的创新联盟机制。创新型产业集群评价指标体系分为三级指标体系，其中一级指标体系由创新环境、主导产业和服务体系组成。二级指标体系由 12 项指标组成，其中创新环境有 4 个二级指标：政府引导、政策措施、协同机制和文化氛围；主导产业有 5 个二级指标：经济总量、产业规模、主导产品、研发能力、知识产权；服务体系有 3 个二级指标：企业培育、技术服务、金融服务。三级指标由 24 项指标组成，主要包括集群创新发展的政策体系、集群产业链的协同机制、集群外部资源的协同机制、创新创业文化、企业平均 R&D 投入占销售收入比重、高新技术企业比重、国家级孵化器总数、研发和技术服务机构数、合作的国内外大学、科研院所总数等①。

---

① 科技部.《创新型产业集群试点认定管理办法》[EB/OL]. http://www.most.gov.cn/tztg/201303/t20130321_100310.htm, 2013-2-7.

第二节　苏州工业园区创新生态圈建设的实践

创新生态圈是政、产、学、研之间协同创新的开放式合作平台和创新网络，创新生态圈通过各主体之间的互补、互动和合作，形成强大的创新能力。创新生态圈来源于区域创新网络，其本质仍是一种有利于创新的区域组织结构，但除此之外，创新生态圈突出强调了“生态”二字，更加强调创新链的元素构成及其动态反馈机制，是一种更符合企业动态发展和环境耦合关系的创新空间形态。作为我国首个开放创新综合试验区域，苏州工业园区聚集全球要素，打造开放创新生态圈，推动园区技术创新。

一、汇聚全球创新要素

苏州工业园区围绕创新研发、工程化中试、小规模生产、成果转化、专利运营、产业服务、综合配套等创新链环节，加大力度吸引和汇聚领先技术、创新产品、高端人才、产业资本、支撑平台和创业载体六大核心要素，并积极引导资本的创投人、技术的发明者、成熟的制造企业和政府的服务平台携手，构建开放、合作的创新网络。

（一）研究机构与人才虹吸现象

研究机构和高端人才是技术创新的核心要素，是技术创新思想的源头。为此，苏州工业园区积极引进和建设高水平的研究机构和大学，并以此来吸引世界顶尖的专业技术人才，使工业园区具有了强大的人才虹吸能力，成为智力资源和创新思路的富集区域。英国牛津大学先进研究中心、哈佛大学韦茨创新中心、美国冷泉港实验室亚洲中心、微软苏州研发中心、华中科技大学苏州脑空间信息研究园、中科院上海药物所、上海生化细胞所、医学科学院系统医学研究所、纳米技术产业创新中心等500余家研发机构集聚园区；同时园区还设立了“中国—新加坡（苏州）创新中心”“中国—以色列（苏州）大健康创新中心”“中国—新西兰（苏州）创新中心”、西交利物浦国际化创新平台等一批重大国际合作平台；而且园区还建设有中国科技大学、西交利物浦大学、加州大学洛杉矶分校、新加坡国立大学等29所中外高等院校。

随着科研院所和创新平台的建设，高层次人才纷纷向园区汇集。生物医药行业的人才集聚现象尤为明显。2016 年园区生物医药领域聚集了一批世界一流团队，如美国哈佛大学终身教授、美国科学院新晋院士、中组部第一批“顶尖千人”袁钧瑛；中国科学院院士、美国科学院院士王晓东；美国三院院士、哈佛大学教授谢晓亮；英国皇家工程院院士、牛津大学教授崔占峰；美国三院院士、哈佛大学工学院大卫·威茨教授（D. Weitz）等，园区还集聚了 62 位生物医药类国家“千人计划”专家。

（二）创投引导基金与孵化器

风险投资是高新技术商业化的一种重要融资渠道，也是技术创新的重要推动力。由于风险投资主要针对高新技术项目，面临着巨大风险。尤其是在风险投资的导入期，技术创新进入产品或服务的试销阶段，风险投资面临着技术风险、市场风险和管理风险，风险投资相对谨慎。而在这一阶段，技术创新企业的创业资金需求显著增加，因而容易出现资本供求矛盾。为了弥补市场失灵、有效引进社会资本参与技术创新，苏州工业园区采用了创投引导基金与风险投资相结合的方式，即以国有资本为主体设立创投引导基金，在风险投资导入期，国有资本先向技术创新项目注入资本（如天使投资引导基金等），引导民资与外资跟进；当进入风险投资成长期时，国有资本再逐步退出市场。这种被称为“母基金”的模式，不仅能够给国有资本带来一定回报，而且能够引导大量非国有资本跟进，对加快高新技术产业化发挥了重要的作用①。苏州创投集团是苏州工业园区创投引导基金的龙头，该集团积极搭建科技金融服务平台，建立了覆盖种子期、成长期、扩张期、成熟期的科技企业创新创业各个阶段的投融资服务体系。

在苏州工业园区，风险投资与创业项目结合的有效组织形式是企业孵化器。企业孵化器设立有各类风险基金，包括种子基金、天使基金等，向创新创业者提供必要的资本投入；同时，企业孵化器为创业者和投资者搭建了一个相互沟通、相互选择的场所，能够解决资本供求信息不对称问题，有效缩短新技术产业化的进程。这些孵化器还拥有众多的优秀创业导师，为创客们提供专业的创业辅导，提供商业模式处理、解决工商注册、税务咨询等“一

---

① 秦华江：“苏州工业园区的创新生态圈”，《半月谈》，2016 年第 4 期。

站式”服务。苏州工业园区金鸡湖创业长廊集聚47家各具特色的创新型孵化器，合计孵化面积5.8万平方米，已经累计孵化500多个创业项目。

（三）智慧园区与智能服务

在大数据时代，信息已经成为生产和生活不可缺少的基本条件，各种数据中心和服务平台已经成为科学研究和技术创新的必备条件。为此，园区管理委员会必须推进互联网、物联网的发展，加快智慧园区的建设，实现“互联网+园区”“互联网+政务”“互联网+企业”“互联网+人”四位一体，为园区技术研发、生产和生活以及政务管理提供智能服务体系。

2013年以来，以“智融服务、慧聚创新”为主线，园区完成了智慧城市顶层架构设计，建成全国首个电子政务专有云，实现电子政务向云模式转换；建设国科数据中心，为高科技中小企业、政府机构、新兴互联网服务企业、现代服务企业提供国际一流的IDC基础服务和云计算专业服务；建设城市公共信息服务平台，为用户提供园区的土地、道路、地下管网等各项信息，并实现实时更新。围绕智慧城市建设，园区管理也进入“互联网+”模式，网上审批和网上公开极大提高了管理的效率，也为园区企业提供更为便捷的智能化服务。

二、强化创新要素链接

创新生态圈是人才、技术、资本、专业服务与政府管理的动态组合和系统集成，是各类创新要素在政府和市场驱动下形成的知识交流、技术合作的区域创新网络。苏州工业园区不断推动创新链式发展，围绕产业链布局创新链，围绕创新链完善资金链，配套发展服务链，形成产业、科技、金融、服务深度融合的创新系统。

（一）企业与科研院所的协同

科研院所与企业是技术创新网络的两个关键结点，两者的有效合作是技术创新成功的基本要求。一方面，科研院所是技术创新的源头，但它需要通过企业掌握市场的变化；另一方面，企业是技术创新的主体，但它需要通过科研院所来把握技术变化的趋势。当科研院所与企业实现充分的交流与合作，技术创新就实现了技术与市场的完美结合，技术创新的成功的概率明显提升。

借鉴美国“硅谷”模式，苏州工业园区不断深化院企合作，一方面鼓励企业把研究中心建在高校，或者企业研究人员进入科研院所的研究中心工作；另一方面，鼓励科研院所的技术人员“走出去”，建立公司或进入企业实验室，促进产学研一体化进程。

（二）创新思想与风险投资的结合

创新生态圈最明显的功能是能够有效降低科技与资本的对接成本。在苏州工业园区的社区活动场所、企业孵化器和各种企业服务中心，各种创新要素汇集，碰发出技术创新的火花和创业的冲动。具有创新思想和优质项目的创客与风险投资人能够在不同的平台、不同的场合沟通，使创新项目和创新资本实现合理配置，有效降低了科技与资本结合的交易成本。

（三）创新项目与专业服务的链接

很多研究机构或科技创新团队在技术研发方面具有很强优势，但是在财务、融资、法律、政策以及审批等方面却缺乏经验和相应的团队，因而需要园区提供相关的专业化服务。在苏州工业园区，企业孵化器、企业服务中心能够为技术创新提供完整的专业化服务，政府“一站式”服务中心能够为入园企业提供高效的行政审批服务。因此，一旦创新项目出现，各类相关的专业服务就能够及时跟进，从而实现专业化的技术团队与专业化的服务团队有机结合，形成快速、高效创新链。

（四）政府与市场的互补

在苏州园区，政府、资本、创业者、科学家等各方面的资源被整合在一起，其中政府是苏州工业园区创新生态圈的重要组成部分，其主要职能就是弥补技术创新资源配置过程中的市场失灵问题，是市场机制的必要补充。在人才引进方面，苏州工业园区制定了吸引高层次和紧缺人才的优惠政策，推出了购房补贴、薪酬补贴、人才奖励等 16 项优惠措施；在风险投资方面，以国有资本为主建立创投引导基金，支持创新创业项目；在投资环境方面，政府通过建设智慧园区和服务平台，提升园区的智能化水平和服务效率，为技术创新提供更为发达、更为便捷的外部条件。

三、打造创新高地

自2015年开始建设开放创新综合试验区以来，苏州工业园区创新生态圈不断完善，并在生物医药、纳米技术、人工智能等领域取得了突破，生物医药产业创新生态圈已经形成，纳米产业和人工智能产业创新生态圈已成加速集聚态势。

（一）生物医药产业创新生态圈

苏州生物医药产业园位于苏州工业园区科教创新区桑田岛区域，是苏州工业园区高端医疗器械与新药制剂的产业化载体，已经具备研发—孵化—中试—生产的能力，形成创新药物研发、高端医疗器械、生物技术三大重点产业集群。生物医药产业园区坚持开放创新、合作共赢的理念，集聚全球生物医药行业的优质要素，提供全生命周期的服务配套，构建具有国际竞争优势的生物医药产业创新生态圈①。从2006年启动载体建设至今，园区已经引进63位国家千人计划专家、10000名高层次科技人才；建设有中科院上海药物所、美国冷泉港实验室亚洲会议中心、牛津大学苏州先进研究中心等一批国际重大创新机构，集聚了460余家生物医药高科技创新企业，基本形成完善的生产协作体系和创新体系。经过十余年建设，园区已经形成强大的自主研发能力，涌现出信达生物、百济神州、基石药业、康宁杰瑞、合记黄浦、亚盛医药和康众医疗等自主品牌，在抗体药物研发、基因测序、生物制药和医疗器械等领域形成国内领先优势。

（二）纳米技术应用产业创新生态圈

苏州纳米城位于苏州工业园区金鸡湖大道，是微纳制造、能源与清洁技术、纳米生物技术和纳米新材料等产业发展的载体。园区已经具备创新研发、工程化中试、小规模生产等完整的产品研发功能，集聚260多个纳米技术相关企业、科研院所和实验室，拥有完善的生产、生活配套服务，成为世界最大的纳米技术应用产业综合社区。在纳米技术应用产业发展过程中，园区十分注重产业资源、创新要素的优化配置，重大研发机构、纳米技术平台、成

---

① 张嘉诚："苏州工业园区纳米产业集群发展战略研究"，苏州大学，2013年，第15－47页。

长型企业、产业孵化器和风险投资机构不断聚集，纳米技术俱乐部、纳米技术投资论坛、纳米技术产业资本合作平台等交流合作平台的纽带作用不断增强，纳米技术产业创新生态圈已成雏形。其中，微纳机电制造（MEMS）产业生态圈发展最为迅速，初步构建了 MEMS 产业链上下游、科研院所并行创新的模式和机制，以 MEMS 中试平台建设为突破口，形成研发—中试—规模生产”的完整 MEMS 产品技术创新链。

（三）人工智能产业创新生态圈

人工智能产业是苏州工业园区自主创新的重点领域，也是发展最快的高新技术产业。以云计算和大数据为支柱，400 余家人工智能相关企业集聚苏州工业园区，20 多家高校或企业在园区设立相关的实验室或研发中心，多家业界巨头在园区设立了相关产业基地或研发中心，形成了良好的产业基础和创新氛围。2018 年苏州工业园区开发建设人工智能产业园（苏州国际科技园第七期项目），旨在加快创新要素集聚，为人工智能产业发展提供更好的创新创业载体。其基本设想是模仿美国硅谷，参照“雨林法则”，打造产、学、研多样化机构集聚、自由创新与纠错、竞争与合作并存的创新生态圈。

四、经验与启示

苏州工业园区先行先试，在创新生态圈方面进行了有益的探索，为我国其他工业园区开展技术创新和转型升级提供了经验和值得借鉴的模式。

（一）整体设计

创新生态圈的建设涉及政府、企业、高校、科研机构以及专业服务机构，这些机构彼此建立联系，共享资源，传递信息，最终形成完整的区域创新网络。工业园区要建设有效的区域创新网络，必须对创新链网进行整体设计，对各类机构在创新中的职能进行定位，对各类机构之间的耦合关系进行分析和设计，这样才能有序、系统地推进创新网络的发育，避免因某一类机构短缺而带来创新的低效率，或者因某一链条脆弱而带来创新的不稳定性。

（二）系统创新链

创新生态圈是政、产、学、研一体化体系，创新生态圈的发展涉及政府、企业、科研院所和各类专业服务机构。在创新过程中，围绕技术发明或技术创新思想，需要投入专业技术人才、资金、专业服务、营销网络和促进政策等要素，从而形成一个由基础研究—应用研究—产品中试—商品化—产业化—市场营销的创新产业链。而且，创新链在运行中又与产业链、信息网络、教育体系、金融系统、政策制度交织在一起。因此，创新生态圈不是孤立的创新链，而是一个立体的、系统的创新体系。在实际工作中，技术创新必须与园区产业转型升级相契合，必须与金融系统的发展同步，必须与高校、科研院所发展相协调，必须依托企业孵化器运作，也必须得到政府的支持。

（三）政策支持

政府的支持政策和高效服务是创新生态圈建设的重要推动力量，特别是在建设初期发挥着不可替代的作用。在支持政策方面，政府可以通过人才政策吸引技术人才；通过创投引导基金引导民间投资；通过组织技术交流或学术交流培育创新氛围；通过建立园区实验室或研究中心搭建产学研合作平台。在企业服务方面，政府通过提供“一站式”服务简化各类机构的审批手续，通过建设智慧园区和各类服务平台为企业提供便捷的服务，从而为企业创建了一个智能化的、开放式的、高效的创新环境。

第七章

我国生态工业园区的开放合作研究

“引进来”“走出去”是生态工业园区持续发展的必要条件，是我国生态工业园区创新发展的重要策略。改革开放以来，我国生态工业园区在开放合作中探索了一系列招商引资模式和国际合作经验，值得借鉴。目前，在我国推进新一轮高水平对外开放过程中，生态工业园区依然处在开放前沿，正在探索更为有效的、更高水平的开放模式。

第一节　小型开放经济区

20 世纪 60 年代蒙代尔和弗莱明联合建立了适用于小型开放经济的蒙代尔—弗莱明模型，其基本特征是国家经济规模比较小、资本完全流动、国内政策不能影响本国的利率和产出，而完全依赖国际市场。随着“亚洲四小龙”等小型开放经济体的快速发展，人们开始关注小型开放经济的发展。英国经济学家菲尔兹（G Fields，1984）分析了 7 个小型开放经济体（中国香港、韩国、新加坡、中国台湾、巴巴多斯、牙买加、特立尼达和多巴哥）的就业、收入分配和经济增长，认为这 7 个经济体均采取出口型贸易战略，除牙买加外，其他 6 个经济体的经济实现快速增长①。1988—2000 年，我国许多学者对“亚洲四小龙”的外向型经济的成功经验展开讨论，相关结论是充分利用国际贸易自由化倾向、利用外资和技术、扬长避短发展出口贸易、注重人才培养、完善法律法规等。21 世纪以来，小型开放经济体的研究趋于细化，主要集中

① G. Fields. Employment, Income Distribution, and Economic Growth in Seven Small Open Economies [J]. The Economic Journal. 1984, 94 (373): 74 - 83.

于货币政策、汇率制度、利率和营商环境等领域。我国学者王晓芳（2011）探讨了小型开放经济体的最优货币政策设计；曹勇（2005）、黄涛（2005）探讨了小型开放经济体的汇率制度及其变化机制；吴卓然（2016）、周程（2018）探讨了小型开放经济体的利率变化问题等。德莱尔·沃雷尔（2017）论述了小型超开放经济体的增长、发展与稳定问题。

与国际经济中提及的小型开放经济体不同，小型开放经济区是指在国家地域范围内，人口和经济规模较小，高度依赖外部市场的经济区域。它不是一个独立的经济体，而是隶属于国家和地方政府的区域经济单元。生态工业园区是一种典型的小型开放经济区，它是狭小地理空间的产业集聚体，经济社会规模在国家和地区经济社会总量的比重小，与区外存在着广泛的交换与合作。在我国新一轮高水平对外开放过程中，生态工业园区要积极借鉴自由贸易试验区的经验不断探索开放的新模式，加快推进国际开放与合作的进程。

一、小型开放经济区的特征

（一）小型经济

小型经济是指人口和经济规模较少，只能专业化生产少数产品和服务的经济单元。我国生态工业园区是隶属于我国地方政府的区域单元，它们是具有专业化生产能力的产业集聚体。虽然大多数园区是国家和地方经济的增长极，但其经济社会规模所占比重都比较小，对整体经济社会的影响比较小。从园区所占土地面积来看，93 个国家生态工业示范园区的平均面积为 150 平方公里，仅占我国国土面积的 0.002%。从园区人口规模来看，2015 年国家生态工业示范园区的常住人口平均值为 31 万人，仅占我国同期人口的 0.02%；从产值规模来看，2015 年国家生态工业示范园区平均地区生产总值 689 亿元，只占我国同期 GDP 的 1%。这些被称为“经济马赛克”的小型经济，散布在我国各地。虽然每个小型经济的社会经济规模较小，但它们却是我国改革开放的示范区，最具增长活力的区域单元。

（二）开放经济

开放型经济是指生产要素与产品能够较为自由地跨区、跨国流动的经济系统。开放经济既是资源有效配置的前提，也是循环经济发展的要求。作为一个开放型经济系统，我国生态工业园区开放性表现在以下几个方面：其一，作为一个小型经济，生态工业园区一般是具有专业化特征的产业集群，它们依靠生产少数专业化产品而参与国内、国际分工，从资源获取和市场开拓两个角度都十分依赖国内外市场。其二，作为产业共生体，生态工业园区要实现资源与能源的循环利用，也不能局限于企业小循环和园区的中循环，还要积极参与大循环，进一步拓宽地域范围，在国内、国际更大的范围内寻求更多、更合理的循环利用途径。其三，作为一个区域创新网络，知识、技术不仅要在生态工业园区中顺畅流动，形成知识外溢；同时，作为一个创新单元，生态工业园区还必须与区外创新单元保持互动交流、协同创新，参与到更大的创新网络之中，保持创新活力。其四，作为全球和国家自然环境的组成部分，生态工业园区在治理环境过程中，需要与区外联防联治，需要借鉴国际环境治理的经验，积极参与环境治理的国际行动。

二、小型开放经济区新体制建设

2015 年 12 月，中共中央、国务院印发了《关于加快实施自由贸易区战略的若干意见》（国发〔2015〕69 号），加快实施自由贸易区战略，进一步提高开放水平和质量。该意见要求继续深化自由贸易试验区试点，探索最佳开放模式，使其成为新时代改革开放的新高地。我国正在建设的自由贸易试验区属于自由贸易园区，它是指在我国境内划出一个特定区域，单方自主给予特殊优惠税收、贸易和监管政策。自由贸易试验区建设就是在探索和打造小型开放经济区发展模式，它为生态工业园区进一步提高开放水平提供了经验和模式。作为开放创新综合试验区，苏州工业园区率先对接和复制自由贸易试验区的经验，探索构建开放型经济新体制。

（一）我国自由贸易试验区的实践与经验

目前，我国正在积极推进的上海自由贸易试验区、广东自由贸易试验区、天津自由贸易试验区、福建自由贸易区等 11 个自贸区的建设，为我国生态工业园区提供了值得借鉴的模式与经验。其中，上海自由贸易试验区是我国第一个自由贸易试验区，在投资领域、贸易领域、政府服务以及金融领域等一系列的制度创新为改革提供了许多新思路，也为各地的建设提供了许多参考和借鉴。上海自由贸易试验区成立于 2013 年 9 月，建设的基本路径分为“对外开放”和“体制改革”两个方面，开放和改革既是手段又是目的，两者可同步推进，相互促进，形成以开放促改革，以改革助开放的良好局面（见图7－1）。

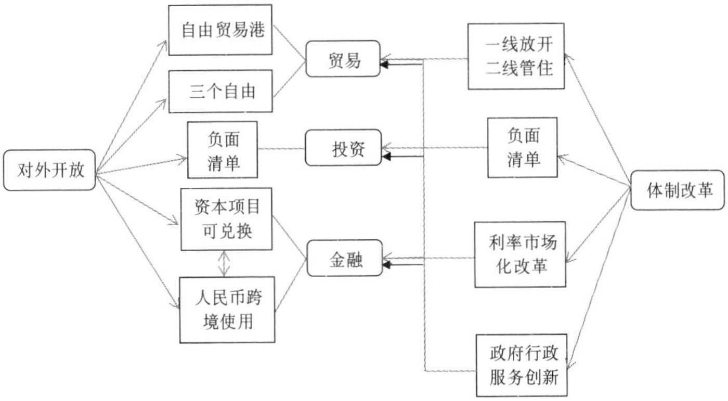

图7－1　上海自贸区制度创新的具体思路

“对外开放”的措施中大致包括贸易、投资、金融三个领域，具体体现在建设自由贸易港，“三个自由”系统，“负面清单”管理模式，人民币跨境使用以及资本项目可兑换等五个方面。其中一项突破性举措是投资领域的“负面清单”管理模式，这一创新制度改变了原有的政府和市场的关系，它将会加快政府职能的转变，促使政府从管理型政府转变为服务型政府，给予市场更大的自主权，释放改革红利；建设自由贸易港和“三个自由”核心系统则为企业提供了诸多贸易便利，吸引大量国内外企业落户于此，提高了开放的广度；资本项目可兑换和人民币跨境使用提高了本币和外币的自由度，资本的开放程度大大提高，它们两者之间也存在着互相依托，同步推进的密切关系。

“体制改革”涉及了贸易、投资、金融、政府服务四个领域，主要体现在“一线放开”“二线安全高效管住”的贸易监管制度，“负面清单”监管模式，利率市场化改革，政府事中事后监管制度，“放管服”改革以及“互联网＋”政务服务。“负面清单”较为特殊，在对内改革中再一次出现，因为负面清单不仅是对内的一场政府层面的改革，而且带动了自贸区整体改革的推进从而促进对外开放；“一线放开，二线管住”以及政府行政服务的一系列创新都在从监管的角度寻求突破；而利率市场化的改革实际上是一次自上而下的金融领域的改革，以自贸区为原点，其改革效应范围辐射至全国，从而推进整个金融改革向前迈出一大步；政府行政服务创新主要包括事中事后监管制度、“放管服”改革和“互联网＋政务服务”等内容，旨在提高政府服务效率，激发市场活力。

上海自由贸易试验区建设的启示体现在以下几个方面：一是简政放权，

创新监管方式；二是完善配套制度，做到有法可依，有法必依，确保改革在法治轨道上行驶；三是坚持中央统筹与地方探索相结合，地方要拓宽改革思路，结合实际不断扩大政策的覆盖范围，自下而上，上下联动；四是自由贸易试验区没有僵化和固定的模板，各地要因地制宜，突出特色。

（二）苏州工业园区开放创新综合试验

2015 年 9 月，苏州工业园区获批国家开放创新综合试验区，以加快实施创新驱动发展战略。其基本思路是主动对接自由贸易试验区并积极复制成功经验，探索建立开放型经济新体制，推动产业结构升级，培育国际竞争优势。在开放创新试验过程中，苏州工业园区以五个示范平台为依托，不断探索开放的领域和方式，提高自主创新能力和品牌（见图 7－2）。其中，更高水平开放合作示范平台建设主要包括以下内容：（1）金融领域开放。放宽外商准入条件，有序推进金融、教育、文化、医疗等服务业领域的开放。（2）投资便利化。放宽市场准入，对外商投资实行准入前国民待遇加负面清单管理制度，为内外资创造统一、公平、透明的市场规则。（3）贸易便利化。探索与国际接轨的贸易监管制度，依托跨境电子商务平台建设国际贸易单一窗口，提高国际贸易通关水平和口岸管理的效率。（4）对外投资服务。成立境外投资促进委员会，建设国家级境外投资服务示范平台，为企业对外投资提供公共服务、人才培训、投融资服务和国际化服务等“一站式”服务。

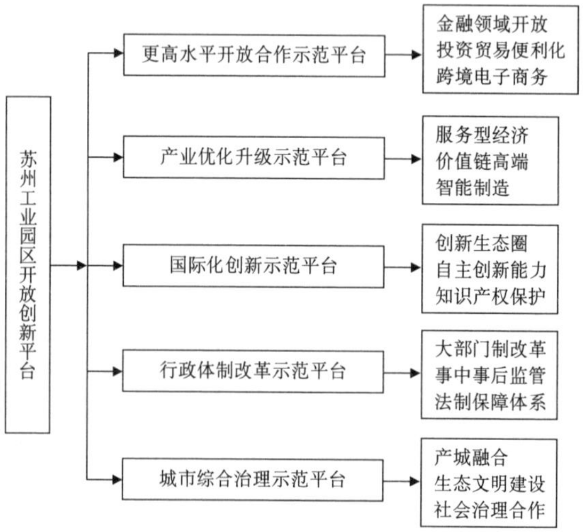

图 7－2　苏州工业园区开放创新平台构成

第二节 我国生态工业园区的开放新路径

我国生态工业示范园区始终处于我国改革开放的前沿。在我国20世纪后期的“引进来”过程中，生态工业园区探索形成了绿色招商、产业链招商等招商引资模式，在优化投资环境、“一站式”服务、产业协作等方面也形成一定经验。在我国新一轮改革开放中，生态工业园区要充分认识小型开放经济区的开放性特征，借鉴和吸收我国自由贸易试验区建设的模式和经验，积极探索更为有效、更高水平的开放路径，继续领跑我国的开放创新实践。

一、“引进来”的创新

（一）混合链招商

作为产业共生系统，我国生态工业园区采用产业链招商模式，按照生态产业链纵向延长、横向耦合的要求，引进产业关联度大、成长性好的生态关键项目，促进产业共生网络的发育，推动循环经济发展。但是，招商引资仅仅局限于产业共生系统，则可能失去诱发园区产业结构升级的积极因素，影响产业结构转型升级的进程。为此，在新一轮开放创新过程中，生态工业园区在继续选择和引进补链项目的同时，还应该同时积极引进全球价值链高端环节的项目，形成兼顾产业链和价值链的混合链招商。

“微笑曲线”[①] 按照附加值水平把全球价值链分为三个区间，即研发与设计（包括产品研发、高技术零部件生产）、生产与制造（包括简单零部件生产、加工组装）、营销与服务（包括市场营销和生产性服务）。其中，处于中间位置的生产与制造区间利润低，属于低端环节；研发与设计、营销与服务两个区间的利润高，形成前、后两个高端环节。我国生态工业园区的经济活动基本上分布于“微笑曲线”的低端，在国际竞争中处于不利地位。目前，我国生态工业园区，特别是东部地区的生态工业园区已经开始产业结构转型升级，其中一个重要的发展方向就是从中部低端环节向前后两个高端环节转

---

① 施振荣：《再造宏基》，上海远东出版社1996年版。

移。为此，在未来招商引资过程中，生态工业园区在补链招商的同时，要依据全球价值链的构成及变化，积极引进价值链两端的企业和项目，不断推动产业结构转型升级。苏州工业园区引进的美国冷泉港实验室就处于生物医药产业的前端环节。美国冷泉港实验室是国际领先的生物医学研究机构，处于分子生物学和遗传学研究的前沿。为了给生物医药产业提供人才支撑和研发资源，2007 年苏州工业园区与美国冷泉港实验室合作成立冷泉港亚洲会议中心。2010 年开始，冷泉港亚洲会议及课程项目正式启动，每年举办十余次大型国际医学学术会议，吸引一大批具有国际影响力的科学家来苏州参会和考察，展示了生物医药领域的最新研究动态及科研成果。2018 年，双方再合作建立冷泉港亚洲学术中心，围绕生命科学领域的前沿问题展开技术研讨。

（二）创业引智

面对我国供给侧结构性改革的机遇和工业革命 4.0 的挑战，生态工业园区持续发展不仅需要物质资本支撑，更需要智力资本的牵引。因此，“引进来”的重点必须从引进资本转向引进人才，实现“双招双引”（招商引资和招才引智）。在不断完善人才引进优惠政策的基础上，我国生态工业园区创造性地开展了创业引智，实现了招商与引智的有机结合。主要做法是在生态工业园区中专门建设具有孵化高新技术成果转化或培植高新技术企业生长的区中园或园中园，如科技产业孵化园、科技创业园、留学人员创业园。

2014 年 6 月，苏州工业园区金鸡湖创业长廊成立，创新型孵化器纷纷落户，吸引了全国投资机构的关注，也吸引着来自全球各地的创新创业人才。与苏州工业园区类似的还有：杭州经济技术开发区成立下沙科技城、天津泰达国际创业中心、宁波经济技术开发区科技创业园、成都经济技术开发区科技产业孵化园、锡山经济技术开发区科技创业园、南昌高新技术产业开发区科技支撑平台等。

烟台经济技术开发区烟台留学人员创业园是为吸引海外留学人员归国创业而设立的高科技园区，该园区实施创业项目入园答辩制度，引进众多海外人才和科技项目，建立国家工程实验室、国家级企业技术中心、山东省首家外籍院士工作站等研究机构，在集聚人才、引进技术方面发挥了重要的作用。类似的园区还有济南经济技术开发区济南留学人员创业园、呼和浩特经济技术开发区呼和浩特留学人员创业园、郑州高新技术产业开发区郑州留学人员创业园、杭州经济技术开发区浙江留学人员创业园、昆山市留学生创业园、苏州工业园区中国留学生创业中心等。

（三）产权扩资

产权扩资是指通过产权交易方式引进和扩大资本的外资利用模式。生态工业园区要引导企业通过增资扩股、境外上市、外资并购等多种途径，引进和扩张资本、吸收先进的技术和项目。

1. 增资扩股。增资扩股是企业扩大生产规模和拓展生产范围的重要手段。在外资集聚程度较高的生态工业园区，外企增资扩股已经成为利用外资的重要渠道。在市场预期一定的条件下，影响外企增资扩股的主要因素就是地方营商环境。因此，生态工业园区要坚持亲商安商理念，在进一步完善“一站式”服务等精简高效服务模式基础上，积极对接我国自由贸易试验区的经验和模式，探索实施负面清单管理制度、建设跨境电子商务平台、加强知识产权保护，提高投资和贸易便利化程度，不断优化营商环境，形成更高水平的开放与合作环境，增强外资企业增资扩股的信心。天津经济技术开发区在引进外资方面，新批外资项目和外资增资项目两手抓，外资利用持续增加。在增资项目中，永旺梦乐城项目、约翰迪尔项目、考拉商业保理项目、灯塔涂料项目等增资额均超过3亿元。

2. 境外融资。进入21世纪，我国企业境外上市的数量不断增加，境外融资已经成为利用外资的重要方式。境外上市融资的影响因素十分复杂，除了市场行情、企业的声誉等因素外，境外上市的交易成本也有重要影响，包括境外上市的政策、通行规则以及风险预防等。因此，生态工业园区也要借鉴我国自由贸易试验区的经验，组建境外投资促进委员会，摸排一批重点培育名单，并指导企业制定境内外上市培育计划，为企业对外投资提供“一站式”服务，减少境外上市的交易摩擦，降低境外上市的交易成本；同时要积极支持符合条件的企业自主借用外债，有效利用国内外两个市场，进一步拓展利用外资的渠道。天津经济技术开发区、吴江经济技术开发区不仅提供上市指导和服务，而且还为上市企业提供奖励基金。

3. 外资并购。根据国务院《关于进一步做好利用外资工作的若干意见》（国发〔2010〕9号）和商务部《关于外国投资者并购境内企业的规定》（商务部令〔2009〕第6号）的精神，生态工业园区积极宣传和推介市场前景好、高成长性的企业，为园区企业与外资之间搭建交流平台，引导外资企业参与园区企业的改造和发展。青岛经济技术开发区通过鼓励外资并购等方式引进资本，盘活存量企业，带动园区产业转型升级。外资并购的主要项目有：比利时贝卡尔特集团收购韩国韩线钢铁项目（2011 年）、德国赢创工业集团收购位于开发区的美国邱博公司的二氧化硅业务（2017 年）等。

二、“走出去”的探索

在区域产业结构转型升级过程中，要素流动的双向性明显表现出来。一个区域不仅需要从区外、国外获得更先进的生产要素，而且还必须将过剩的产能输出向区外和国外。对外投资、虚拟工业园区建设和示范带动等活动已经在工业园区出现，并将成为推动园区产业结构转型升级的重要手段。

（一）对外直接投资

对外直接投资是企业转移产能和调整布局的重要手段，是企业寻求发展空间的策略。生态工业园区企业开展境外投资，是园区产品、技术和服务“走出去”的重要策略，也为园区经济结构转型腾出了空间和要素。随着园区产业结构转型升级进程的加快，园区企业对外投资的步伐不断加快，对外投资将成为园区经济活动和管理的新内容。为了有效推进对外投资进程，生态工业园区要统筹开展对外投资监管、服务体系建设和风险防范等项工作，契合国家“一带一路”建设，打造精简、高效的“走出去”模式。苏州工业园区采用多种举措加快企业对外投资步伐。2015 年建立了境外投资促进委员会，出台专项政策建立首个国家级境外投资服务示范平台，为中国企业境外投资提供集成化、专业化的“一站式”服务。同时，联系新加坡、澳大利亚、新西兰等国家驻华机构以及中外金融机构、市场中介成立“金鸡湖境外投资服务联盟”，对外投资企业提供咨询、信息，为投资方案提供建议。2016 年，园区有 81 家企业在境外累计投资 104 个项目，投资额 10.47 亿美元，同比增长 153.17%。

（二）“飞地经济”

“飞地经济”是指在一国范围内，一个行政地区在其行政管辖外的地区开发建设产业园区的发展模式。“飞地经济”打破了行政壁垒，实现了两地资源互补和产业合作，是一种互利共赢的区域经济发展模式①（Min Zhou，1992）。

① M. Zhou. China town: The socioeconomic potential of an urban Enclave [M]. Temple University Press, 1992.

“飞地经济”的前提是地区经济存在梯度，飞出地经济与科技水平高于飞入地，两者之间存在产业合作的空间；“飞地经济”的本质是飞出地向飞入地的区际产业转移；“飞地经济”是一种合作经济，有明确的区域合作条款和收益分配机制，以调动合作双方的积极性。在我国实践中，主要表现形式为不同行政区域的工业园区之间的共建，即飞出园区向飞入园区的产业转移。

我国生态工业园区是我国经济实力雄厚、技术水平领先的产业园区。近年来，多数生态工业园区积极推动产业结构转型升级，但遭遇土地、要素等瓶颈制约，因而需要向区外转移传统产业。为了有序推进产业转移，地方政府和生态工业园区积极拓展发展空间，在承接产业转移地区的工业园区共建协作园区，探索“飞地经济”的园区共建模式。我国生态工业园区在异地共建产业园区的基本特征包括以下几个方面：其一，在飞入地或飞入园区“圈地”，建设协作园区，即“区中园”或“园中园”；其二，飞出园区向飞入园区输出的不仅是产业项目，还包括基础设施建设资金、园区管理模式及人才；其三，协商建立利益分配和风险分担机制，激发双方建设园区的动力。目前，从目前共建产业园区的运行来看，存在的主要问题有：行政壁垒引发的协调成本较大、营商环境难以复制、要素价格过快上涨等。

在共建园区实践中，江苏省、浙江省、上海市等东部沿海地区的飞地经济发展较快，如苏州工业园区开展共建的产业园区有苏宿工业园（宿迁）、苏通科技产业园（南通）、苏滁现代产业园（滁州）、常熟高新技术产业开发区海安工业园等；杭州经济技术开发区共建凯里杭州经济开发区协作园区，上海张江高科技园区共建上海张江张家口高新技术产业园、上海漕河泾新兴技术开发区共建上海漕河泾新兴技术开发区海宁分区、上海市莘庄工业园共建的安徽上海产业园等。这些共建园区的合作方式都存在差别，但基本上可以归为经济托管模式、股份合作模式和指导合作模式三种模式。托管模式是指飞入园区委托飞出园区投资建设和管理园区，包括规划、招商引资、基础设施建设以及运营管理等。例如，苏通科技产业园（智能制造产业园、环普现代产业园）、合肥经济技术开发区托管寿县新桥国际产业园、武汉经济技术开发区托管黄冈产业园等。股份合作模式是指飞出园区与飞入园区共同出资成立园区开发运营股份公司，负责建设和管理园区。股份合作模式充分发挥了市场化运作的优势，调动了双方共建园区的积极性，是最为有效的共建模式。例如，上海外高桥江苏启东产业园、苏宿经济开发区、苏滁现代产业园、上海漕河泾新兴技术开发区海宁分区等。指导合作型是指飞出地或飞出园区派遣管理干部或技术人员任职共建园区管委会，指导和参与园区建设和管理工作。如上海张江高科技园区、凯里杭州经济开发区协作园区。

（三）虚拟生态工业园区

虚拟生态工业园区是一个虚拟的产业共生体，参与资源与能源循环利用的企业分布在全球各地，它们借助现代信息技术获得供求信息，依靠市场手段完成交易。与实体性的生态工业园区相同，虚拟生态工业园区是一个客观存在的产业共生系统，能够自发完成资源与能源的循环利用；与实体性的生态工业园区不同，虚拟生态工业园区没有具体的位置、面积、管理机构以及相对稳定的企业构成，是基于现代信息技术和网络的虚拟产业链网，参与共生的成员在全球范围寻求合适的交易对象，选择不受国家、地区、园区地域范围的限制。虚拟工业园区突破了地域限制，能够在更广阔的地域范围内寻求更科学、更合理的再循环、再利用途径，进一步提高资源利用效率。从形式上来看，虚拟生态工业园区不是传统意义上的生态工业园区，而是进一步推进循环经济发展的虚拟模式。在实际操作中，实体性生态工业园区可以根据共生原理和生态技术条件，建立成员间的物、能交换关系，再利用现代信息技术和数据库寻找可能使用该园区产品、副产品或废弃物的潜在企业，并促使其加入到工业共生网络，并付诸实践。这样，生态工业园区的副产品和废弃物就能够参加到更大范围、更高水平的循环体系之中。因此，虚拟生态工业园区是生态工业园区“走出去”的重要手段。

西安高新技术产业开发区围绕三星电子构建虚拟生态工业园具有较高的参考价值。2012 年，韩国三星电子存储芯片项目落户西安高新技术产业开发园区，对配套产业产生较大的带动作用。但是，三星电子所产生的固体废弃物、废有机溶剂、废酸等有害废弃物在园区内难以循环利用，潜藏着环境风险。为此，西安高新区提出虚拟生态工业园区的设想，在园区之外寻求和引导能够利用和处理该企业废弃物的企业加入循环利用体系，形成物质集成、能量集成和信息集成。原材料采购平台和废弃物登记平台是虚拟生态工业园区的基础。利用这两个平台，西安高新区打造从原料—生产—使用—再生的存储芯片生命周期链条，确定链条各个节点的资源与能源的流动方向，进而寻求匹配的补链项目，并辅之以激励政策和产业联盟等手段，吸引和诱导其链接入网。

第三节 中外合作生态工业园区实践

中外合作工业园区是指我国与其他国家联合开发和建设的工业园区，是我国参与全球经济的重要的方式之一。以国际合作为基础，中外合作工业园区可以充分利用国际先进的理念和生产要素，也有助于我国企业“走出去”，对于我国产业园区转型升级和国际产能转移具有重要意义。按照园区所在国家的不同，中外合作工业园区分为境内中外合作园区、中国境外经贸合作区和两国双园等多种模式。国际合作是我国生态工业园区“引进来”的重要方式，也为园区“走出去”提供了一种重要的思路。

一、境内中外合作生态工业园区

进入21世纪，园区发展进入了绿色发展时代，其主要特征是以低碳循环经济理论为依托，更加注重绿色环保理念，同时园区建设更加注重科技化、现代化、国际化。为了引进发达国家生态管理技术和先进的生产技术，由政府推动的国际合作生态工业园区建设开始起步。1994年，中新两国合作建设中新苏州工业园区，开启了我国生态工业园区国际合作的进程。2009年以来，中国商务部分别与英国、瑞士、芬兰、意大利、加拿大、德国、法国、奥地利、瑞典、丹麦10个国家签署了经贸领域节能环保谅解备忘录，与其中9个国家在双边经贸联委会项下建立了节能环保工作组或生态工作组。同时，商务部积极倡导国际合作建立生态工业园区。2014年10月30日，国务院办公厅发布《关于促进国家级经济技术开发区转型升级创新发展的若干意见》（国办发〔2014〕54号）鼓励绿色低碳发展，支持国家级经济开发区创建生态工业示范园区，循环化改造示范试点园区，开展经贸领域节能环保国际合作，制定和完善工作指南和指标体系，加快推进国际合作生态园建设。截至2016年年底，我国已经建设了8个国际合作生态工业园，分别是中德青岛生态园、中瑞镇江生态产业园、中奥苏通生态园、中法沈阳生态园、中法成都生态园、中意海安生态园、中意宁波生态园、中芬北京生态园。其中，中新苏州工业园、青岛中德生态园是国际合作生态工业园的典范。

（一）中新苏州工业园

1994 年 2 月 26 日，中新两国政府在北京签署《关于合作开发建设苏州工业园区的协议》，1994 年 5 月 12 日开工建设中新苏州工业园区。苏州工业园区建设的基本构想是把新加坡经济和公共管理体系（软件）和大规模集中投资的国际资本（硬件）相结合，参照新加坡裕廊工业镇，在苏州市建设一个现代化、国际化的高科技产业园区。

1. 中新合作的基本构想。借鉴新加坡先进的经济和公共管理体系。新加坡是一个新兴市场国家，其经济管理模式被称为“国家资本主义”，政府在经济社会运行中的发挥着主导作用，形成具有新加坡特色的政府管理方式，包括城市规划、城市建设与管理、经济发展与管理、社会公共管理及保障机制和法律制度等。苏州工业园区建设借鉴新加坡先进的经济管理模式，使园区与国际经济接轨，为外资企业创造一个熟悉的投资环境，也为内资企业提供一个释放市场活力的场所。

引进国际资本。为了有效推动工业园区基础设施建设，中方财团与新加坡财团合资组建中新苏州工业园区开发有限公司，负责基础设施开发、项目管理、招商引资和咨询服务等业务。新加坡财团的主体是实力雄厚的政府控股公司，中国财团主要是中央、省、市十四家国有大企业组建而成的苏州工业园区股份有限公司。2000 年，依据《关于苏州工业园区发展有关事宜的谅解备忘录》，中新苏州工业园区开发有限公司就双方控股权数做了调整，新方财团股比由 65% 调整为 35%，中方财团股比由 35% 调整为 65%，中方财团成为园区开发有限公司的最大股东和园区运营管理的主体。为了吸引高技术产业企业，中新苏州工业园区在科学规划的基础上，不断优化投资环境；以中新联合招商的形式吸引国际产业资本；同时，苏州工业园区逐步与新加坡信息机构联网，充分利用新方既有的招商网络，借鉴新方的亲商态度，增强园区的吸引力。

双方政府推动。无论是在园区成立之初，还是在园区发展过程中，双方政府都发挥了重要的作用。园区从三个层面建立领导和工作机构：第一层面，由中新两国副总理担任主席组建中新双边合作联合协调理事会，主要负责园区的开发和新加坡经验借鉴等重大事项；第二层面，由苏州市政府和新加坡贸易与工业部的相关机构负责人组成中新双边合作工作委员会，代表理事会具体协商和解决园区发展遇到的重大问题；第三层面，由新加坡贸工部软件项目办公室和苏州工业园区借鉴新加坡经验办公室组成中新双边联络机构，负责日常联络工作。

2. 国际合作的创新。在双方合作框架基础上，苏州工业园区依据国际资本流动趋势、宏观经济环境的变化和园区转型升级的要求，设定科学目标，积极调整思路，大胆创新手段，在较短时间内，园区发展进入了大开发、大招商、大建设、大投入、大产出的跨越式发展的快车道，先后建成了国家电子信息产业基地、动漫产业园、集成电路产业园、创新服务园等企业集群，高科技产业和现代服务业迅速崛起，园区的自主创新能力不断提升，综合发展指数居国家级开发区前列，发展成为我国最具竞争力的开发区之一。苏州工业园区国际合作的创新发展主要表现在以下方面：

（1）科学规划。借鉴新加坡科学的城市规划体制，苏州工业园区本着先规划，后建设；先地下，后地上的发展程序，建立专家依法治区的规划管理体制，按照裕廊工业镇的标准，制定苏州工业园区总体规划。从概念规划、分区规划到控制性详细规划、重点地段城市设计、各类专项规划以及相配套的规划技术规定，苏州工业园区形成了一套完整的规划体系。经批准的园区总体规划至今未出现过任何原则性或结构性修改，确保了规划的延续性，避免了“拆了建，建了拆”的重复浪费；而且，高标准、高水准的环保理念和规划技术也引导和推动了园区的节能减排和清洁生产，苏州工业园区也因此率先成为我国首批国家生态工业示范园区。

（2）集群招商。发展初期，苏州工业园招商引资方式是政策招商，即依靠新加坡相关招商机构在全球各地的招商网络和客户资源，苏州工业园区获得了许多有价值的客户和项目信息，并通过“一站式”服务和税收优惠政策将它们吸引到园区。这种招商方式在产业集聚和园区发展方面产生显著的效果，园区逐渐形成了 IT 产业集群、生物医药产业集群、纳米城、动漫游戏产业群、光电新能源产业群等产业集群。而随着产业集群的发展壮大，苏州工业园区产生了显著的外部性，对国内外相关产业企业产生更大的吸引力。顺应这种形势，园区招商引资的重点转变为集群招商，即通过产业链招商，进一步提高产业集群的规模和外部性，以此吸引更多的企业落户园区。

（3）建设创新生态圈。苏州工业园区利用中新合作对外开放平台，聚集全球要素，不断提高人才、环境、制度的供给能力，打造开放创新生态圈，不断提高园区的自主创新能力。作为高技术产业园区，苏州工业园区一直坚持“科技第一生产力、人才第一资源”的理念，强化和优化产业基金运作机制，吸引国内外高端制造企业的研发中心入驻园区，支持有引领性、原创性、标志性成果的重大项目快速产业化，打造“研发+智能制造”的外向型经济新模式，构建国际化、开放型创新体系，引领着全国开发区转型升级和创新发展。

（4）建设高水平的对外合作平台。2015 年 10 月 13 日，国务院原则上同意《苏州工业园区开展开放创新综合试验总体方案》，同意在苏州工业园区开展开放创新综合试验，苏州工业园区先行先试，主动对接自由贸易试验区标准，通过建设更高水平的国际开放平台等措施，加快对外开放与合作的步伐。一是搭建中新金融创新合作平台。积极推进中新跨境人民币创新业务；二是建立国家级境外投资服务示范平台，为企业走出去提供全方位服务；三是搭建跨国公司技术转移平台，在国际技术转移、知识产权和众多科技服务领域提供高效服务。四是建设苏州跨境电子商务综合试验区线上公共平台，为跨境贸易企业提供“一点接入、一站式服务”。

（二）青岛中德生态工业园

青岛中德生态园是中国与德国合作建设的具有可持续发展示范意义的生态工业园区。该园区位于青岛经济技术开发区北部，规划面积 11.6 平方公里。园区坚持节能环保、循环经济发展的理念，依托德国先进的制造技术和环保标准，建设以高端智能机械制造和生产性服务业为核心，新能源、海洋和节能环保产业共同发展的现代生态产业体系，形成德国标准、国际特色、产城融合的生态工业园区。

1. 中德合作的基本机制。政府合作与推动。青岛中德生态园是在中国政府和德国政府联合推动下建设和发展起来的。2010 年 7 月 16 日，中国商务部和德国联邦经济技术部签署《关于共同支持建立中德生态园的谅解备忘录》，确定在中国青岛经济技术开发区内合作建立中德生态园。2011 年 11 月 21 日，青岛市人民政府办公厅印发《青岛中德生态园建设实施方案》，全面启动中德生态园建设。在开发建设园区过程中，中德政府分别采取切实有效的措施。为了提高园区开发效率，按照政府引导、市场化运作的开发建设原则，青岛经济技术开发区于 2011 年 11 月 8 日注册成立青岛中德生态园联合发展有限公司（2015 年 2 月 9 日，公司正式变更为中德联合集团有限公司），全面参与园区的规划设计、对外推广、招商服务、基础设施建设、园区运营管理等工作。为了协助德国企业顺利进入中德生态园和中国市场，2016 年 1 月 21 日由德国政府扶持建立青岛德国企业中心，为德国中小企业进入中国市场提供市场咨询、办公用房、商务会谈等全面服务。该中心是德国中心的重要组成部分，是国内规模最大、标准最高、功能最全的德国企业服务平台，最大入驻企业数量可达400余家。

采用德国生态标准。立足“生态、绿色、低碳、可持续”的发展理念，借鉴德国生态工业园区发展的经验，中德生态园在建筑、生产和生活等方面全方位推行德国的低碳发展方式，包括绿色建筑、清洁生产和幸福社区。在园区规划过程中，园区借鉴德国莱茵模式、德国DGNB认证体系及节能环保技术政策体系，制定了可量化的生态园区指标体系，其中包括经济优化、环境友好、资源节约和包容发展4类、34项指标，以及环境空气质量提升、园区智能化系统建设、海洋新兴产业发展优先、本地产业共生与配套完善、绿色设计理念推广、海洋文化特色突出6项引导性指标。园区制定的绿色生态标准具有系统性、领先性和示范性，对园区绿色生态建设起到引领作用。①

引进德国的资本和技术。为了充分利用德国的先进制造业，中德生态园采用“+德国+”的模式，在招商引资中重点引进德国的制造业资本和技术，形成鲜明的德国特色。“+德国+”模式分为“德国+”和“+德国”两个部分。其中，“德国+”是指吸引德国高端制造业企业入驻园区，引进对象主要是世界500强德国企业和“隐性冠军”企业（具有行业主导地位的企业）。目前，入驻园区的世界500强德国企业有德国西门子、德国大陆集团、庞巴迪、空客直升机4家企业。入驻园区的“隐性冠军”企业有辛北尔康普压机、德国高端润滑油、赛乐生物、欧博迈亚设计院等7家企业，中德生态园已经成为德国企业的聚集区。“+德国”是指引进德国先进的制造技术，实现德国技术中国制造。德国拥有强大的机械和装备制造业，由德国提出的“工业4.0”引领着世界智能制造业的发展。为了紧跟智能制造技术的发展，中德生态园于2015年2月9日成立青岛中德“工业4.0”推动联盟，联盟成员包括21个中德知名大学、企业和机构，涉及科研、制造、软件等“工业4.0”必备环节。除此之外，中德企业合作建立了西门子工业4.0创新中心、海尔工业智能研究院等机构，着力促进中国制造2025与德国工业4.0的密切结合，率先实现智能制造领域的创新。

---

① 刘雯：“国际合作园区的未来发展——来自中德生态园的启示”，《国际经济合作》，2013年第3期。

2. 中德国际合作的经验。可复制的生态发展模式。中德生态园是规划建设型工业园，从园区规划、基础设施建设、招商引资和园区管理都贯穿了可持续、低碳、循环经济发展理念，而且相关活动都有一定的生态标准或指标，由此形成一套完整的生态工业园发展模式，为其他生态园建设或工业园循环化改造提供了可推广、可复制的样板。园区先后被我国科技部授予“国家绿色制造国际创新园”，被住建部授予“国家绿色生态示范城区（低碳生态试点城镇）”，被国家能源局授予“全国首批新能源示范园区”。

鲜明的德国元素。中德生态园在建设过程中，园区充分依托德国先进的生态理念、完善的城市规划方法、高端的制造技术和丰富的制造业资本，形成鲜明的德国特色，使园区具有了独特的吸引力和强大的竞争力，也成为中外双边深度合作的典范。

宜居宜业的第四代园区。中德生态园不是单纯的工业园区，而是符合中国新型城镇化要求的宜居宜业的第四代园区。园区投入 30 多亿元建设“幸福社区”，社区全部按照绿色建筑标准建设，广泛应用三网融合、物联网、PLC 电力载波通信技术，为居民提供智慧生活服务。园区建有 56 栋多层住宅、中德文化交流广场、各类商业设施、全国一流的生态示范小学等，满足居民生活的各项需要。

二、中国境外经贸合作区

随着我国产业结构的转型升级，我国的一些传统产业开始向国外转移，其中一些企业参与境外经贸合作区的建设。2006 年，商务部公布了《境外中国经济贸易合作区的基本要求和申办程序》，规范和扶持企业与东道国共同建设工业园区、科技园区等经济贸易合作区，探索企业“走出去”的新模式。2015 年，国务院发布《关于推进国际产能和装备制造合作的指导意见》（国发〔2015〕30 号），提出创新商业运作模式，积极参与境外产业集聚区、经贸合作区、工业园区、经济特区等合作园区建设，营造基础设施相对完善、法律政策配套的具有集聚和辐射效应的良好投资环境，引导企业抱团出海、集群式“走出去”。境外经贸合作区不仅能够为本国企业提供稳定、可靠的海外发展基地，有助于共同抵御市场、政策风险；并且，还有利于形成贴近市场的产业链和产业集群，可降低企业海外投资经营成本。随着我国“一带一路”建设的推进，有更多的国家希望与我国共建经贸合作区，来增加当地的就业和税收，扩大出口创汇，提升技术水平，促进经济共同发展。截至 2016 年年底，中国企业在 36 个国家建设经贸合作区 77 个，其中 56 个分布在“一带一路”沿线国家。巴基斯坦海尔——鲁巴经济区是中国商务部批准建设的首个中国境外经济贸易合作区，中国白俄罗斯巨石工业园是目前面积最大、合作层次最高的境外经贸合作区。

（一）中白工业园

中白工业园（中白巨石工业园）位于白俄罗斯明斯克州斯莫列维奇区，距首都明斯克 25 公里，规划面积 91.5 平方公里，分三期滚动进行建设。一期首发区的交通路网及“七通一平”已经完成，厂房、办公设施、基础设施等已经投入使用。中白工业园区的产业定位是电子信息、机械制造、精细化工、新材料、生物医药、仓储物流。截至 2016 年年底，来自中国、奥地利、立陶宛、美国和白俄罗斯的 34 家企业入驻园区，其中，包括 18 家中国企业，它们是中国招商局集团、潍柴集团、中联重科、中信重工、中航工业、华为、中兴通讯、中国一拖集团、广东亚一半导体应用科技有限公司、惠州沣元半导体有限公司、惠州超频三光电科技有限公司、中国电子科技集团公司第三十八研究所等。中白工业园区是中国在海外开发的面积最大、合作层次最高的境外经贸合作区，入驻园区的企业不仅可以享受便利的交通、廉价的运输成本，而且可以避免国内产品出口面临的一系列贸易壁垒，能够便利地进入俄白哈关税同盟和统一经济体（俄罗斯、白俄罗斯和哈萨克斯坦）市场。

1. 合作机制。中白工业园是在中国和白俄罗斯两国元首倡导和推动下建设形成的国际合作园区，也是我国“一带一路”国际产业转移战略中最具有前景的项目之一。中白工业园是一个规划建设型工业园区，政府在园区建设中发挥了重要的推动作用。园区实行三级管理架构，中白政府间协调委员会是园区最高管理协调机构，中白工业园区管委会是园区行政管理部门，中白工业园区开发股份有限公司是园区开发运营主体。

（1）中白工业园政府间协调委员会。2010 年 10 月，白俄罗斯总统卢卡申科访华期间，中工国际与白俄罗斯经济部签署《关于在白俄罗斯共和国境内建立中国—白俄罗斯工业园区的合作协议》，达成共同开发工业园区的意向；2011 年 9 月，中国和白俄罗斯共同签署《中华人民共和国与白俄罗斯共和国关于中白工业园的协定》，开始启动园区建设。为了充分发挥政府在园区建设中的协调作用，由两国政府部门组建中白政府间协调委员会统筹推进中白工业园事务。2012 年 10 月 31 日，中白工业园政府间协调委员会召开首次会议。2014 年 9 月 28 日，张高丽副总理访问白俄罗斯，双方商定由中国商务部与白俄罗斯经济部共同牵头成立中白工业园协调工作组，共同协商解决园区融资、市场准入、税收、运营管理等问题。同时，根据园区发展的不同阶段的任务和要求，扎实完成各时间节点的既定目标。

（2）中白工业园区管委会。中白工业园的管理承袭了我国工业园区管理制度，实行园区管理委员会制度。白俄罗斯政府专门成立中白工业园管理委员会，授权中白工业园区管委会代表白俄罗斯政府对工业园区进行直接管理。园区管委会的主要活动目标是创造条件吸引外国和本国投资、组织和发展高技术和具有竞争力行业的生产活动，在园区创造额外就业岗位以促进白俄罗斯共和国的社会经济发展。中白工业园区管委会为入驻企业提供“一站式”高效服务体系，全部审批在园区内完成，提供投资洽谈、公司注册、项目准入、土地过户、报建审批、联合验收、进出口审批、优惠政策审批等全过程服务。

（3）中白工业园区开发股份有限公司。2012 年 8 月 27 日，中白工业园区开发股份有限公司成立，中白工业园项目正式启动。公司由中白双方股东共同出资组建，注册资本金为 1000 万美元，其中包括中国机械工业集团有限公司、招商局集团、中工国际工程股份有限公司、哈尔滨投资集团在内的中方股东持股 68%，包括明斯克州政府、白俄罗斯地平线公司等在内的白方股东持股 32%。中白工业园区开发股份有限公司主要负责园区土地开发、招商引资和经营管理。兼具丰富资本和开发经验的大型央企主导开发工业园区能有效提高园区运营的效率。招商局集团有较丰富的园区运营经验，曾主导开发运营蛇口工业区，正在建设漳州开发区；中国工业机械集团在海外工程承包、建设方面具有先进的技术支撑和丰富的经验。

2. 合作模式面临的挑战。

（1）开发公司的运营效率。一方面，中白工业园区开发股份有限公司不具备政府职能，很难快速整合、调配政府和当地经济社会资源，无法控制管委会的服务效率，从而会影响整体开发节奏和效果。公司经营面临的挑战要远大于在中国国内。另一方面，园区管理委员会为了吸引企业入园要求开发公司不考虑土地开发成本，要以极低的价格出租土地或提供其他生产要素，势必会导致公司利润损失甚至是短期亏损。

（2）园区的集群化进程。中白工业园对所有国家和伙伴都是开放的，该项目从建设伊始就注重不为任何一方设立合作限制和障碍。为了吸引更多的企业，白俄罗斯政府为入园企业制订了前10年免税、后10年税收减半、土地使用权可达99年等优惠政策；中国政府也为入园企业提供了相应的贷款优惠政策，并在中国各地举行中白工业园投资推介会，以此吸引更多的企业。但从目前情况来看，入园的企业多数是中国企业，白俄罗斯企业入园的积极性并不高，美国、德国等国家的企业虽有愿望入园，但仍然处于观望状态，园区集群式发展正遭遇一个瓶颈期。究其原因主要表现在以下几个方面：一是与欧洲国家相比，中白工业园的投资环境并不具有明显的优势；二是白俄罗斯的市场潜力并不大；三是白俄罗斯的市场体系处于发育阶段，金融、保险服务业并不发达；四是园区也面临着东道国内部派系斗争以及政局变化带来的政策和法律风险。

(3)“走出去”企业的适应。中白工业园的建设为我国开展国际产业转移搭建了一个全新的发展平台，也为我国企业走出去提供了一个重要的途径。但是，我国“走出去”企业往往对国外政治制度、经济体制、政策法律、语言文化不熟悉、不适应，面临着行业标准差异、外汇管制、汇率波动等诸多困难。而且，我国的这些跨国公司还可能遭受白俄罗斯同行业竞争保护性措施的打压。

（二）海尔——鲁巴经济区

海尔——鲁巴经济区建设于2006年，是中国商务部批准建设的首个“中国境外经济贸易合作区”，也是巴政府批准建设的巴基斯坦中国经济特区。海尔——鲁巴经济区位于巴基斯坦旁遮普省首府拉合尔市，规划面积2.33平方公里，计划投资1.29亿美元。它是一个专门生产和经营家电的专业化园区，主导生产海尔品牌的电冰箱、洗衣机、空调器等产品，

1. 国际合作的机制。两国政府推动。海尔——鲁巴经济区是在两国政府推动下，以海尔集团为主导形成的国际经贸合作园区。2001年海尔集团与巴基斯坦鲁巴集团合资建立海尔工业园。2006年海尔集团响应国家“走出去”战略，提出在海尔工业园基础上建设海尔——鲁巴经济区，并中标中国商务部组织的支持有实力企业到境外创建经济贸易合作区的招标项目，得到商务部的支持。当时时任国家主席胡景涛、巴基斯坦总理阿齐兹共同为经济区揭牌。在园区筹建过程中，巴基斯坦政府成立了对华招商小组，举行投资贸易推介会，并采取投资、关税等一系列优惠政策吸引中国企业的投资。

股份合作开发模式：海尔——鲁巴经济区由中国海尔集团与巴基斯坦鲁巴集团合资建设的海尔——鲁巴经济区开发公司开发经营，中巴股比为55:45。海尔集团是中国知名的家电制造商，拥有高品质冰箱、空调、洗衣机、冷柜、平板电视和手机等生产能力；鲁巴集团是巴基斯坦大型企业集团，拥有该国最大的家电营销网络和政府资源。海尔集团与鲁巴集团的合作充分发挥了各自的优势，实现互利共赢。

高度自由的投资政策：巴政府实施高度自由的投资政策，所有投资领域向外资开放，国内外企业政策一致且稳定，所有项目相关的资本、收益、利润、红利等汇出均获允许。自由的投资政策、优惠的税收政策和“一站式”服务吸引了大量的外商直接投资；借助中巴国际合作，该区引进了大量中国投资与产业，主要产业包括家电制造、拖拉机生产、电子通信及房地产等，如中兴通讯股份有限公司（电信设备）、山东时风（集团）有限责任公司（拖拉机）、华为技术有限公司（电信设备）、珠海格力集团有限公司（空调）和厦门金龙汽车集团股份有限公司（客车）等。

2. 本土化创新。2002 年，海尔集团的家电产品刚刚进入巴基斯坦市场时，品牌认知度不高，市场份额很小。随后，海尔公司实施本土化创新，开展了供应商本土化、产品性能本土化和企业文化融合，园区、企业和产品成功地融入巴基斯坦的经济、社会活动中，海尔成为当地最受欢迎的家电品牌之一和巴基斯坦家电行业的引领品牌①。

产品本土化设计。为了打开巴基斯坦家电市场，海尔集团结合当地自然、经济和社会特点，开展产品本土化创新，开发出适用于洗涤长袍、毛毯的洗衣机；为适应停电、电压不稳而开发出具有停电补偿功能的空调、宽电压带冰箱等产品。随着经济区生产能力的不断扩大，海尔集团将开拓南亚、中东和非洲市场，针对不同市场的产品本土化创新正在进行。

采购本地化配套。建园初期，园区家电制造业的本地化配套率很低，大部分供应商来自中国和其他国家。随着园区发展和海尔品牌认知度提高，围绕海尔集团逐渐发展了一批本地供应商，有效带动了巴基斯坦的家电制造体系。目前，海尔集团的本地化配套率已经达到 50% 以上，提供的配套零部件包括注塑、钣金、EBS 包装衬垫、蘸塑和密封条等。2006 年，海尔集团被巴基斯坦总统授予“最佳社会贡献奖”。

---

① 邱文敏、海尔：“从美国到南亚的前进之旅”，《大经贸》，2007 年第 1 期，第 17—19 页。

文化本土化融合。与中国文化不同，巴基斯坦居民的文化习俗、饮食起居深受宗教的影响，国语为乌尔都语，官方语言为英语。在尊重和适应当地文化和生活习惯的基础上，海尔集团与当地社区居民建立了有效的沟通机制，不断融入当地的生产体系和社会生活，寻求社会认同与信任。经过近 20 年的发展，海尔集团已经在巴基斯坦树立起良好的企业形象，海尔品牌获得了极高品牌忠诚度，为中国企业和产品融入巴基斯坦奠定了基础。

三、“两国双园”发展模式

“两国双园”是指双边合作国家同步在两国互设工业园区，合作开发与建设的国际合作模式。中国与马来西亚首先开启了“两国双园”国际合作模式，两国政府共同签署了共建中马钦州产业园项目协定（2011）和关于马中关丹产业园合作的协定（2012），开始同步、合作建设中国钦州产业园和马来西亚关丹产业园。其中，中马钦州产业园位于我国广西壮族自治区钦州市，毗邻钦州港，规划面积 55 平方公里，一期启动区（7.87 平方公里）的基础设施建设已经基本完成，具备生产和生活服务配套能力，成功引进高端装备制造、电子信息以及生物医药等领域的 40 多个项目，已经形成产业集聚态势；马中关丹产业园位于马来西亚彭亨州关丹市，临近关丹港，规划一期面积 6.07 平方公里，正在进行基础设施建设，联合钢铁（大马）集团 350 万吨钢铁项目已经入驻，广西仲礼企业集团陶瓷项目、广西投资集团铝型材项目等 10 个项目已经签约。

（一）国际合作模式

1. 政府推动。为解决园区建设中遇到的问题，两国政府成立“两国双园”联合合作理事会，建立定期会晤协商的合作机制，并设立国际产业合作基金。目前，理事会已经分别在中国北京（2014）、马来西亚吉隆坡（2015）、中国广西钦州（2016）召开 3 次会议，分别就理事会架构、发展计划和国际产能合作区等重大问题进行协商。双方计划在 2019 年举办理事会第四次会议。而且，两国政府还在政策和资金上支持园区建设。中国政府和广西壮族自治区政府在资金、土地及项目等方面给予大力支持，中国政府在贸易自由化、科技成果转化、金融改革、海关特殊监管、人才特区、土地管理改革六个方面给予政策支持，钦州市政府成立了园区管理委员会，各级政府已经累计向中马钦州工业园区投入资金30亿元人民币；马来西亚政府给予园区企业税收减免等一系列优惠政策，已经累计向马中关丹产业园投入9亿元马币。

2. 股份合作建设。“两国双园”由中国企业与马来西亚企业共同投资、联合建设。其中，我国的广西北部湾国际港务集团、钦州市开发投资有限公司与马来西亚的实达集团、常青集团等企业合资成立关丹产业园有限公司，负责关丹产业园的投资、开发建设和运营。该公司的股比为中方占49%，马方占51%。我国的广西中马钦州产业园区投资控股集团有限公司、广西北部湾国际港务集团与马来西亚常青集团、实达集团合资组建广西中马钦州产业园区开发有限公司，负责钦州产业园总体开发建设及运营。该公司的股比为中方占49%，马方占51%。

3. 联合招商。两国政府充分发挥各自的影响力和社会网络资源，分别在中国和马来西亚举行“两国双园”推介会，宣传园区，开展联合招商。推介会由中马双方联合举办，参加的机构主要有马来西亚贸工部、中国广西壮族自治区人民政府、马来西亚东海岸经济发展理事会、马来西亚彭亨州政府等。目前，“两国双园”推介会已经分别在南宁（2015）、吉隆坡（2016）举办二届。

4. 海上互联互通。两国政府实施海上互联互通战略，加强在物流、通关、货币结算等方面的合作，促进两个园区的互动发展。在物流方面，广西钦州港与马来西亚关丹港集装箱国际直航班轮航线于2015年2月开通，使两地通航的时间由原来的10天缩短至4天，提高了交通的便捷程度；在通关便利化方面，两国政府致力于推动“两国一检”通关模式，即在两国指定的口岸，对于本国出口到对方国家的货物和对方出口到本国的货物只进行“一次查验、一次放行”的通关模式。两国政府计划选择钦州港和关丹港作为试点口岸，对“两国双园”重点企业、特定商品探讨试行“两国一检”。在货币结算等跨境金融合作方面，中国银行、建设银行已经在马来西亚开设分行，两国企业将可以更多地使用人民币开展贸易和投资。

5. 产能合作。“两国双园”是中马两国产业和技术国际合作的重要平台。马中关丹产业园是我国重工业产能转移目的地，而中马钦州产业园也将成为马来西亚轻工产品拓展中国市场的重要基地。马中关丹产业园吸引了大批中国企业入驻，钢铁、陶瓷、铝型材加工、装备制造等项目签约马中关丹产业园区。借助两国签署《马来西亚输华毛燕的检验检疫和兽医卫生条件议定书》契机，中马钦州产业园区推动燕窝生产跨国产业链建设，形成集燕窝进口、检测、交易、加工、研究、检验等功能于一体的全产业链集群式发展平台。同时，双方还在草药研究与开发、燕窝加工贸易产业发展、橡胶与棕榈油深加工、清真食品开发等领域联合研发和创新，并建立了马来西亚中小企业集聚区、中马国际科技园、马来西亚创新城等“园中园”。

（二）问题与对策

“两国双园”开启了园区国际合作的新模式，推动了中马之间投资、贸易的便利化程度，加强了两国之间的产能合作。但是，“两国双园”模式并不成熟，双方合作还存在问题和缺陷，需要在实践中不断加以完善。

1. 产能合作处于较低水平。在工业基础和科技水平等方面，广西壮族自治区与马来西亚相当，双方产业结构相似，梯度产业转移和产能合作的空间有限。从目前状况来看，入驻和签约马中关丹产业园的多为中国重工业项目，但园区面积较小，产能输出的规模有限；中马钦州产业园的定位是高科技产业园区，而马来西亚在装备制造、电子信息等领域缺乏技术优势，因而只能在燕窝、清真食品、棕榈油、橡胶等生产领域开展合作，与园区定位存在差异。未来，“两国双园”要适当调整各自园区定位，积极探索传统产业内分工与协作，开展生物技术和新医药等领域的联合攻关，不断寻求产能合作的新途径，打造中国—东盟产业合作先导区。

2. 自由贸易功能薄弱。投资贸易便利化是推动“两国双园”建设的重要手段。两国一直探索投资、贸易便利化的方式，如“两国一检”、跨境金融、负面清单管理等，但是这些自由贸易化方式还仅仅停留在规划和计划层面，没有重大的实质性突破，双方贸易的限制性因素较多，不利于“两国双园”之间的合作。未来，中马双方应务实合作，制定贸易便利化的时间表和路线图，以“两国一检”、跨境电子商务为突破，加快推进贸易便利化进程，打造中国—东盟自贸区升级版。

3. 缺乏日常沟通机制。目前，“两国双园”合作建设的协调机制主要依靠“两国双园”联合合作理事会大会，其他制度化的交流机制并不完善，特别是缺乏日常沟通机制，例如互设联络处、“两国双园”信息平台、人文交流项目等。由于双方信息不对称，我国想要“走出去”的企业难以获得马来西亚的最新市场信息和政策变化，“走出去”的企业也难以融入当地的社会生活。未来，双方要建立两个园区间的日常沟通机制，建设中国—东盟港口物流信息中心，组织开展多层次的文化交流活动，加快钦州港、关丹港之间互联互通，打造睦邻友好示范区。

四、中外合作工业园的经验与启示

随着经济全球化的推进，国与国之间的交流与合作日渐频繁，国际合作也将发展成为现代工业园区发展的主要方式。中外合作工业园的发展经验和教训对我国生态工业园区的国际合作具有重要的参考价值和指导意义。

（一）国际合作的机制

1. 政府间的国际合作。国际合作工业园区打破了国与国之间的界限，双边或多边政府本着资源互补、互利共赢的原则，充分利用政府的政治影响和协调能力，联合推动工业园区的建设和发展。园区由双方国家政府通过外交事宜确立，双方通过签订合作协议和谅解备忘录就园区的建设达成共识，并定期就园区发展的重大事项或问题进行协调。政府合作的主要方式有：政府领导人的访问与会晤、政府间协调委员会及其下设的园区协调工作组。

2. 园区间的国际交流。中外合作工业园区的合作初衷在于国家间相互学习和借鉴园区发展的理念和经验，如园区的运营模式、管理体制，技术创新体系，园区规划建设方法、项目及人才引，以及工业园区发展的趋势及面临的挑战等。同时，通过园区的国际交流，也可以探讨解决园区发展中的共性问题，寻求园区之间的合作机会。中外园区间国际交流的主体是园区管理机构负责人和管理人员，交流的方式主要有：国际工业园区发展论坛、工业园区国际博览会、园区项目推介会、园区间人员的交流互访等。

3. 企业间的国际联合。从园区运营到技术创新等方面，中外合作工业园区中企业国际合作方式多种多样。在园区运营方面，各国企业之间通过共同筹资建设园区开发股份有限公司，负责园区的土地开发、基础设施建设及其运营等业务；在技术创新方面，各国企业间通过联合建设实验室、研究中心等方式开展新产品、新工艺的联合攻关；在产业配套方面，各国企业通过供应链管理或者产业共生网络形成比较稳定的投入产出关联。

（二）国际交流的平台

为了推进国际合作，中外合作工业园区都积极创设各类国际交流平台。其一，定期交流机制。由于体制机制、政策法律以及文化背景存在差异，中外园区发展面临一系列重大问题需要及时解决。为此，国际合作的政府间、园区间以及企业间要定期进行交流，商讨出现的问题及其对策。其二，中外智库平台。园区聘请具有丰富经验或社会声誉的专业人士担任园区顾问，分析和解决国际间政策、法律的差异及调整修正策略，探讨园区的发展战略和管理制度。其三，双边、多边工商合作机制。国际多边、双边工商合作机制是企业国际合作与竞争的重要平台，是企业间信息交流、技术合作的重要依托，其主要形式包括工商理事会、行业协会、园区战略联盟、外国企业服务中心等。其四，风险预警与争端解决机制。国际合作过程中，企业会遇到政治、经济、法律、军事等一系列问题，并可能给企业带来市场风险。为有效规避这些风险，园区就需要建立一套完善的预警机制，发布安全预警信息，防患于未然；同时，园区也要不断完善法律服务体系，合理解决企业间的国际经济纠纷。

（三）国际合作的政治文化氛围

政治、文化因素是影响工业园区国际合作的重要因素，建立友好的国际政治关系、推动丰富多彩的国际文化交流有助于推动工业园区国际合作的进程。在政治因素方面，参与工业园区建设的各方政府要持续增进政治互信，不断加大相互支持的力度，构建互利共赢的新型国际关系，推动国际产业转移、技术交流与合作。在文化氛围方面，园区要积极推动国家之间的文化交流，构建多形式、多层次的文化交流平台和机制，通过文化了解和认同增进相互信任，进而减少经济、技术贸易摩擦。如苏州工业园区的“新加坡文化周”活动、中白工业园的“中国文化日”活动、中德生态园的足球培训基地等。

第八章

我国生态工业园区的产城融合研究

与其他产业园区相似，生态工业园也是一个功能单一的生产型单元。生态工业园区在推动经济发展和资源循环利用方面发挥着重要作用，成为我国产业园区可持续发展的推广模式。但是，随着生态工业园区工业结构升级和人口集聚，现代服务业的供给出现短缺。为此，功能单一的生态工业园区必须按照产城融合的理念，加快发展生产和生活性服务业，进一步提升城市服务功能，向生态型产业新城转型。

第一节　生态工业园区产城融合的条件

2015 年 7 月 6 日，国家发展和改革委员会发布的《关于开展产城融合示范区建设有关工作的通知》指出，产城融合示范区是指依托现有产业园区，在促进产业集聚、加快产业发展的同时，顺应发展规律，因势利导，按照产城融合发展的理念，加快产业园区从单一的生产型园区经济向综合型城市经济转型，为新型城镇化探索路径，发挥先行先试和示范带动作用，经过努力，该区域能够发展成为产业发展基础较好、城市服务功能完善、边界相对明晰的城市综合功能区。产城融合的实质是产业集聚到一定程度后，产业园区加快人口集聚、提升城市功能的过程。在我国，生态工业园区是产业园区产城融合的首选单元，是新型城镇化的前沿阵地。它不仅具有发达的制造业作支撑，而且循环经济与可持续发展也创造了优美的生态环境，对人口、技术、资本等生产要素集聚产生强大的吸引力。

一、生产性服务业的发育

生态工业园区的基本特点是资源与能源的循环利用。为了推进循环经济的发展，各生态工业园区都积极培育产业共生系统，延长园区的生态产业链，从而推动了园区专业化分工，进而诱发和促进了生产性服务业的发展。按照迂回生产理论，随着园区分工的细化和深化，生产的迂回程度加强，一些生产性服务业务单元分离出来，独立发展成为生产性服务业。从产业发展的需求拉动来看，随着产业链的延伸，园区集聚的企业数量不断增加，生产性服务的需求也随之上升，园区对生产性服务企业的吸引力也逐渐增强。在苏州工业园、天津经济技术开发区、大连经济技术开发区等国家级生态工业示范园区，物流业、金融业、保险业、商务服务、信息服务等服务业已经形成一定规模，为制造业转型升级和提升城市功能奠定了基础。

二、可持续发展的产业支撑

作为生产型单元，生态工业园区不仅意味着绿色环保，而且还是区域经济发展的增长极。除静脉产业园区外，综合类产业园、行业类产业园等生态工业园都是企业集聚程度较高的区域，具有要素集聚程度高、产业规模大、扩散与带动效应强的特征；而且，园区能够提供大量的就业岗位，为园区城镇化提供了坚实的产业支撑。与传统产业园区相比，生态工业园区的产业符合生态环保和新型工业化的要求，具有可持续发展的能力，为园区城镇化进程提供持续的动力源泉。可持续发展的能力主要表现在以下几个方面：一是企业的清洁生产水平高，环境污染小；二是园区的生态产业链较长，资源循环利用率高；三是园区生态化管理制度较为完善，环境治理手段先进。

三、生态系统服务的吸引力

自然生态环境能够为人类经济活动提供所需的资源（矿物、水、土地、生物资源以及太阳能），为生命活动提供赖以生存的环境和条件，能够消纳和吸收生产和生活排放的废弃物。基于自然生态环境的作用，1995 年世界银行发布《世界银行制定新的国家财富计算法》，从自然资本、人造资本、人力资本和社会资本四个方面统计和衡量一个国家和地区财富的净增长。之后，世界银行指标与环境评估小组对国家财富的计量方法进行了细化和修正。自然资本显示，自然生态系统具有向人类提供经济资源，以及维持良好的生物生存环境的功能（生态系统服务）。按照生态经济学的观点，经济系统是全球生态系统的子系统，它把低熵的资源转化为人造产品，并把高熵的废弃物排放到自然生态系统。随着经济的增长，生产规模不断扩大，全球生态系统从“空的世界”向“满的世界”发展，而自然资本却在不断减少，生态系统服务功能也在不断下降，自然资本及其提供的生态系统服务的稀缺性程度提高，并成为经济社会发展的限制性因素。[①] 特别是对于电子信息等高科技产业，优美的生态环境已经成为企业布局的指向性因素。

与传统产业园区相比，生态工业园区依据循环经济发展理念，建立资源—产品—废弃物—再循环的发展模式，资源产出率高、环境污染小，形成明显的生态环境优势，具有较高的生态系统服务功能，从而对人口、产业产生更强的吸引力，有利于促进园区人口与产业的集聚，推动园区的新型城镇化进程。

第二节　我国生态工业园区产城融合的运营机制分析

产城融合是一个复杂的系统工程，不仅涉及多样化的建设项目和大量投资，而且还面临企业生产、居民生活以及政府管理之间的矛盾和冲突。因此，选择合适的投资主体、构建科学合理的运营机制是确保产业园区可持续发展的重要条件。在我国产业园区的开发以及产城融合实践中，所在地政府和管委会承担了更多、更重要的职能，甚至成为开发主体。其中，上海市漕河泾新兴技术开发区发展总公司是政府开发模式的典型。近年来，大型国有企业、民营企业参与园区建设的趋势不断增强，大型国有企业开发模式和公私合作伙伴关系模式受到社会关注并得到政府的推广。苏州工业园区邻里中心发展有限公司和固安工业园区 PPP 项目的经验值得分享。

---

① 赫尔曼·戴利、乔舒亚·法利：《生态经济学：原理和应用（第二版）》，中国人民大学出版社 2004 年版，第 97 - 102 页。

一、政府主导开发模式

政府主导开发模式即由政府出资成立，并授权地方政府或园区管委会行使出资者权利的园区开发公司作为园区基础设施的开发主体，统筹资金筹措、规划制定、征地拆迁、项目审批、基础设施建设及运营等园区等系列工作，并享有土地开发的所有收益的开发模式。这种模式具有集中统一、权威性高、规划性强、形成周期短等优势。但是，也存在市场活力不足、政企不分等问题。由于政府拥有相对较多的地区资源优势及强大的财政依托，因此早期的园区多数采取政府主导开发模式。其中，上海漕河泾新兴技术开发区总公司具有典型意义。

上海市漕河泾新兴技术开发区是1988年经国务院批准设立的国家级经济技术开发区。多年来，开发区始终坚持“人与自然和谐共生”的发展理念，从“园区、产业、企业、社会、文化”五个层面全力推进循环经济发展，2013年1月，正式被国家生态环境部、商务部、科技部批准命名为“国家生态工业示范园区”。在开发和运营方面，园区实行人大立法、政府管理、市场化运作的管理模式，园区不设园区管理委员会，由上海市人民政府全面领导漕河泾开发区的建设和发展；市、区两级政府各职能委、办、局在开发区内行使各自的职权；政府出资成立上海市漕河泾新兴技术开发区总公司（国有有限责任公司），具体负责漕河泾开发区的开发、建设、经营、管理和服务。在生产性服务业方面，开发区总公司规划建设了现代服务业集聚区，包括总部经济区，孵化创新区，研发设计区，综合配套区，商贸服务区，会议中心、能源中心及中央控制区“六大功能区”。在生活性服务业方面，开发区总公司在浦江高科技园的中心区域规划建设面积为1.3平方公里的生活配套区，主要包括低密度住宅、酒店、学校、医院和购物中心等商业设施，使园区真正成为产城一体化的绿色科技新城。

二、大型国有企业开发模式

大型国有企业开发模式是由具有资本和运营实力的大型国有企业或混合所有制企业作为园区基础设施开发的主体，负责实施园区规划，并提供相应服务的开发模式。在这种模式下，政府提供土地资源、制定税收等优惠政策，并派出园区管委会负责行政管理事务；大型国有企业或混合所有制企业负责园区土地开发建设、招商引资以及提供基础设施服务等。这种模式在一定程度上避免了政企不分的问题，有效提升了市场活力；但是，在园区开发过程中，管委会与国有企业之间在园区发展目标、招商引资项目、政策运用、运营机制等方面的分歧与协调成本较高。国有企业开发模式是我国生态工业园开发建设常用的一种方式，其中苏州工业园区的经验值得借鉴。

苏州工业园区是国家级经济技术开发区（1994 年），也是国家生态工业示范园区（2008 年），该园区探索了一条集科技创新、经济循环、资源节约、环境友好为一体的新型工业化发展之路。苏州工业园区土地一级开发和二级开发都采用了国有企业开发模式。苏州工业园区土地一级开发的主体是中新苏州工业园区开发有限公司（CSSD），它是由中新双方财团组成，注册资本 5000 万元，其中新方财团占比为 65%，中方财团占比为 35%。中方财团（苏州工业园区股份有限公司）由中粮、中远、中化、华能等 14 家大型国有企业出资组建。2001 年 1 月，中、新双方在合资公司的股份从原来的 35% 和 65% 调整为 65% 和 35%，中方成为大股东并承担管理权。2005 年 8 月，公司完成增资扩股工作，新增 3 家股东：港华投资有限公司、新工集团私人有限公司、苏州新区高新技术产业股份有限公司。园区二级土地开发也主要以国有企业为主体，其中社区商业开发的主体是苏州工业园区邻里中心发展有限公司。该公司成立于 1997 年，主要提供社区综合商业服务，两大股东分别是新建元控股集团（占比 80.47%）和苏州工业园区股份有限公司（占比 19.53%），均为国有企业性质。该公司借鉴新加坡商业开发经验，结合中国特色，以购地自建、合作开发、租赁经营和委托管理等方式，在苏州工业园区建设了 18 个邻里中心，为附近居民提供餐饮、购物、休闲、娱乐、文化、体育、卫生、教育等"一站式"服务，使园区生产和生活交叉融合，打造出中国社区商业开发的知名品牌①。

三、公私合作伙伴关系模式

公私合作伙伴关系，即政府和社会资本合作模式（Public - Private Part-

① 李炅之、王梦珂、何丹："社区商业模式选择的思考——以苏州工业园区邻里中心为例"，《世界地理研究》，2010 年第 4 期，第 139 - 143 页。

nership，PPP），它是由专业化的社会资本（非国有资本）承担园区设计、建设、运营、维护基础设施的大部分工作，并通过“使用者付费”及必要的“政府付费”获得合理投资回报的市场化运作模式。在这种模式中，政府部门负责基础设施及公共服务价格和质量监管，以保证公共利益最大化。政府与社会资本合作的方式包括建设—运营—移交（BOT）、转让—运营—移交（TOT）和建设—拥有—运营（BOO）等①。其中，建设—运营—移交的具体操作流程是政府与社会资本方签订合作协议，投资方成立园区开发项目公司，并基于园区发展全生命周期向地方政府提供产业新城发展规划；规划获批后，项目公司在规划区域内整理土地、开展道路、供电、供水、供气以及学校、医院、公园等基础设施和公共设施的建设；产业投资环境基本形成后，项目公司通过招商引资等措施吸引企业落户，进而集聚人口、开发地产、提升城市服务功能；协议到期后，项目公司将产业新城的各类设施移交给当地政府。园区开发与新城建设的 PPP 模式把新城建设与企业利润相结合，有效调动了社会资本的积极性；而且，项目公司的开发立足于新城整体和中长期发展，使政府目标与企业收益相一致，形成激励相容机制，确保了园区开发效率。在 PPP 模式中，资本方承受着巨大的风险，包括来自政府官员变更可能带来的产业政策变化、融资过程中可能遇到的问题以及市场波动对投资回收周期的影响等。2015 年开始，针对各地普遍反映的推进 PPP 项目中存在的问题和指导要求，国家发展和改革委员会选取具有一定代表性、示范性的 PPP 项目案例，在门户网站公开发布，供有关方面参考借鉴。其中，固安工业园区新型城镇化项目入选国家发展和改革委员会 PPP 项目库。

固安工业园区位于河北省廊坊市固安县，是经河北省政府批准的省级开发区。2002 年，为了改变落后的经济社会面貌，固安县采用政府和社会资本合作模式，引入华夏幸福基业股份有限公司投资、开发、建设、运营固安工业园区。2006 年，华夏幸福与固安工业园区管委会签署了委托期限为 50 年的《河北省固安工业园区基础设施委托开发协议》《河北省固安工业园区综合服务协议》及其他委托开发协议，采用 BOT 方式全面加快“产业高度聚集、城市功能完善、生态环境优美”产业新城的建设步伐。为此，华夏幸福公司注资成立三浦威特园区建设发展有限公司，为固安工业园区投资、建设、开发、

---

① 贾康、孙洁：“公司伙伴关系 PPP 的概念、起源、特征与功能”，《财政研究》，2009 年第 10 期，第 7 - 9 页。

运营提供一揽子公共产品和服务，包括土地整理、基础设施建设、公共设施建设、产业发展服务，以及咨询、运营服务等。截至2014年华夏幸福公司在固安工业园区内累计投资超过160亿元，园区基础设施建设日渐完善，入驻企业不断增加，经济持续增长。随着产业发展，人口集聚程度提高，城市住宅和城市公共服务的需求持续上升，刺激和促进了房地产业和社区商业的发展，中央公园、水系生态景观、创业大厦、商务酒店、人才家园等一批高端配套设施建成，形成产业与城市交融、互动的良性循环。

第三节　我国生态工业园区产城融合的空间布局模式

空间布局是生态工业园区新型城镇化的重要组织形式，是产业新城持续发展的基本保障。产业新城空间布局需要从外部空间结构与内部空间结构两个层面加以考虑：从外部空间结构来看，产业新城是所在区域城镇体系的组成部分，必须处理好与中心城区的关系，把产业新城的建设和布局与中心城区的延伸，以及区域城市化有机集合起来，构建联系紧密、功能协调的新型格局；从内部空间结构来看，产业新城是产城融合的新型城镇，必须充分考虑生产空间、生活空间、生态空间之间的关系，构建新型的商业中心体系。

一、产业新城与中心城区的衔接

基于土地价格、环境保护以及交通运输等因素，工业园区一般位于城市郊区或城市边缘。建设初期，工业园区与中心城区之间开始建立交通、商贸联系，但是交通的通达程度较低、商贸联系比较松散、合作的平台也较少。随着工业园区企业和人口的集聚，工业园区与中心城市之间商品、服务、技术以及人口的流动需求不断增加，但却遭遇交通不便、管理机制不同、服务项目差异等区域性分割，阻碍着区域资源的流动，制约着工业园区新型城镇化的进程。因此，生态工业园区新型城镇化的重要任务之一是加强产业新城与中心城区的衔接，逐步实现基础设施的互联互通和社会基本公共服务的均等化。

（一）基础设施的互联互通

交通网络、能源网络和信息网络是产业新城与中心城区基础设施互联互通的重点。在交通网络方面，要进一步加强产业新城与中心城区的交通基础设施的衔接，具有地铁、轻轨、磁悬浮等轨道交通的中心城市要推进其线路向产业新城延伸；不具备发展轨道交通的中心城市，要在产业新城沿线发展快速路或高速路，并推行交通服务一体化管理，从而有效提高运输效率，降低运输时间，消除空间距离对生产要素流动产生的阻滞。在电力、煤气、燃气、热力等能源网络建设方面，产业新城与中心城区要取长补短、协调发展。一方面，产业新城要依托中心城市的能源供给和能源服务，确保产业活动与居民生活；另一方面，中心城市要充分利用工业园区产生的余热、煤气或电力，作为重要的补充或来源。在信息服务平台方面，中心城市要在管辖范围内各个园区信息服务平台的基础上，建设一个服务于产业园区的区域信息一体化服务平台，实现网络资源和信息资源的综合共享，为园区之间、园区与中心城区之间合作与协调提供依据。例如，陕西省县域工业集中区信息服务平台、云南省工业园区信息管理服务平台等。在生态环境建设方面，中心城区与生态工业园区要共建共享环保基础设施，推进环卫一体化建设；建设联系中心城区与外围绿化空间的生态间隔带，构建中心城区与产业新城的生态通道。

（二）基本公共服务的均等化

大多数生态工业园区是单一性的生产性单元，园区管委会主要职能定位于生产服务，因而公共服务和社会管理能力不足；而且，由于工业园区大多处于城市边缘，公共服务资源的供给明显低于中心城区。在生态工业园区向产业新城发展过程中，居民对社会公共服务的需求在不断增长，从而与不充分、不平衡的公共服务资源形成矛盾，不仅影响着产业新城的集聚能力，而且也直接影响社会的和谐稳定。因此，提供更多、更好的公共服务资源，实现中心城区与产业新城基本公共服务均等化是产城融合重要的外部条件，其基本思路包括以下三个方面：一是增强园区管理委员会的城市服务功能。园区管委会不仅要承担土地开发、招商引资、企业服务等经济工作，而且还要充分依托所在地人民政府开展社会管理、公共服务；当产业新城的人口和产业集聚达到一定规模时，园区管委会体制转换为行政区体制，工业园区转型为城市的“新区”。二是纠正和改变城市偏向性政策，加大对产业新城基本公共服务的财政支持，强化对产业新城和城市边缘区的基本公共服务的供给。三是城市或区域社会基本公共服务发展规划必须统筹考虑中心城区延伸与产业新城发展的衔接，制定协调、有序的基本公共服务布局。

二、产业新城的空间布局

当生态工业园区由单一的生产性单元向综合性的产业新城转变过程中，服务业的发展必然引发园区空间结构的调整和变动。其中，生产性服务业具有强烈的集聚趋势，且要求较高的经济规模，常常呈现为集群化或“园中园”的形式；而生活性服务业的集聚程度略低，且具有追随人口布局的特征[①]。

（一）生产性服务企业的集群化发展

从产业链的逻辑关系来看，生产性服务业属于制造业的上游产业，为制造业提供中间服务，因而跟随目标客户是生产性服务企业布局的主要原则。但是，生产性服务业是一个规模经济效应显著的行业，只有当生态工业园区经济规模达到生产性服务业的需求门槛时，才能诱发生产性服务业出现和发展。因此，生态工业园区产城融合必须考虑制造业发展规模和水平，否则容易出现急躁冒进。

在空间布局方面，生产性服务业具有显著的集聚特征，这主要基于以下因素：一是知识外溢，生产性服务企业大都属于知识、技术密集型，其服务的工具、标准和流程变化频繁，企业之间需要及时观察和交流；二是互相提供中介服务，传递市场信息，便于提高资源配置效率；三是生产性服务业的生产经营需要完善的城市设施和功能，因而城市功能完善的区域对生产性服务企业具有强大的吸引力。据此，生产性服务业在生态工业园区中必然呈现集群化或“园区”化。

在集群化演进方面，生产性服务业的集聚可以分为原生型和潜入型两种模式。原生性集群是生产性服务业企业自发集聚形成的集群或园区，政府在其发展过程中进行了有效扶持和指导。原生型集群往往出现在制造业发达、城市功能完善的产业新城。嵌入型集群是在政府规划和引导下生产性服务业企业集聚形成的集群或园区，这就要求地方政府顺应客观规律，根据产城融合的要求，及时对园区土地利用进行“二次调整”，选择城市功能较强的区域

① 李善同、李华香：“城市服务行业分布格局特征及演变趋势研究”，《产业经济研究》，2014 年第 5 期，第 2－6 页。

集中发展生产性服务业，推动生产性服务业的集群化和“园区”化。苏州工业园区产城融合极具典型，目前已经形成了金融商贸区、国际商务区、科教创新区等生产性企业集聚的地块。

（二）社区商业服务中心的发展与布局

生活性服务业的集聚程度低于生产性服务业，其区位要求靠近消费者居住地，使居民能够便利地获得生活所需的商品和服务。产业新城的生活性服务业建设和布局的重点是社区商业中心体系。所谓社区商业是指以社区范围内的居民为服务对象，以便民、利民，满足和促进居民综合消费为目标的属地型商业，美国、日本、法国、新加坡的社区商业服务中心十分成熟，主要形式为大型购物中心，它集成商业、餐饮、娱乐和文化等项目，为附近居民提供综合性服务①。社区商业的服务半径远远小于城市商业中心，一般在居民步行 15 分钟至 20 分钟范围内设置一个社区商业中心。依据这一规律，管理者要按照产业新城的市场需求规模和居民点分布，合理规划和设计社区商业中心的数量和等级体系。

随着我国工业园区产城融合的推进，社区商业服务中心也随之迅速发展，并形成一系列可推广、可复制的成功模式。在苏州工业园区，由苏州工业园区邻里中心发展有限公司开发建设的邻里中心，借鉴了新加坡商业中心发展的经验，以购物中心为主要形式，围绕 12 项居住配套功能“油盐酱醋茶”到“衣食住行闲”，为百姓提供“一站式”的服务。根据苏州工业园总体规划，按照“有序、规范、配套”开发邻里中心的原则，在 70 平方公里的工业园区内按照社会发展需求和住宅区分布将建设 23 个邻里中心，目前第 18 个邻里中心—景城邻里中心已经投入运行。天津经济技术开发区商业规划则构建起“区级—片区级—社区级”三级商业体系。其中，区级商业中心服务范围是整个园区，是以轨道交通或主要商业街为骨架形成的城市公共活动区域；片区级服务范围是开发区的部分区域，服务半径 1.5—2 公里，以购物中心的形式满足一个生活区或一个工业区的生活需求；社区级商业中心是服务于居住小区的便利中心。

① 王晓玉：“国外社区商业发展的理论与实践”，《上海经济研究》，2002 年第 11 期，第 68 - 71 页。

（三）生态空间优化

随着产城融合的推进，生产空间和生活空间的扩张势必导致耕地、河湖水面、湿地、林草地等重要生态空间的萎缩，交通、水、能源等城镇基础设施的建设也会挤压一定的生态空间。因此，在产业新城建设过程中，一定要科学布局生产空间、生活空间、生态空间，增强生态系统的稳定性。一方面，产业新城要科学制定用地规划，划定生产、生活、生态空间开发管制界限，加大对耕地、绿地、林地、园地、湿地等重要生态空间的保护，构筑生态安全网络。另一方面，要在生产和生活领域推行绿色低碳的生产和生活方式，控制和减少经济系统向生态系统输入的高熵物质，以便获得稳定的生态系统服务。在生产空间，要持续推进清洁生产和循环经济，减少废弃物排放；在生活空间要提倡和鼓励低碳生活，减少二氧化碳的排放。

第四节　我国生态工业园区产城融合的制度创新

生态工业园区产城融合不仅仅需要补充和提升城市功能的过程，而且也伴随着一系列制度改革和创新，包括投融资制度、土地管理制度、户籍制度、园区管理体制、文化建设以及生态文明制建设等。其中，改革园区管理体制、放松落户限制、建设社区文化和创新环境治理手段等在产业新城制度创新中具有特殊意义。

一、改革园区管理体制

与其他园区一样，我国生态工业园区大多实行园区管委会管理制度。作为当地政府的派出机构，精简、高效的管委会是为服务企业而设立，主要承担经济管理职能，开创了“小政府—大市场”的管理模式。但是，随着产城融合的推进，文化教育、医疗卫生、社会保障等公共事务随之增加，园区管委会需要承担大量的社会管理职能，而现有的机构设置既不具备行使社会管理职能的法定地位，也不具备完成这些任务的能力，管委会体制面临挑战，也急需要加以改革。实际上，我国工业园区管委会体制的改革实践已经拉开，初步形成了三种不同的模式：一是以工业园区为基础，设立独立的行政区，建立一级政府组织，合法地行使社会管理职能；二是与所在或邻近的行政区合并，融入原有的政府机构。三是地方政府把工业园区的社会服务管理职能外包给社会组织，管委会履行监管责任。但是，无论是哪一种改革方式，我国生态工业园区的管理体制的基本原则是传承灵活、高效的经济管理特征，不断总结和探索“大部制”改革的经验，建立经济管理职能和社会管理职能相对分离的管理模式①。

二、放松落户限制

产城融合的实质就是工业园区的新型城镇化，其核心是人的城镇化。工业园区分布有大量的产业工人，他（她）们虽然在工业园区工作，但其户籍仍然留在农村。由于我国社会管理中的许多项目都是建立在户籍制度基础上的，因而他（她）们无法享受与城市居民同等的基本公共服务和社会保障，难以真正融入城市生活，其对商品和服务的需要档次低、数量少，难以对园区的服务业产生拉动作用，在一定程度上阻碍着产业新城的发展。因此，要推动产城融合的进程，必须改革现有的户籍制度，让产业工人能够进得来、住得下、消费得起，真正实现人的城镇化。依据《居住证暂行条例》（国务院令第663号），2016年1月1日起我国全面落实居住证制度，为解决非户籍人口落户城镇提供了制度保证。为了推进产城融合，地方政府要区别对待中心城区与产业新城的人口落户标准，进一步放松产业新城人口落户的各类条件，让大多数产业工人尽早安家落户，融入城市生活。

三、建设社区文化

产业新城的发展过程不仅仅是产业和人口的集聚，也是文化凝炼、形成和提升的过程。文化的出现是工业生产向工业文明转变的标志，也是工业园区向产业新城转型升级的体现。文化在生态工业园区新型城镇化过程中发挥着重要作用，文化是产业新城确立文化认同、增加相互信任、培育社会资本的基础，有助于增强社会凝聚力，节约交易成本。产业新城的文化建设要从

---

① 杨钊：“滨海新区行政管理体制推行大部制的实践与探索”，《港口经济》，2013年第3期，第6-9页。

社区文化入手，逐步提炼社区活动的精髓，凝聚社区行为共识。其一，文化空间建设。联络居民情感、满足居民娱乐、学习、健身等需求的场所是社区文化建设的物质基础，包括文化广场、图书阅览室、主题公园、雕塑、运动场等。苏州工业园区在建设邻里中心时，将商业设施、文化场所和社区工作站有机融合，每个邻里中心都配套建设有“民众联络所”，设置有民众俱乐部、乐龄生活馆、少儿阳光吧、卫生服务站、图书馆、文体站等功能单元，全天候免费向社区居民和企事业单位开放。其二，文化组织建设。在社区文化发展的组织模式中，居民委员会、企业社会责任联盟以及社区文化社团发挥着重要作用。其中，居民委员会是文化活动组织的主导力量，也是社区文化凝炼和宣传的主体。苏州工业园区创立的企业责任联盟搭建起企业与社区资源共享、合作共赢的平台，推动企业、社区组织和居民之间形成良性互动关系。社区文化社团是文化、健身的群众自治组织，对丰富社区文化生活、凝聚人心具有积极作用。其三，文化活动建设。以培育社区公共价值观为宗旨，居民委员会要引导各社区深入开展相关主题的文化活动，营造积极健康、包容互助的社会风尚。

四、创新环境治理手段

与其他产业园区相比，生态工业园区推行循环经济发展模式，已经建立起资源循环利用的产业体系，环境治理的理念和手段也相对领先。但是，生态环境质量仍然不能满足城市生活的要求，还需要进一步提升环境质量。在继续完善产业共生体系的基础上，产业新城需要创新环境治理手段，持续提升环境治理能力。

市场、政府和社会是环境治理的三个主体。从市场机制来看，我国正在进行资源与环境价格体系改革，在征收资源税的基础上，2018 年开始征收环境保护税，而且还在积极推广排污权交易。资源税、环境保护税、排污权纳入成本范畴，将有效制约企业的资源投入和污染排放，激励企业开展清洁生产和发展循环经济；从政府层面来看，园区管理者要建立完善的环境管理制度，完善环境及污染源在线监控预警系统，严格环境执法的力度；从社会层面来看，园区管理者要积极调动公民和社会组织依法参与环境治理的积极性，不断创新环保社会机制，构建以民间环保组织为核心，公众积极参与、媒体舆论推动的环保社会机制。

第九章

我国生态工业园区建设发展的绩效

近20年来，我国生态工业示范园区建设取得显著成效，国家级生态工业示范园区成为我国工业园区绿色、低碳、循环发展的典范。客观评价我国生态工业示范园区的发展成效，对进一步推动我国生态工业示范园区转型升级具有重要意义，为完善循环经济合力模型提供了重要的依据。我国生态工业示范园区发展绩效分析采用定量研究与定性研究相结合的方法展开。生态工业园区发展水平评价采用定量分析方法，基于主成分分析，建立发展水平评价指标体系、测度发展水平综合指数和协调指数，并展开讨论；郑州经济技术开发区建设绩效采用定性分析方法，依据国家生态工业示范园区的各项标准逐一比对，开展典型案例剖析。

第一节　我国生态工业园区发展水平评价

生态工业园区是以工业生态系统为核心的自然、经济和社会相互影响、相互制约的复合系统。分析和评价这一复合系统的结构和功能，既要突出工业共生系统的生态效率，同时也必须兼顾经济发展和社会效益。从评价的原则上来看，国内外学者都认为生态工业园区要实现自然、经济和社会的协调，其评价的标准应包含生态环境、经济发展和社会文明三个方面。从现有的评价和分析方法来看，国外学者主要采用物质代谢法、生命周期分析、模糊综合评价法等理论、方法对生态工业园区的工业生态系统进行绩效分析。2015年，国家生态环境部发布了《国家生态工业示范园区标准（HJ2015）》，进一步对我国生态工业园区的评价指标体系进行了补充完善。该项标准的指标体系设计涵盖经济发展、产业共生、资源节约、环境保护和社会参与五个方面，其指标体系最为全面，是我国生态工业园区评价的标准，也为国际生态工业园区评价提供了重要的参考。

一、发展水平评价的样本选择

根据环境保护部、科学技术部和商务部发布的《关于发布国家生态工业示范园区名单的通知》（环科技〔2017〕16号），我国已经命名的国家生态工业示范园区为48家，这是我国生态工业示范园区的主体，代表着我国生态工业示范园区建设的总体水平，是园区发展水平评价的主要对象。但是，这些国家级生态工业示范园区在级别和类型上存在较大差异，可能导致评价结果偏离客观实际。在级别上，既有省级园区，也有国家级园区；在类型上，存在经济技术开发区、高新技术产业开发区和保税区三种类型。为此，生态工业示范园区样本选择同一级别和同一类型，级别为国家级，类型为经济技术开发区，即国家级生态工业示范园区中的国家级经济技术开发区，该类样本共计29个，占国家级生态工业示范园区的60.42%。

二、发展水平评价的指标体系

（一）指标体系建立的基本原则

指标体系不仅是评价生态工业园区发展水平的基础，它还是正确反映生态工业园区可持续发展的基本参照。建立科学的评价指标体系，客观评价生态工业示范园区的发展水平，了解生态工业示范园区建设中存在的差距，能够更好地为生态工业示范园区可持续发展提供政策方针。生态工业示范园区是一个可持续发展的复合系统，指标体系的设立需要遵循系统论的观点和方法，从多个角度、多个因素进行综合考量。为此，评价指标体系设立需要遵循以下三个基本原则：

1. 生态与经济相结合。与一般工业园区或工业集群不同，生态工业园区的建设和评价不能偏向经济绩效和指标，必须同时兼顾经济增长和生态环境保护，实现可持续的经济发展。因此，在发展水平评价指标体系设计时，既要有反映经济增长的指标，同时也要有反映环境保护等方面的指标；而且要平衡这两类指标，体现生态工业示范园区可持续发展的特色。

2. 区内与区外相结合。生态工业园区是一个开放的经济地域。国家级生态工业示范园区不仅是一个城市的增长极，也是我国改革开放的最重要窗口。因此，在评价指标体系设计时，既要考虑园区内部的经济社会运行及管理，同时还需要关注园区开放程度，从而能够实现全方位的综合评价。

3. 动态与静态相结合。发展水平评价既要反映生态工业园区生态、经济的现状，还需要反映园区可持续发展的能力。因此，指标设计时，通过设立动态性指标来反映园区可发展能力；通过设立静态指标来反映园区发展现状，将动态指标和静态指标有机结合。

4. 科学性和实用性相结合。指标体系的设计要科学、准确、全面体现生态工业园区的现状和发展，这是指标体系设计的基础。但是，由于生态工业园区并不是一个独立的统计单元，因此指标的设计又必须考虑数据获取的可能性和难易程度。因此，指标设计既要体现科学性，又要具有可操作性。

（二）指标体系的构建

依据以上原则，对国家级生态工业示范园区的经济、环境、社会影响因素进行综合分析，筛选影响园区发展水平的评价指标，再通过咨询专家确立最终的评价指标体系，创建国家级生态工业示范园区发展水平评价指标体系（见表9-1）。

表9-1　　生态工业示范园区发展水平评价指标体系结构表

一级指标（目标层）	二级指标（准则层）	三级指标（方案层）
国家级生态工业示范园区发展水平A	经济能力B1	地区生产总值C11
		税收收入C12
		财政收入C13
	科技能力B2	国家级高新企业数C21
		科技型中小企业数C22
		申请专利数C23
	环境保护B3	空气质量优良天数C31
		绿化覆盖率C32
		污水处理率C33
	开放水平B4	实际利用外资C41
		进口总额C42
		出口总额C43

（三）评价指标体系说明

根据生态工业示范园区可持续发展的特征及上述基本原则，把生态工业示范园区发展水平评价指标体系分为四个层次：目标层为生态工业示范园区发展水平；准则层包括经济能力、科技能力、环境保护和开放水平四个准则；方案层共有12个要素，分别属于四大准则层。指标体系中各项指标权重的确定采取分级逐级确定的方式进行，即首先确定首个指标的园区的建设水平的权值1.00，在对准则层指标的权重进行分解，确定准则层指标的权值，i=1、2、3、4，∑Bi=1.00，然后确定各子系统中要素层在准则层中的权重i=1，2，3，4；j=1，2，3，…，并用同样的方式确定指标层的权重。建立指标体系时，要明确各个子系统之间的互相关联性，因为子系统相互制约的关系可能会影响园区未来可持续发展的能力。

三、实证研究

本章对国家级生态工业示范园区中的29个国家级经济技术开发区进行同一评价。首先进行指标权重的确定；其次对数据进行标准化处理；最后得到每个园区的综合评价指数，并进行协调系数的计算及可持续发展评价。

（一）确定指标权重

层次分析法（ahp）是一种层次权重决策分析方式，利用此方法确定指标权重。根据问卷调查法确定对每个定性指标进行赋值，特别重要计5分，重要计4分，不清楚计3分，不重要计2分，非常不重要计1分，然后把问卷发给专家进行打分，具体打分值见附表A。

根据层次分析法的第一步构造判断矩阵，然后对同一层次中各因素对上一层某一准则的重要性进行两两比较，从问卷数据可以看到，不同指标得分是不同的，也就意味着，不同指标之间对比的重要性是不同的。判断矩阵表现出上一层次的某一元素与本层次相干元素之间相对于重要性的对照，于是就可以构造出判断矩阵（见表9－2）。

为了能够用定量化这种重要程度，表9－3应用了九分制标度来进行重要性的对照。

表 9－2　　判断矩阵的一般形式

Bi	C1	C2	…	Cn
C1	C11	C12	…	C1n
C2	C21	C22	…	C2n
…	…	…	…	…
Cn	Cn1	Cn2	…	Cnn

表 9－3　　九分制标度及其含义

标度	含义
1	Ci 与 Cj 同样重要
3	Ci 与 Cj 稍微重要
5	Ci 与 Cj 明显重要
7	Ci 与 Cj 强烈重要
9	Ci 与 Cj 极端重要

根据上述的方法，对专家打分进行平均处理，可以确定二层指标和三层指标的平均打分值，然后构造判断矩阵，再求得各个指标的权重，如表 9－4 所示。判断矩阵如表 9－5 到表 9－9 所示。

表 9－4　　生态工业示范园区发展水平评价指标体系打分平均数

一层指标	二层指标	打分平均数	三层指标	打分平均数
国家级生态工业示范园区发展水平 A	经济能力	4.6	地区生产总值	4.33
			税收收入	3.67
			财政收入	3.93
	科技能力	4.47	国家级高新企业数	4.27
			科技型中小企业数	4.2
			申请专利数	3.93
	环境保护	4.07	空气质量优良天数	4.67
			绿化覆盖率	4.27
			污水处理率	3.87
	开放水平	4.13	实际利用外资	4.33
			进口总额	3.67
			出口总额	4.2

表9-5　　准则层判断矩阵

	B1	B2	B3	B4
B1	1	3	7	5
B2	1/3	1	5	5
B3	1/7	1/5	1	1/3
B4	1/5	1/5	3	1

表9-6　　方案层1判断矩阵

B1	C11	C12	C13
C11	1	7	5
C12	1/7	1	1/3
C13	1/5	3	1

表9-7　　方案层2判断矩阵

B2	C21	C22	C23
C21	1	1	3
C22	1	1	3
C23	1/3	1/3	1

表9-8　　方案层3判断矩阵

B3	C31	C32	C33
C31	1	3	7
C32	1/3	1	5
C33	1/7	1/5	1

表9-9　　方案层4判断矩阵

B4	C41	C42	C43
C41	1	5	3
C42	1/5	1	1/5
C43	1/3	5	1

然后将判定矩阵归一化，计算可得出数据，由表9－10到表9－14表示。

表9－10　　准则层数值

	B1	B2	B3	B4
B1	0.60	0.68	0.44	0.44
B2	0.20	0.23	0.31	0.44
B3	0.09	0.05	0.06	0.03
B4	0.12	0.05	0.19	0.09

表9－11　　方案层1数值

B1	C11	C12	C13
C11	0.74	0.64	0.79
C12	0.11	0.09	0.05
C13	0.15	0.27	0.16

表9－12　　方案层2数值

B2	C21	C22	C23
C21	0.43	0.43	0.43
C22	0.43	0.43	0.43
C23	0.14	0.14	0.14

表9－13　　方案层3数值

B3	C31	C32	C33
C31	0.68	0.71	0.54
C32	0.23	0.24	0.38
C33	0.10	0.05	0.08

表9－14　　方案层4数值

B4	C41	C42	C43
C41	0.65	0.45	0.71
C42	0.13	0.09	0.05
C43	0.22	0.45	0.24

然后可以计算出目的层和准则层详细权重，由表9－15进行汇总。

表 9-15　生态工业示范园区发展水平评价指标体系权重值

一级指标	权重	二级指标	权重
经济能力 B1	0.54	地区生产总值	0.72
		税收收入	0.08
		财政收入	0.20
		权重和	1
科技能力 B2	0.29	国家级高新企业数	0.43
		科技型中小企业数	0.43
		申请专利数	0.14
		权重和	1
环境保护 B3	0.06	空气质量优良天数	0.64
		绿化覆盖率	0.28
		污水处理数	0.08
		权重和	1
开放水平 B4	0.11	实际利用外资	0.61
		进口总额	0.09
		出口总额	0.30
		权重和	1

（二）评价研究分析

1. 数据获取。通过2019年中国经济开发区商务统计年鉴获取29个国家级生态工业示范园区的相关指标的基本数据。对于年鉴中没有统计的指标和数据，课题组采用了实地调研、调查问卷等方式获得相关资料和数据，从而得到29个园区的发展现状及数据（见表9-16和表9-17）。

表 9-16　29个国家级生态工业示范园区的发展现状（上）

园区名称	地区生产总值（亿元）	税收收入（亿元）	财政收入（亿元）	国家级高新企业数（个）	科技型中小企业数（个）	申请专利数（件）
苏州工业园区	2570.27	631.37	729.59	683	2630	3642
天津经济技术开发区	2415.57	556.44	608.62	585	530	5437
烟台经济技术开发区	1485.66	296.00	338.19	158	52	432

续表

园区名称	地区生产总值（亿元）	税收收入（亿元）	财政收入（亿元）	国家级高新企业数（个）	科技型中小企业数（个）	申请专利数（件）
山东潍坊滨海经济开发区	337.22	49.05	53.64	89	45	215
日照经济技术开发区	364.06	40.40	46.29	96	65	342
昆山经济技术开发区	1750.28	247.54	277.03	141	240	543
扬州经济技术开发区	654.98	19.65	45.93	78	253	372
上海金桥出口加工区	880.00	466.14	69.37	216	736	874
北京经济技术开发区	1509.48	595.49	720.09	1144	1043	3201
广州开发区	2795.38	619.97	1052.11	395	837	4367
南京经济技术开发区	1031.23	245.59	256.99	253	637	2735
上海化学工业经济技术开发区	956.00	158.10	254.00	161	527	953
临沂经济技术开发区	424.19	32.44	34.28	89	254	683
沈阳经济技术开发区	931.97	235.94	265.98	235	683	1296
宁波经济技术开发区	1146.46	332.91	166.01	201	573	1734
上海闵行经济技术开发区	225.58	50.00	156.00	167	467	2025
徐州经济技术开发区	689.95	85.81	90.66	105	168	452
常熟经济技术开发区	927.03	172.31	206.07	97	186	537
南通经济技术开发区	767.69	97.00	196.72	121	241	637
杭州经济技术开发区	763.27	136.25	141.14	201	573	1935
福州经济技术开发区	536.96	57.65	85.02	157	437	1532
南京江宁经济技术开发区	1428.42	304.05	324.85	457	753	2856
长沙经济技术开发区	1052.71	146.64	172.1	242	643	2526
温州经济技术开发区	487.10	97.59	129.84	126	436	1637
盐城经济技术开发区	349. 00	42.64	65.52	86	215	724
连云港经济技术开发区	415.16	76.31	81.93	69	167	326
淮安经济技术开发区	496.87	53.41	74.75	78	232	426
郑州经济技术开发区	797.38	228.24	253.93	252	743	2839
长春汽车经济技术开发区	692.44	76.99	84.64	95	564	1536

表 9－17　　29 个国家级生态工业示范园区的发展现状（下）

园区名称	空气质量优良天数（天）	绿化覆盖率（%）	污水处理数（吨/日）	实际利用外资（亿美元）	进口总额（亿元）	出口总额（亿元）
苏州工业园区	269	45	20	9.81	3536.85	3295.04
天津经济技术开发区	207	35.29	15.1	11.21	1279.64	1188.8
烟台经济技术开发区	293	43.84	14	7.61	711.54	885.09
山东潍坊滨海经济开发区	221	20.9	12	1.71	78.85	116.1
日照经济技术开发区	267	35	13	1.36	217.84	80.84
昆山经济技术开发区	253	42	18	3.46	1640.08	3202.13
扬州经济技术开发区	254	41	17	3.3	52.6	108.47
上海金桥出口加工区	309	42	18	1.47	413.02	254.57
北京经济技术开发区	240	42.8	22	5.38	845.82	414.7
广州开发区	293	45.13	20	22.47	1425.85	1099.04
南京经济技术开发区	256	45	19	5.82	512.59	319.75
上海化学工业经济技术开发区	309	42	17	0.62	119.37	116.19
临沂经济技术开发区	197	39	14	0.4	66.45	107.18
沈阳经济技术开发区	284	45	16	2.65	99.87	104.9
宁波经济技术开发区	316	41.04	15	9.78	719.44	773.24
上海闵行经济技术开发区	309	40	15	4.01	57.9	81.75
徐州经济技术开发区	216	43.3	11	8.38	73.45	168.6
常熟经济技术开发区	289	38	12	2.8	339.71	617.62
南通经济技术开发区	295	40	12	6.03	192.86	290.52
杭州经济技术开发区	287	38.5	17	2.42	339.97	359.17
福州经济技术开发区	360	41.3	15	0.62	103.18	186.18
南京江宁经济技术开发区	256	45	17	6.40	266.94	612.44
长沙经济技术开发区	275	45	19	6.31	147.7	112.23
温州经济技术开发区	354	43	15	1.31	34.73	356.17
盐城经济技术开发区	285	41	13	2.21	64.43	46.43
连云港经济技术开发区	265	39	13	0.77	142.25	78.82
淮安经济技术开发区	276	43	12	1.71	65.96	83.26
郑州经济技术开发区	177	43.2	18	5.68	137.82	137.08
长春汽车经济技术开发区	306	41	12	0.79	114.53	36.5

注：数据来源于 2019 年中国经济开发区商务统计年鉴及课题组调查问卷。

2. 数据标准化。由于不同指标数值之间存在较大差别，不同指标对发展评价的影响也会有很大差异。因此，为了改变不同指标数值之间的相对影响，需要采用数据标准化方法对指标数值进行处理，将其转变为无量纲的纯数值来进行评价阐发。在生态工业示范园区发展水平评价中，我们采用极值化方法进行数据处理。首先要找出该指标的最大值（Xmax）和最小值（Xmin），再求出极差（R = Xmax － Xmin），然后用该指标的所有的变量值（X）减去最小值（Xmin），除以极差（R）就可以得到各个指标无纲量化经过处理之后得到的值（见表 9－18 和表 9－19）。

表 9－18　29 个国家级生态工业示范园区发展水平评价指标无量纲化处理（上）

序号	生态工业园区	地区生产总值	税收收入	财政收入	国家级高新企业数	科技型中小企业数	申请专利数
1	苏州工业园区	0.9124	1.0000	0.6831	0.5712	1.0000	0.6563
2	天津经济技术开发区	0.8522	0.8775	0.5643	0.4800	0.1876	1.0000
3	烟台经济技术开发区	0.4903	0.4517	0.2986	0.0828	0.0027	0.0416
4	山东潍坊滨海经济开发区	0.0434	0.0480	0.0190	0.0186	0	0
5	日照经济技术开发区	0.0538	0.0339	0.0118	0.0251	0.0077	0.0243
6	昆山经济技术开发区	0.5933	0.3725	0.2385	0.0670	0.0754	0.0628
7	扬州经济技术开发区	0.1671	0	0.0114	0.0084	0.0805	0.0301
8	上海金桥出口加工区	0.2546	0.7299	0.0345	0.1367	0.2673	0.1262
9	北京经济技术开发区	0.4996	0.9413	0.6738	1.0000	0.3861	0.5718
10	广州开发区	1.0000	0.9814	1.0000	0.3023	0.3064	0.7951
11	南京经济技术开发区	0.3135	0.3694	0.2188	0.1712	0.2290	0.4826
12	上海化学工业经济技术开发区	0.2842	0.2263	0.2159	0.0856	0.1865	0.1413
13	临沂经济技术开发区	0.0772	0.0209	0	0.0186	0.0809	0.0896
14	沈阳经济技术开发区	0.2748	0.3536	0.2276	0.1544	0.2468	0.2070
15	宁波经济技术开发区	0.3583	0.5121	0.1294	0.1228	0.2043	0.2909
16	上海闵行经济技术开发区	0	0.0496	0.1196	0.0912	0.1633	0.3466
17	徐州经济技术开发区	0.1807	0.1082	0.0554	0.0335	0.0476	0.0454
18	常熟经济技术开发区	0.2729	0.2496	0.1688	0.0260	0.0545	0.1617
19	南通经济技术开发区	0.2109	0.1264	0.1596	0.0484	0.0758	0.0808

续表

序号	生态工业园区	地区生产总值	税收收入	财政收入	国家级高新企业数	科技型中小企业数	申请专利数
20	杭州经济技术开发区	0.2092	0.1906	0.1050	0.1228	0.2043	0.3294
21	福州经济技术开发区	0.1211	0.0621	0.0499	0.0819	0.1516	0.2522
22	南京江宁经济技术开发区	0.4680	0.4649	0.2855	0.3609	0.2739	0.5057
23	长沙经济技术开发区	0.3218	0.2076	0.1354	0.1609	0.2313	0.4426
24	温州经济技术开发区	0.1017	0.1274	0.0939	0.0530	0.1513	0.2723
25	盐城经济技术开发区	0.0480	0.0376	0.0307	0.0158	0.0658	0.0975
26	连云港经济技术开发区	0.0737	0.0926	0.0468	0	0.0472	0.0213
27	淮安经济技术开发区	0.1055	0.0552	0.0398	0.0084	0.0723	0.0404
28	郑州经济技术开发区	0.2225	0.3410	0.2158	0.1702	0.2700	0.5025
29	长春汽车经济技术开发区	0.1817	0.0937	0.0494	0.0242	0.2008	0.2530

表 9-19　29 个国家级生态工业示范园区发展水平评价指标无量纲化处理（下）

序号	生态工业园区	空气质量优良天数	绿化覆盖率	污水处理数	实际利用外资	进口总额	出口总额
1	苏州工业园区	0.5027	0.9946	0.8182	0.4264	1.0000	1.0000
2	天津经济技术开发区	0.1639	0.5939	0.3727	0.4898	0.3555	0.3536
3	烟台经济技术开发区	0.6339	0.9468	0.2727	0.3267	0.1933	0.2604
4	山东潍坊滨海经济开发区	0.2404	0	0.0909	0.0593	0.0126	0.0244
5	日照经济技术开发区	0.4918	0.5819	0.1818	0.0435	0.0523	0.0136
6	昆山经济技术开发区	0.4153	0.8708	0.6364	0.1387	0.4584	0.9715
7	扬州经济技术开发区	0.4208	0.8296	0.5455	0.1314	0.0051	0.0221
8	上海金桥出口加工区	0.7213	0.8708	0.6364	0.0485	0.1080	0.0669
9	北京经济技术开发区	0.3443	0.9038	1.0000	0.2256	0.2316	0.1161
10	广州开发区	0.6339	1.0000	0.8182	1.0000	0.3972	0.3261
11	南京经济技术开发区	0.4317	0.9946	0.7273	0.2456	0.1364	0.0869
12	上海化学工业经济技术开发区	0.7213	0.8708	0.5455	0.0100	0.0242	0.0245
13	临沂经济技术开发区	0.1093	0.7470	0.2727	0	0.0091	0.0217
14	沈阳经济技术开发区	0.5847	0.9946	0.4545	0.1019	0.0186	0.0210
15	宁波经济技术开发区	0.7596	0.8312	0.3636	0.4250	0.1955	0.2261

续表

序号	生态工业园区	空气质量优良天数	绿化覆盖率	污水处理数	实际利用外资	进口总额	出口总额
16	上海闵行经济技术开发区	0. 7213	0. 7883	0. 3636	0. 1636	0. 0066	0. 0139
17	徐州经济技术开发区	0. 2131	0. 9245	0	0. 3616	0. 0111	0. 0405
18	常熟经济技术开发区	0. 6120	0. 7057	0. 0909	0. 1087	0. 0871	0. 1783
19	南通经济技术开发区	0. 6448	0. 7883	0. 0909	0. 2551	0. 0452	0. 0780
20	杭州经济技术开发区	0. 6011	0. 7264	0. 5455	0. 0915	0. 0872	0. 0990
21	福州经济技术开发区	1. 0000	0. 8419	0. 3636	0. 0100	0. 0195	0. 0459
22	南京江宁经济技术开发区	0. 4317	0. 9946	0. 5455	0. 2719	0. 0663	0. 1767
23	长沙经济技术开发区	0. 5355	0. 9946	0. 7272	0. 2678	0. 0323	0. 0232
24	温州经济技术开发区	0. 9672	0. 9121	0. 3636	0. 0412	0	0. 0981
25	盐城经济技术开发区	0. 5902	0. 8296	0. 1818	0. 0820	0. 0085	0. 0030
26	连云港经济技术开发区	0. 4809	0. 7470	0. 1818	0. 0168	0. 0307	0. 0130
27	淮安经济技术开发区	0. 5410	0. 9121	0. 0909	0. 0594	0. 0089	0. 0144
28	郑州经济技术开发区	0	0. 9203	0. 6364	0. 2392	0. 0294	0. 0309
29	长春汽车经济技术开发区	0. 7049	0. 8296	0. 0909	0. 0177	0. 0228	0

3. 生态工业示范园区发展水平评价指数。

(1) 各子系统评价指数。生态工业示范园区发展水平指标体系中第 i 子系统的评价指数表示为:

$H_i = \sum D_{ij} \times Y_{ij}$　　(i = 1, 2, 3, 4; j = 1, 2, 3)

H_i——园区发展水平指标体系中第 i 子系统的评价指数;

D_{ij}——第 i 子系统第 j 指标确定的指标权重;

Y_{ij}——园区第 i 子系统第 j 指标具体数据经过处理得到的值。

根据上述计算公式，可以分别计算园区 4 个子系统的评价指数（见表 9 - 18）。

(2) 国家级生态工业示范园区发展水平综合指数可以表示为:

$F = \sum M_i \times H_i$　　(i = 1, 2, 3, 4)

F——园区发展水平综合指数;

M_i——园区发展水平评价指标体系第 i 子系统的权重;

H_i——园区发展水平评价指标体系第 i 子系统的评价指数。

根据上述计算公式，可分别计算各园区发展水平综合指数（见表9－20）。结果显示，29个国家级生态工业示范园区的发展水平综合指数介于0.03—0.81，数值呈现典型的正态分布。其中，发展水平综合指数F≥0.5的园区共有4个，比重为13.79%；发展水平综合指数0.3≤F<0.5的园区共有4个，比重为13.79%；发展水平综合指数0.1≤F<0.3的园区共有16个，比重为55.18%；发展水平综合指数F<0.1的园区共有5个，比重为17.24%。

表9－20　29个国家级生态工业示范园发展水平综合指数（2019年）

序号	生态工业园	经济能力指数	科技能力指数	环境保护指数	对外开放指数	发展水平综合指数
1	苏州工业园区	0.8736	0.7675	0.6657	0.6501	0.8057
2	天津经济技术开发区	0.7966	0.4271	0.3010	0.4369	0.6202
3	烟台经济技术开发区	0.4489	0.0426	0.6926	0.2948	0.3287
4	山东潍坊滨海经济开发区	0.0389	0.0080	0.1612	0.0447	0.0379
5	日照经济技术开发区	0.0439	0.0175	0.4922	0.0353	0.0622
6	昆山经济技术开发区	0.5047	0.0700	0.5605	0.4173	0.3724
7	扬州经济技术开发区	0.1226	0.0424	0.5452	0.0872	0.1208
8	上海金桥出口加工区	0.2486	0.1914	0.7564	0.0594	0.2417
9	北京经济技术开发区	0.5698	0.6761	0.5534	0.1933	0.5582
10	广州开发区	0.9985	0.3735	0.7511	0.7436	0.7744
11	南京经济技术开发区	0.2990	0.2396	0.6130	0.1882	0.2884
12	上海化学工业经济技术开发区	0.2659	0.1368	0.7491	0.0156	0.2299
13	临沂经济技术开发区	0.0573	0.0553	0.3009	0.0073	0.0659
14	沈阳经济技术开发区	0.2717	0.2015	0.6891	0.0702	0.2542
15	宁波经济技术开发区	0.3249	0.1814	0.7479	0.3447	0.3108
16	上海闵行经济技术开发区	0.0279	0.1579	0.7114	0.1045	0.1150
17	徐州经济技术开发区	0.1498	0.0412	0.3952	0.2337	0.1423
18	常熟经济技术开发区	0.2503	0.0433	0.5966	0.1277	0.1975
19	南通经济技术开发区	0.1939	0.0647	0.6407	0.1831	0.1821
20	杭州经济技术开发区	0.1869	0.1867	0.6317	0.0934	0.2033
21	福州经济技术开发区	0.1022	0.1357	0.9048	0.0216	0.1512
22	南京江宁经济技术开发区	0.4313	0.3438	0.5984	0.2248	0.3932
23	长沙经济技术开发区	0.2754	0.2306	0.6794	0.1732	0.2754

续表

序号	生态工业园	经济能力指数	科技能力指数	环境保护指数	对外开放指数	发展水平综合指数
24	温州经济技术开发区	0.1022	0.1260	0.9035	0.0546	0.1520
25	盐城经济技术开发区	0.0437	0.0487	0.6245	0.0517	0.0809
26	连云港经济技术开发区	0.0699	0.0233	0.5315	0.0169	0.0782
27	淮安经济技术开发区	0.0884	0.0404	0.6089	0.0413	0.1005
28	郑州经济技术开发区	0.2306	0.2597	0.3086	0.1578	0.2357
29	长春汽车经济技术开发区	0.1482	0.1321	0.6907	0.0128	0.1612

4. 可持续发展协调系数及评价。根据离散系数（δ/μ），可以计算园区各子系统之间的协调系数（N），并进行可持续发展能力的分析和讨论。

$N=1-(\delta/\mu)$

其中，N——园区各子系统协调系数；

δ——园区各子系统评价指数的标准差；

μ——园区各子系统评价指数的平均值。

依据上述计算公式，可以分别计算各园区可持续发展协调系数（见表9－21）。可持续发展协调系数结果表明，29个国家级生态工业示范园区的协调系数存在较大差异，其中，苏州工业园区（0.8786）、广州开发区（0.6887）、南京江宁经济技术开发区（0.6592）、北京经济技术开发区（0.6343）、天津经济技术开发区（0.6233）等19个园区的协调系数大于零，显示各子系统之间离散系数较低，协调程度较高；而日照经济技术开发区（－0.3543）、连云港经济技术开发区（－0.3420）等园区的协调系数小于零，各子系统之间离散系数较高，协调程度较低。

5. 园区类型划分。园区发展水平综合指数主要反映园区综合实力和发展基础，协调系数主要反映园区子系统的协调性与园区未来可持续发展的潜力。如果结合发展水平指数和协调系数进行组合评价，就能够有效综合园区的现状水平和发展潜力，形成更为全面、动态的评价结果。我们以发展水平综合指数 $F=0.1$ 为临界点，把发展水平分为高、低两个级别；以协调系数 $N=0$ 作为临界点，把协调系数分为强、弱两个级别，由此形成了四种组合（见表9－21）。

表 9－21 发展水平指数与协调系数的组合

水平指数＼协调系数	强协调	弱协调
高绩效	高水平、强协调	高水平、弱协调
低绩效	低水平、强协调	低水平、弱协调

依据这一分类体系，在 29 个国家级生态工业示范园区中，苏州工业园区、广州开发区等 18 个园区属于高水平、强协调园区，占总数的 62.07%；这类园区发展水平综合指数高，可持续发展能力强；这类园区数量最多，代表了国家级生态工业示范园区发展的基本水平。扬州经济技术开发区、上海闵行经济技术开发区等 6 个园区属于高水平、弱协调园区，占总数的 20.69%；这类园区发展水平综合指数高，但可持续发展能力较弱。山东潍坊滨海经济开发区属于低水平、强协调园区，占总数的 3.45%；这类园区发展水平综合指数较低，但可持续发展能力较强。临沂经济技术开发区、连云港经济技术开发区等 4 个园区属于低水平、弱协调园区，占总数的 13.79%（见表 9－22）；这类园区发展水平综合指数较低，可持续发展能力也较弱。

表 9－22 29 个国家级生态工业示范园区协调系数及评价（2019 年）

序号	生态工业园	发展水平综合指数	协调系数	组合评价
1	苏州工业园区	0.8057	0.8786	高水平、强协调
2	天津经济技术开发区	0.6202	0.6233	高水平、强协调
3	烟台经济技术开发区	0.3287	0.3612	高水平、强协调
4	山东潍坊滨海经济开发区	0.0379	0.0781	低水平、强协调
5	日照经济技术开发区	0.0622	－0.3543	低水平、弱协调
6	昆山经济技术开发区	0.3724	0.5089	高水平、强协调
7	扬州经济技术开发区	0.1208	－0.0116	高水平、弱协调
8	上海金桥出口加工区	0.2417	0.1575	高水平、强协调
9	北京经济技术开发区	0.5582	0.6343	高水平、强协调
10	广州开发区	0.7744	0.6887	高水平、强协调
11	南京经济技术开发区	0.2884	0.5067	高水平、强协调
12	上海化学工业经济技术开发区	0.2299	0.0459	高水平、强协调
13	临沂经济技术开发区	0.0659	－0.0906	低水平、弱协调

续表

序号	生态工业园	发展水平综合指数	协调系数	组合评价
14	沈阳经济技术开发区	0.2542	0.2485	高水平、强协调
15	宁波经济技术开发区	0.3108	0.4729	高水平、强协调
16	上海闵行经济技术开发区	0.1150	-0.0786	高水平、弱协调
17	徐州经济技术开发区	0.1423	0.3692	高水平、强协调
18	常熟经济技术开发区	0.1975	0.1716	高水平、强协调
19	南通经济技术开发区	0.1821	0.1885	高水平、强协调
20	杭州经济技术开发区	0.2033	0.2368	高水平、强协调
21	福州经济技术开发区	0.1512	-0.2256	高水平、弱协调
22	南京江宁经济技术开发区	0.3932	0.6592	高水平、强协调
23	长沙经济技术开发区	0.2754	0.4128	高水平、强协调
24	温州经济技术开发区	0.1520	-0.1847	高水平、弱协调
25	盐城经济技术开发区	0.0809	-0.2990	低水平、弱协调
26	连云港经济技术开发区	0.0782	-0.3420	低水平、弱协调
27	淮安经济技术开发区	0.1005	-0.2319	高水平、弱协调
28	郑州经济技术开发区	0.2357	0.7717	高水平、强协调
29	长春汽车经济技术开发区	0.1612	-0.0653	高水平、弱协调

第二节　郑州经济技术开发区建设绩效分析

一、园区绩效分析的标准

《国家生态工业示范园区标准（HJ2015）》是新时期我国生态工业园区评价的标准。课题组依据这项标准，对郑州经济技术开发区进行对标分析，以案例分析的方式反映我国生态工业园区发展的绩效。

（一）指标体系

《国家生态工业示范园区标准（HJ2015）》设计为二级指标体系，一级指标体系包含5类，分别是经济发展、产业共生、资源节约、环境保护和信息公开；二级指标体系包括32项，其中经济发展类4项，产业共生类3项，资源节约类9项，环境保护类13项，信息公开3项。二级指标分为必选指标和可选指标。其中，必选指标17项，可选指标15项①。

经济发展类4项指标，4项指标至少选择1项指标达标。

产业共生3项指标，其中工业固体废弃物综合利用率和再生资源循环利用率为可选指标，2项指标至少选择1项达标。

资源节约9项指标，其中单位工业用地面积工业增加值和单位工业用地面积工业增加值三年年均增长率为可选指标，2项指标至少选择1项达标；单位工业增加值综合能耗与可再生能源使用比例为可选指标，2项指标至少选择1项达标；单位工业增加值新鲜水耗、工业用水重复利用率和再生水（中水）回用率为可选指标，3项指标至少选择1项达标。

环境保护类13项二级指标，其中单位工业增加值废水排放量和单位工业增加值固废排放量为可选指标，2项指标至少选择1项达标。

（二）指标标准

《国家生态工业示范园区标准（HJ2015）》对每个二级指标的计算方法和标准都作明确的规定。32项二级指标中，29项指标具有明确的定量标准，只有3项指标为定性标准，它们是：工业园区重点污染源稳定排放达标情况、工业园区国家重点污染物排放总量控制指标及地方特征污染物排放总量控制指标完成情况、污水集中处理设施。

重点污染源是指环境统计的“重点调查工业企业”；重点污染物是指从建设规划基准年到验收年国家总量控制要求的污染物种类；污水集中处理设施指园区内所有工业企业废水都经预处理达到集中处理要求后进入安装有自动在线监控装置的污水集中处理设施（区内或区外）。

二、基于国家标准的园区绩效分析

郑州经济技术开发区位于河南省郑州市东南部，规划面积158.7平方公里，是河南省的现代制造业基地和外向型经济基地，是以汽车制造、机械制造、食品加工、电子信息和现代物流服务业为主的高新技术产业集聚区。园

---

① 国家生态环境部．国家生态工业示范园区标准［Z］．2015－12－24.

区贯彻落实创新、协调、绿色、开放、共享的发展理念，成功获批国家生态工业示范园区，并拥有中国（河南）自由贸易试验区、中国（郑州）跨境电子商务综合试验区、郑洛新国家自主创新示范区、郑州航空港国家双创示范基地等开放平台。截至2016年年底，园区集聚各类企业及经营主体2.4万余家，其中世界500强企业39家；市级以上研发中心123个，其中国家级研发中心6家。园区辖6个办事处63个行政村（社区），常住和从业人口40余万人①。

（一）经济发展

郑州经济技术开发区坚持开放创新理念，致力于现代产业体系构建，形成了以先进制造业为主导、现代服务业为支撑、新兴产业不断发展的现代产业结构，持续推动经济持续发展。2016年园区实现地区生产总值720亿元，工业增加值556亿元，财政总收入200亿元，分别占郑州市总量的9.0%、17.29%和12.35%，经济发展处于郑州市前列。与国家生态工业园区标准相比，人均工业增加值55.6万元/人，高新技术企业工业总产值占园区工业总产值比例达到35.2%，园区工业增加值三年年均增长率为31.4%，这三项指标都达到国家标准（见表9-23）。

表9-23　郑州经济技术开发区绩效分析

分类	序号	指标	单位	要求	完成	是否达标
经济发展	1	高新技术企业工业总产值占园区工业总产值比例	%	≥30	35.2	是
	2	人均工业增加值	万元/人	≥15	55.6	是
	3	园区工业增加值三年平均增长率	%	≥15	31.47	是
	4	资源再生利用产业增加值占园区工业增加值比例	%	≥30		否
产业共生	5	建设规划实施后新增构建生态工业链项目数量	个	≥6	10	是
	6	工业固体废弃物综合利用率	%	≥70	72	是
	7	再生资源循环利用率	%	≥80	85	是

① 郑州经济技术开发区管委会．开发区概况［EB/OL］．http：//wap.zzjkq.gov.cn/kfqgk/2018/4238.html，2018-6-21.

续表

分类	序号	指标	单位	要求	完成	是否达标
资源节约	8	单位工业用地面积工业增加值	亿元/平方公里	≥9	23.4	是
	9	单位工业用地面积工业增加值三年平均增长率	%	≥6	29.2	是
	10	综合能耗弹性系数	—	≤0.6	0.22	是
	11	单位工业增加值综合能耗	吨标煤/万元	≤0.5	0.06	是
	12	可再生能源使用比例	%	≥9		否
	13	新鲜水耗弹性系数	—	≤0.55	-0.19	是
	14	单位工业增加值新鲜水耗	立方米/万元	≤8	3.5	是
	15	工业用水重复利用率	%	≥75	78	是
	16	再生水（中水）回用率	%	≥20		否
环境保护	17	园区重点污染源稳定排放达标情况	%	达标	达标	是
	18	园区国家重点污染物排放总量控制指标及地方特征污染物排放总量控制指标完成情况	—	全部完成	全部完成	是
	19	园区企事业单位发生特别重大、重大突发环境时间数量	—	0	0	是
	20	环境管理能力完善度	%	100	100	是
	21	重点企业清洁生产审核实施率	%	100	100	是
	22	污水集中处理设施	—	具备	具备	是
	23	园区环境风险防控体系建设完善度	%	100	100	是
	24	工业固体废弃物（含危险废弃物）处置利用率	%	100	100	是
	25	主要污染物排放弹性系数	—	≤0.3	-0.7	是
	26	单位工业增加值二氧化碳排放量年均消减率	%	≥3	11.3	是
	27	单位工业增加值废水排放量	吨/万元	≤7	1.6	是
	28	单位工业增加值固废产生量	吨/万元	≤0.1	0.02	是
	29	绿化覆盖率	%	≥15	40	是
信息公开	30	重点企业环境信息公开率	%	100	100	是
	31	生态工业信息平台完善程度	%	100	100	是
	32	生态工业主题宣传活动	次/年	≥2	2	是

数据来源：根据《国家生态工业示范园区建设年度评价报告（郑州经济技术开发区，2016）》整理。

（二）产业共生

郑州经济技术开发区以生态工业理念推动园区走绿色低碳循环的创新发展之路，通过产业结构调整、企业清洁生产和创新发展、基础设施生态化建设与改造等措施，建立较为完善的生态工业园的基础设施体系和环境管理体系，园区可持续发展能力不断增强。自创建生态工业示范园区以来，新增构建生态工业链10个（汽车生产、装备制造、食品加工、电子信息、再生利用、现代物流、光电信息、生物医药、虚拟现实和环保科技），工业固废综合利用率达到72%，再生资源循环利用率达到85%，这三项指标也都达到国家标准。

（三）资源节约

郑州经济技术开发区不断转变粗放型发展方式，走新型工业化和集约化发展道路，努力促进土地等各种生产要素的节约利用；大力推进清洁生产和循环经济，在企业层面和园区层面减少资源投入和浪费，资源效率不断提升。在资源节约类9项指标中，有7项指标达标，2项指标未达国家标准。其中，反映土地利用效率的2项指标全部达标；反映能耗的4项指标全部达标；反映水资源再生利用的2个指标中，工业用水重复利用率达标，再生水（中水）回用率不达标。反映可再生能源使用的指标不达标。从具体数据来看，郑州经济技术开发区单位工业用地面积工业增加值达到23.4亿元/平方公里，是国家标准的2.6倍；综合能耗弹性系数0.22，是国家标准的36.67%；新鲜水耗弹性系数为-0.19，也远低于国家标准（0.55），由此可见，郑州经济技术开发区资源节约利用处于国内先进水平。

（四）环境保护

郑州经济技术开发区坚持环境保护与经济增长并重、污染防治与生态保护并重，最大限度地减少废弃物排放。园区管委会实行严格的环境准入制度，严格限制污染严重的企业入驻；制定完善的环境监管体系，提高环境监管网格化管理水平；制定了企业环境管理考核体系，对入驻企业实行严格的环境考核，使园区环境质量不断改善。环境保护类13项指标全部达标，COD排放弹性系数为-0.52，SO_2排放弹性系数为-0.88，平均为-0.7；单位工业增加值二氧化碳年均消减率为11.3%，单位工业增加值废水排放量1.6吨/万元，单位工业增加值固废产生量为0.02吨/万元；绿化覆盖率达到40%。

郑州经济技术开发区环境质量持续改善，2016年环境综合指数7.96，比上年下降11.6%。在大气环境方面，PM2.5浓度为76微克/立方米，同比下降25.5%；优良天数154天，比2015年增加39天。在生态水系治理方面，组织开展生态水系建设项目，开挖荷湖，推进龙渠、风河二期建设，加快潮河两侧绿化，人均绿地和水域面积同比提高7%和8%。园区土壤污染基本得到控制，农用地和建设用地土壤环境安全得到基本保障，土壤环境风险得到基本管控。

（五）信息公开

在企业环境自律、管委会严格管理基础上，郑州经济技术开发区积极动员企业员工和社区居民参与生态工业建设和环境治理。在“世界水日”和“世界环境日”举行大型主题宣传活动，印制环保宣传条幅150多条，每个自然村和社区都悬挂环保宣传条幅，提高社区居民对生态工业的认知水平。同时，园区环保局和党政办联合举办在线网谈活动，解答网民环保问题。积极推进园区企业开展环境信息公开，重点企业环境信息公开率达到100%；建立和不断完善环境管理数据库，专人负责整理环境管理数据库，企业的环境信息齐全，建设项目档案规整到位；建立危险废弃物物联网平台，对危险废弃物的转移进行实时定位和数据监控；并通过园区官网及时发布循环经济、清洁生产和环境保护的相关信息。生态工业信息平台完善程度达100%。

三、综合绩效的其他表现

《国家生态工业示范园区标准（HJ2015）》侧重评价分析生态工业园区循环经济发展的成效，其指标体系未涉及开放与合作、产城融合和技术创新等评价指标。为此，我们对生态工业园区的这三个组成部分也进行补充分析和评价。

（一）开放与合作

郑州经济技术开发区充分利用各类开放平台和枢纽，大力提升对外开放水平，打造河南省对外开放的高地。其中主要建设四个对外开放平台，即河南自由贸易试验区、郑州经开综保区、郑州跨境电商综合试验区和郑州国际物流园区；两个枢纽，即国际物流枢纽和网上跨境贸易枢纽。在投资便利化方面，郑州经济技术开发区河南保税物流中心探索“一区多功能”监管服务模式，大大降低到了政府的监管成本和企业的运营成本。2018 年园区引进境内域外资金 82.8 亿元，拥有外商企业 100 余家。

（二）技术创新

在技术创新方面，郑州经济技术开发区坚持把创新作为引领发展的第一动力，加快构筑高质量发展的战略支撑，推进科研机构、平台载体和技术中心的建设，重点拓展高新技术创业中心的功能，强化我国河南留学人员创业园的集聚效应，积极参与建设郑洛新国家自主创新示范区、郑州航空港国家双创示范基地，激发国内外各类人才的创新活力。截至 2016 年年底，园区拥有院士工作站 13 个，国家级研发中心 6 家，省级研发中心 49 家，认定高新技术企业 97 家，双创载体建设面积 150 万平方米，拥有专利授权量 6778 件，园区创新活力持续释放，科技带动作用日益突出。

（三）产城融合

郑州经济技术开发区坚持以人为本、产城融合的发展理念，统筹推进各项民生事业，加快重要节点环境综合整治，协调布局生产空间、生活空间和生态空间。作为产城融合的主要项目，滨河国际新城同时涵盖自贸区、涉外区、CLD 中央生活区三大核心定位，拥有交通、生态、商业、教育、医疗、文化六大高密高质配套，打造成宜业、宜居、宜乐，“三位一体”的中央生活休闲区。

四、综合分析与讨论

（一）综合评价

郑州经济技术开发区遵循生态工业理念，持续开展国家生态工业示范园区的建设工作，推动园区走绿色、低碳、循环的创新发展之路，打造特色鲜明的宜居宜业的滨海新城。在汽车、先进装备和现代物流等产业体系发展的基础上，郑州经济技术开发区积极扶持战略新兴产业和总部经济发展，生态产业链不断延伸，节能减排取得明显成效，基础设施体系和环境管理体系不断完善，环境质量不断提升，园区可持续发展能力不断增强。

从综合数据来看，五大类指标都达到国家生态工业园区标准，但一些可选指标所反映的问题也不可忽视。3 项未达标的可选指标反映的焦点问题是废弃物回收和利用能力薄弱，静脉产业发展不足。从水资源再生来看，再生水回用率不达标反映了园区污水处理、收集、无害化处理的链条并不完整，水资源浪费现象明显；从静脉产业整体发展来看，废旧电子、废旧轮胎、废旧汽车等回收与资源再生产业发展规模小，固废污染的风险依然存在。另外，可再生能源使用较低，也是园区需要注意的问题。

（二）纠正与发展

1. 系统集成。郑州经济技术开发区应该深入挖掘水—能—物的耦合关系，在推动动脉产业链网发展的同时，加强静脉产业与动脉产业之间的耦合，通过加快再生水基础设施的建设和完善，提高再生水利用水平；通过企业之间水的梯级利用进一步降低新鲜水耗。加强汽车及零部件、装备制造业、电子信息产业的余热回收利用，提高能源的利用率。同时，利用大数据技术建设统一的工业代谢检测及优化体系，进一步提高资源利用效率。

2. “互联网 +”循环经济。为了进一步加快园区的物质集成、能量集成和信息集成，推进产业共生网络发展，建议郑州经济技术开发区充分利用现代信息技术，加快完善园区危险废弃物物联网平台、环境管理数据库，同时积极整合各类信息平台，建立统一完整的循环经济发展信息平台，并与区外园区的信息平台互联互通，为跨园区、跨地区的循环经济提供管理工具。互联网 + 循环经济不仅能够增强小循环、中循环的有序程度，而且能够有效促进大循环、虚拟工业园的发展。

3. 宜居生态工业园。以滨河新城为突破，郑州经济技术开发区的产城融合进程加快。未来，园区要多措并举，从整体上打造宜业宜居的产业新城。内容包括大气污染联防联控、继续深化水系统优化，加强已建水域水质提升；开展低碳园区建设，低碳设计、低碳生产、低碳生活；加强绿化，构建以绿地、水体为主体的生态安全格局。

五、综合绩效评价指标体系的创新思考

生态工业园区综合绩效评价指标体系需要适应园区发展而不断改进和完

善。国家生态工业示范园区标准的改进思路包括三个方面：一是与园区发展相适应，需要根据园区发展阶段调整评价标准；二是与国外生态工业园区评价标准相衔接，提高其适应性；三是与地方考核标准相结合。基于以上思路，提出如下改进建议：

（一）与园区发展相适应

在我国新一轮开放创新中，我国生态工业园区依然处于改革前沿，开放与创新成为推动园区持续发展的动力；同时也为循环经济提供了更好的外部环境和技术支持。基于这一发展形势，建议在经济发展类中增加能够反映开放、创新的二级指标，如外资使用增长率、专利申请数量等指标。与此同时，我国生态工业园区的产城融合不断加快，服务业与制造业耦合将进一步完善工业共生网络，同时也有利于推动园区经济社会持续发展。因此，建议将信息公开类一级指标改为产城融合，并在其二级指标中增加反映产城融合的指标，如每万人学校数、每万人医疗机构数、单位面积基础设施投资额等。

（二）与国际评价相接轨

与其他国家相比，我国生态工业园区建设和发展具有特殊性。因此，应该建立适应我国生态工业园区发展的评价指标体系。但是，生态工业园区发展有其共有的客观规律，中外生态工业园区也需要通过对比相互借鉴，这样就要求国内生态工业园区评价指标体系要与国际接轨。例如，硅谷指数构建的核心是以人为本，注重教育、文化、权利、基本服务设施等在工业园区生态化建设中“活的资源”，相应指标有人口增长率、就业变化率等。

（三）建立等级制

为了鼓励生态工业园区发展，吸引更多的园区加入国家生态工业示范园区创建活动，建议对生态工业园区进行评等评级，每个等级设定不同的达标标准，并实行周期浮动制。建议将国家生态工业园区分为二个等级，即一等和二等。一等园区在现有达标标准基础上上浮一定幅度，按上浮标准在现有命名的生态工业园区中进行选拔。同时，不能满足二等标准的生态工业园区降为省级生态工业园区，由地方政府参照国家标准进行浮动管理。各省在进行生态工业园区管理中，要结合地方经济发展的水平、技术创新能力等制定相对合理的标准，从而激发地方发展循环经济的积极性。

第十章

我国生态工业园区发展的趋势

生态工业园区作为我国的第三代工业园区，将生态学原理与工业生产理念相结合，改变了过去工业园区发展不能兼顾生态环境的不足，在促进我国经济的生态化发展和实现循环经济方面发挥着巨大的作用。经过40余年的发展，生态工业园区建设已经积累了丰富的经验，并在发展中不断创新，显现出六大发展趋势。

第一节　低碳行动社会化

英国政府于2003年提出低碳经济概念①，希望通过调整能源政策，发展低碳技术，建立较少排放温室气体的经济系统，把英国变成一个低碳经济国家。2008年世界环境日主题定为“转变传统观念，推行低碳经济”，以此宣传低碳经济理念，提高发展低碳经济的自觉意识。2009年联合国气候变化大会关于约束温室气体排放的讨论，再次引发全球低碳经济发展的思考。2009年，我国生态环境部发布《关于在国家生态工业示范园区中加强发展低碳经济的通知》（环办函〔2009〕1359号），将发展低碳经济纳入园区建设，并提出5项工作重点：产业结构调整低碳化、清洁能源替代、建筑节能改造、低碳技术研发和倡导低碳生活等。2013年工业和信息化部、发展和改革委员会联合发布《关于组织开展国家低碳工业园区试点工作的通知》（工信部联节〔2013〕408号）推动开展园区低碳化试点工作，17家国家生态工业示范园区

① Department of Trade and Industry, Energy White Paper: Our Energy Future - Create a Low Carbon Economy [M]. London: TSO, 2003.

入选低碳工业园区试点，在开发新能源、能源与碳排放管控、企业碳盘查、低碳节能贷、低碳与零碳交通工具、低碳发展资金等方面形成一定经验。随着低碳经济在全球的推广，生态工业园区将在低碳化发展中起到示范作用，生态工业园区将成为我国低碳化发展的重要载体。

一、产业结构调整低碳化

在产业结构调整升级中，积极推动园区产业结构向低碳方向发展。按照增加碳汇减少碳源的原则，限制落后的高能耗、高污染产业发展，在原有的产业中开展技术革新、管理创新，实现生产过程节能减排，促进能源结构的改善，同时积极引入低能耗、低排放的新兴产业，使区域产业结构向低能耗、低污染、低碳排放的方向发展。

上海金桥出口区大力发展生产性服务业，加快产业结构调整和转型。园区一方面加快淘汰落后产能；另一方面积极培育新兴产业，进一步提高高新技术产业、低碳产业的比重。通过进一步完善电子信息设备制造、新能源汽车、新一代家用电器和生物医药四大支柱产业的生态产业链，将绿色、低碳生产向绿色设计、绿色营销两端延伸，不断扩大低碳发展的规模和深度，将金桥开发区建设成为上海市低碳发展规模最大、能效最高、产业链生态特色鲜明、集聚效应明显和生态环境突出，具有国际水平的国家级生产性服务业基地，实现金桥开发区产业结构低碳化。

二、清洁能源替代

在能源利用结构优化中，通过工艺改善和能源管理，提高能源利用效率，减少综合能耗，逐步改变能源利用模式，重点发展使用水能、风能、太阳能、生物能、地热能、潮汐能等清洁能源，改善园区能源利用结构。加强清洁能源基础设施的使用，加强对原有建筑的节能改造和新建建筑的节能设计，提高建筑节能率。

贵阳高新技术产业开发区遵循“发展”“减碳”并举的思路，加快发展新能源，引导扩大输入电力、天然气消费，探索利用地热、生物质能等可再生能源，实现能源消费结构的多样化，降低能源消费的碳排放水平。园区考虑气候、地质、资源及应用条件，以太阳能、浅层地热能建筑和清洁能源建筑应用为重点，因地制宜推广可再生能源建筑应用，在技术条件具备的情况下，园区新建项目和2万平方米以上大型公共建筑将根据条件和使用需求选择应用一种以上的可再生能源系统，优先采用土壤源、水源热泵技术。例如，园区建设的新型节能环保多功能热泵产业化建设项目，将形成年产2万台多功能热泵生能力。

三、建筑节能改造

在低碳技术研究开发中，充分利用生态工业园区中大型企业和科研院所的技术研发能力，开展再生能源技术、节能减排技术、清洁煤利用技术、低碳管理技术等有利于促进低碳经济发展实现碳减排的关键技术的研究和开发。在园区层面建立低碳技术企业孵化器，推动低碳技术的产业化。

苏州工业园区管委会高度重视建筑节能和绿色建筑的发展，通过加强政策引导、绿色宣传和示范项目带动，在建筑节能及绿色建筑方面做了一些有益的尝试，取得了初步成效。2007年开始启动绿色节能建筑“1680工程”计划，该计划包括一项发展基金（建筑节能专项引导资金）、六大扶持政策、八大节能技术和十大亮点工程（其中，园区档案管理中心大楼、综保大厦目标是国家绿色建筑三星级标准，青少年活动中心目标是一星级标准）。通过政府项目创建绿色建筑的积极引导，目前园区已初步形成了一个从政府项目到房产发展商、工厂企业主等各种性质的投资商创建绿色建筑的良好局面。

四、低碳技术研发

在低碳经济管理机制建立中，将低碳经济管理职能纳入园区管理组织结构中。制定经济鼓励政策推动园区企业开展产业优化升级，改变能源利用模式。制定技术政策，促进和鼓励低碳技术的研发和产业化。在园区准入政策中纳入低碳经济的要求。

合肥高新技术产业开发区加大低碳技术创新的支持力度，围绕支持使用减污降碳技术、清洁生产、环保管家、合同能源管理、低碳技术攻关及应用等方面，出台10项政策，设定“环保鼓励奖”和“环保技改奖”，制定出台绿色低碳金融和产业十条政策，积极推进与央企和国资公司等合作设立绿色低碳发展基金，重点扶持节能环保产业发展。打造碳中和全球创新策源地，依托中科大、中环院等高校科研院所，支持园区行业龙头企业开展应用为导向的产学研合作，重点开展光伏、氢能、储能、CCUS（碳捕集、利用与封存）等领域前沿技术创新研究，围绕零碳、减碳、负碳技术，打造一批国家企业技术中心。布局碳中和应用场景，园区中建材公司在平板玻璃行业率先使用二氧化碳捕集、利用和封存技术。

五、倡导低碳生活

在低碳经济理念的宣传中，加强园区内企业员工、居民和学生低碳经济理念的教育和宣传，促使公众改变生产、生活和消费行为模式，使用低碳技术、低碳产品。

天津经济技术开发区率先探索以“政府引导、企业主体、公众参与、媒体推广”为特色的泰达环保社会机制，引导社会各界共同保护生态环境，倡导低碳生产和生活，在环保民间组织建设、企业环境信息公开、自愿性环境协议、生态管理标识、绿色单位创建和家庭碳减排活动等方面进行了大量的实践，提升了区域生态文明水平，取得了丰富的经验。

第二节 循环利用虚拟化

与传统工业园区相比，虚拟工业园区突破了园区地理边界限制，可以在更大的地域范围内组织资源与能源的综合利用，能够进一步提高资源产出率。生态工业园区在发展中，因为绿色技术不成熟、补链项目短缺等原因可能导致核心企业的部分副产品或废弃物无法在园区内处理，就需要寻求区外企业的协作。除危险废弃物外，大多数副产品和废弃物跨区域流动是一种经济可行的方法。随着现代信息技术的不断发展，园区管理的信息化水平不断提高，与其他区域间的生产信息的共享程度也不断提高，从而为虚拟工业园区提供强大的技术支撑。而且随着运输技术的创新运输成本不断降低，运输的安全性不断提升，从而有效克服空间距离对循环经济的制约。未来随着信息技术、运输技术的创新，虚拟生态工业园区范围将进一步扩大，资源配置效率将进一步提高，虚拟生态工业园区的普及程度也将大幅度提高。

一、核心企业

虚拟生态工业园区构建的基础是生态产业链，而生态产业链是围绕园区核心企业的主导产品生产而形成。因此，虚拟生态工业园区形成的首要条件是存在一个或几个规模较大、发展稳定的核心企业（关键企业）。在生态产业链中，核心企业通过中间产品与其他企业形成产业关联，并对关联企业形成强大的吸附能力。

福建三钢集团是一家年产钢1200万吨和以钢铁业为主、多元产业并举的跨行业、跨地区、跨所有制的大型企业集团。以三钢集团为主体构建沙溪河沿岸虚拟型生态工业园区，其串接矿渣微粉、水泥、建材、发电等相关产业企业，范围涉及沙溪河沿岸地区①。

二、产业链图谱

依据核心企业的生态产业链设计，确定主导产品的上游产品和下游产品，在园区内外寻找和发现与这些产品匹配的生产商，从而建立产业链图谱，构建一个动态的、广泛的资源循环利用企业数据库。产业链图谱的形成依托互联网技术，借助区域性工业互联网信息平台或区域性产业链图谱，搜集和更新“补链”企业的数据和信息，不断完善资源循环利用的路径和通道。产业链图谱立足于园区，探索更大范围的资源流动空间；立足于现状，规划园区长远发展应具备的资源流动潜力。

为推动开发区转型升级，太原经济技术开发区研究和编制了《山西省制造业十二大领域发展图谱》，围绕先进装备制造、新能源汽车、轨道交通装备、通用航空、节能环保、新一代信息技术、大数据、新材料、镁铝合金、现代医药及医疗器械、现代煤化工、特色轻工等十二大重点发展领域为企业和园区提供引导，内容包括十二大产业每一产业的发展现状、在国内的产业布局、产业对应的产业链全景图、山西省现有此产业的产业基础以及产业链的重点企业列表。该图谱的编制对推动山西省新兴产业快速成长，促进太原

---

① 吴爱福：“在发展循环经济中实现经济持续发展——三钢集团公司发展循环经济掠影”，《发展研究》，2006年第12期，第128－129页。

经济技术开发区与区外企业的资源利用合作具有重大意义。

三、虚拟循环网络

在产业链图谱基础上，合理选择“补链”企业。“补链”企业与核心企业集聚分布在同一园区，符合生态工业园区循环利用理念，也有利于提高园区生产效率。但是，园区的土地、水、电等生产要素是有限的，不可能容纳所有的“补链”企业，也不可能在园区形成一个完整的、闭合的循环利用网络。因此，随着生态工业园区生态产业链的建设，在区外寻求“补链”企业就成为必然趋势。“补链”企业的加入与退出是一个动态演变过程，影响因素主要包括产品运输成本的分析和运输安全的要求等。在其他条件相同情况下，就近选择“补链”企业成为虚拟工业园区建设的主导思路。“补链”企业确定后，园区借助计算机模型进行物质流分析，构建资源虚拟循环网络，用于指导园区内外企业间的资源循环利用。

美国的布朗斯维尔工业园（Brownsville Eco - industrial park）是一个成功的虚拟工业园区，其范围跨越了布朗斯维尔和临近墨西哥的马塔莫罗斯市。园区建立了资源共享信息系统，涉及相关企业的原料、副产品的数量、种类及使用成本。据此，园区根据需要，不断吸引“补链”企业进入，有效降低了废弃物的产生。

第三节 绿色技术产业化

绿色技术是指有利于节约自然资源、有利于环境保护的技术，它不同于以利润为单一目标的传统工业技术，是一种兼顾经济效益和生态效益的技术，是经济社会可持续发展的重要技术支撑。绿色技术的涵盖范围十分广泛，绿色技术在工业产品生命周期中的应用主要涉及绿色设计产品、清洁生产工艺、末端污染治理技术等。绿色技术是生态工业园区发展循环经济的技术支撑，绿色技术产业化必然成为生态工业园区建设和发展的重要策略。

一、绿色设计产品

绿色设计是指将环境因素纳入产品设计，着眼于整个产品生命周期，系统考虑原材料选用、生产、销售、使用、回收、处理等各个环节对资源环境造成的影响，尽量节约资源和能源、减少废弃物排放（如可拆卸性、可回收性、可维护性、可重复利用性等），并将其作为设计目标之一，在满足环境保护条件的同时，保证产品的质量达到最优状态。自2018年开始，我国工信部在不定期更新并公布绿色设计产品标准清单，引导企业、园区开展绿色设计研发，推动绿色产品生产。从生态约束和成本约束两个角度来看，生态工业示范园区将是绿色设计研发和绿色设计应用的核心区域，也将是环境友好型产品的主要生产基地。

长沙经济技术开发区全面提升绿色制造水平，园区企业突出绿色主题、采用绿色设计、生产绿色产品、打造绿色工厂、建设绿色园区，全面推进绿色制造，在工业绿色转型发展方面取得了明显成效。远大科技集团有限公司的非电空调、空气净化器等绿色节能环保产品、广汽三菱汽车有限公司轻型越野车、凯德防水涂料等均通过了中国环境标志产品认证；博世汽车致力于研发汽车起动/停止技术，该技术能够有效降低内燃发动机车辆在怠速时的燃油消耗和二氧化碳排放，节油减排可达15%。上汽大众汽车有限公司长沙分公司凭借厂区分布式发电项目、雨水回用项目等环保举措，获得了国家住建部三星级绿色建筑设计标识。

二、清洁生产工艺

与高消耗、高排放的粗放型生产方式不同，清洁生产方式注重生产过程中的资源节约，尽量减少污染物排放，最大限度降低工业生产对环境造成的危害。清洁生产工艺或过程是清洁生产的核心部分，主要是通过改造或更新机器设备或重组生产流程，从而达到适应清洁能源或原料、减少污染物排放、增加副产品的循环利用等目标。为了进一步推动园区循环经济改造，生态工业示范园区须大力普及清洁生产理念，积极宣传和推广相关产业的清洁生产工艺，开展清洁生产审核，鼓励企业引进技术先进的设备和工艺，不断探索节能减排的技术措施和管理流程。

上海化学工业经济技术开发区持续开展污染物排放控制，企业持续改进工艺技术，不断提高资源产出率。拜耳聚酯公司改进光气液相法生产工艺为气相法，在总耗能不变的情况下，可使TDI（甲苯二异氰酸酯）产品单耗消减60%，产量从16万吨/年增加到30万吨/年。巴斯夫化工有限公司新建异丁烷正构化生产单元，将现有四氢呋喃单元（THF）的副产品异丁烷转化成四氢呋喃的生产原料正丁烷。在THF总体产能不变的情况下，可减少THF单元混合丁烷外购量，降低储运及使用过程中环保、安全方面的风险。上海赛科石油化工有限责任公司对乙烯装置实施原料多样化适应性改造，使原料结构由改造前全石脑油工况调整为轻质原料（乙烷、丙烷、LPG）和石脑油等多原料组合工况，提高了适应市场变化的能力。随着生产工艺的不断改进，节能减排效果不断提升，万元产值能耗控制在0.9吨标煤/万元以下。

三、末端废弃物处置与资源化

在循环经济理论上，资源循环利用能够实现闭合环状。但是，在实际经济运行过程中，受到生态技术和经济成本的限制，少数物质还是难以利用。生态工业园区要大力引进废弃物无害化处置与资源化利用技术，积极发展静脉产业链。在污水资源化利用化方面，生态工业园区要引进和利用低成本、高性能工业废水处理技术和装备，搭建工业废水循环利用智慧管理平台，推进园区内企业间用水系统集成优化，建立企业间点对点用水系统，实现串联用水、分质用水、一水多用和梯级利用，实现工业废水循环利用和分级回用。在固废无害化处置和资源化利用方面，企业要建设完善的固废收集、暂存和分析系统；园区要建设完善固体废弃物管理信息系统；有条件的园区要引进固体废弃物处置企业，支持它们采用先进的焚烧技术和填埋技术处置固体废弃物。

鲁北国家工业生态工业示范园区建立了海水淡化、地表水、自来水供给为主，中水回用为辅的水资源供给体系，各企业均完善配套管网及污水处理设施，对水质要求不高的生产环节优先采用污水处理站处理后的中水。山东鲁北海生生物有限公司各生产环节的废水均收集，经过园区污水处理站“调节池+絮凝沉淀+气浮+过滤”工艺处理后，作为二次用水，返回企业的原料磨制、赤泥沉降分离洗涤等工序，逐步实现了用水生态化。苏州工业园区固废综合处置中心采用回转窑焚烧工艺，年焚烧处置23个大类的固废3万吨，可回收7万吨蒸汽，减排1.3万吨二氧化碳当量的温室气体。处置中心规范接受各类危险废弃物，进行废弃物性质调查及采样分析，并根据危险废弃物的种类和化学性质，选择不同的处理方法。对于固废处置产生的飞灰和烟尘进行固化处理，送到填埋场进行安全填埋。

第四节 社区营造向心力

社区是城市的基本单元，是城市居民生活和交往的主要场所，也是城市文化和社会关系网络形成的载体。在加快推进产城融合过程中，产业新城不仅要提供城镇发展所必需的基础公共服务和商业服务，同时要重视发展社区建设，特别是社区向心力建设，通过基础公共服务提升、休闲娱乐设施建设、社区文化活动和社区自治等项目建设，让社区成为凝聚园区居民的纽带，成为社会资本形成的蓄水池。

一、提升基本公共服务

基础公共服务是生态工业园区城市服务的主体，包括交通、医疗、教育、文化和行政服务等。虽然大多数产业新城配置和提供了基本公共服务，但多数存在数量较少，质量较差等问题，特别是中小学教育资源、医疗资源的供给与需求存在较大差距。未来，通过提升基础公共服务的质量，更好地满足园区居民就近上学、就近就医的要求，是生态工业园区凝聚人心、吸引高端人才的重要途径。

贵阳经济技术开发区持续健全公共服务制度体系，通过联合办学、办医等形式不断增加优质教育资源和医疗资源。开发区与上海师范大学合作建设上海师范大学附属贵阳科创实验学校。学校属于上海师范大学基础教育发展中心直管的教育实验基地学校，将全面整合上海师范大学基础教育师资，按照省级九年一贯制标准，建设全日制小学和中学两部分，其中小学 48 个班，初中 24 个班，努力实现市民群众从“有学上”到“好上学”“上好学”的转变，让更多孩子共享优质教育资源。开发区与贵阳市医疗健康产业投资股份有限公司合作建设经开区人民医院，按三甲医院标准建设，设置床位 1000 张，为经开区及贵阳市居民提供优质、高效、便捷的医疗服务。

二、建设休闲娱乐设施

图书馆、博物馆、会展中心、电影院、歌剧院、绿地广场、主题公园、邻里中心等功能单元是居民学习、休闲和交际的主要场所，也是高层次精神文化消费资源的载体。通过建设高水平的休闲娱乐设施，产业新城能够培养居民高层次的消费理念，提升居民的消费层次，能够吸引更高素质、更高水平的人才；通过建设邻里中心，打造15分钟生活服务圈，以适应家庭生活社会化、居民交往社群化、社区服务综合化的需要。随着休闲娱乐设施供给水平的提升，生态工业园区将催生相关配套服务，集聚更多人口，使产业新城转变为服务新城。

近年来，南通经济技术开发区坚持公益性、基本性、均等性、便利性等原则，大力投资建设文化休闲设施，完善区、街道、社区三级联动、结构合理、功能健全的现代公共文化设施网络，万人拥有文化活动面积1200平方米，15分钟文化圈已经基本形成，极大地丰富人民群众的精神文化生活。其一，能达商务区已经发展成为集行政办公、金融商贸、商业服务、文化休闲、科教研发、高尚居住等功能为一体的城市核心区。其二，投资5000万元，建设占地23公顷的能达中央公园，主要包括疏林草地、滨江驿站、滨江广场、游步道及生态停车位，具备休闲娱乐、生态化、景观化、功能化的要求，可供人们休憩、健身、娱乐、交流；其三，投资2.8亿元，新建总建筑面积为3.17万平方米的公共文化中心，由图书馆、文化馆、档案馆、大剧院等四大部分组成，可供居民在这里阅读休闲、观看演出等。

三、组织社区文化交流活动

社区文化与交流活动是活跃社区文化生活、满足居民精神文化需求的手段，也是生态工业园区逐步形成社区风尚，凝聚社区人心的深层次举措。其一，搭建企业与社区交流平台。通过搭建企业人员与社区居民资源共享、合作共赢的平台，推动企业、社区、社区社会组织之间形成良性互动关系；其二，培养社区风尚。工业园区向产业新城的转变不仅是社会服务功能的提升，而且还必须给社区赋予文化属性。在实际工作中，各社区要构建以“社区理念、社区标识、社区刊物、社区之歌”等为代表的社区专属形象，以特定的产业文化底蕴凝练社区风尚，提升社区居民的归属感；其三，培育文化活动品牌。从居民结构出发，将居民的兴趣爱好和社区的公益行动有机结合，深入开展各类主题文化活动，吸引年轻居民融入社区，并打造和培育优秀活动项目，形成社区文化活动品牌。

苏州工业园区积极组织开展丰富多彩的社区文化活动，满足多元化、多层次精神文化需求，获得良好的社会反响，提高了园区居民的归属感和向心力。园区100余家大型企业成立了“企业社会责任联盟”，与社区结成长期结对共建关系；300余家中小规模商户成立了“爱心商家联盟”，以折扣让利消费、平价放心餐饮等方式回馈社区。园区以“志愿、奉献”为主线推进“触爱行动”，营造“有交往就有邻里、有参与就有幸福”的良好氛围，培育“包容、参与、互助、共享”的社区风尚。园区培育了“苏州工业园区歌唱器乐大赛”“广场健身舞蹈大赛”“园区美术馆联盟展览”“创意文化艺术节”“文化体育节”“新加坡文化周”等系列文化交流活动品牌，进一步深化开放包容、现代时尚、精致和谐、创新创优的圆融文化。

四、创新“四社联动”社区治理模式

目前，我国城市社区正在推行以社区为平台、社区社会组织为载体、社工专业人才为支撑、社区志愿者为补充的“四社联动”工作机制，构建“政府、市场、社会‘三主体协同’”，“四社”资源共享的基本框架。产业新城在进行社区治理时，要结合园区社会关系松散、文化背景多元等新型城市社区的实际特点，借鉴发达国家的先进经验，创新“四社联动”社区治理模式，提高社区治理效果。其一，强化社区工作委员会的引领作用。社区工作委员会主要负责加强基层组织建设、提供社区公共服务、创新基层社会管理，下设社区工作站作为服务窗口，每个工作站一般辐射4—6个社区，与社区自治组织在人员配置上相互独立，按照“一站多居”的模式形成覆盖。其二，扩大社区社会组织规模。加快发展文体娱乐类、邻里互助类、社会服务类、志愿公益类、协调管理类等社区社会组织，充分发挥其在培养社区领袖、规范居民行为、增强公民意识、融洽邻里关系、保障居民利益等方面的重要作用。其三，提高社区精细化管理水平。充分考虑居民的认同度和社区工作人员的状况，合理设置网格，形成网格指导员—网格长—网格员为线条、社区居民积极参与、社区党组织为核心的条块结合的社区网格化管理模式。

青岛经济技术开发区积极探索以党建引领为核心的社区网格化治理机制，印发《关于全面推行基层网格化管理工作的实施方案》，按照“就近就便、相邻相近，易于管理，便于服务”的原则，将35个社区划分为243个网格，建立网格党组织200个，并按照“4 + X”模式（党建引领、标准化建设、智慧化支撑、网格化管理和特色化服务）配强力量、明确职责，确保工作有人抓、能抓好。同时，整合党建、综治、公安、民政、信访等部门和社会资源，积极构建以网格—社区—片区—街道为主的“四级”互联互通互动的服务群众工作链条，打通联系服务群众的“最后一公里”。

第五节　构筑国际合作的新高地

我国国家级生态工业示范园区的主体是国家级开发区，主要包括国家级经济技术开发区和国家级高新技术产业开发区，这些开发区既是我国经济转型和可持续发展的示范区，也是我国改革开放的排头兵。未来，我国生态工业示范园区在吸引外资方面依然具有很大潜力，在引进国际高端研发机构、建设高标准国际合作园区和鼓励国际资本参与园区运营等方面不断发力，构筑国际合作的新高地和示范区。

一、引进国际高端研发机构

目前，我国生态工业示范园区正处于转型升级和二次创业的关键时期，价值链正在向“微笑曲线”的两端延伸，迫切需要一批高端研发机构予以带动和支撑，增强生态工业园区的科技创新驱动力。为此，园区将融入全球创新网络，坚持需求导向和产业化方向，围绕价值链打造产业链、围绕产业链部署创新链，围绕创新链配置资源链。积极引进跨国公司研发中心和创新中心，以及金融、法律、知识产权、人力资源等专业机构，引导区内企业与跨国公司建立技术战略联盟。同时，推动有条件的园区与本地高校、科研院所建立协同创新平台，形成产业创新集群，并加快园区大众创业万众创新支撑平台建设。

近年来，苏州工业园区利用外资层级、项目质效不断提升，持续引进生物医药、智能制造、航空汽车、新能源等新兴产业领域的国际研发生产基地，包括罗氏公司诊断试剂研发生产基地，硕腾公司动物疫苗研发生产基地，强生公司新型缝合线产品研发生产基地、礼来公司胰岛素生产项目、飞利浦 CT 核磁共振核心部件生产线；加强与国际高端科研院所合作，引进牛津大学高等研究院、新加坡国立大学苏州研究院、冷泉港、哈佛大学韦茨创新中心、微软苏州研发中心、西门子苏州研究院、微创全球骨科总部等新型研发机构，紧密开展技术创新的国际合作；同时，将创新资源产业链布局延伸至海外市场，在新加坡、以色列等地设立海外离岸创新中心；推广自主品牌国内国际市场，搭建国际交流合作平台，打造智博会、纳博会等国际展会。

二、建设高标准国际合作园区

国际合作产业园是高水平、高标准开放合作的重要载体，也是国家生态工业园区集聚高层次外资和转型升级的重要突破，已经成为各园区可持续发展的重要战略之一。其一，高水平制定园区规划。以“区中园”的形式，在生态工业园区中划定区域范围，对接合作国家（地区）生产、生活、生态“三生”特色，高起点做好国际合作产业园区建设规划，明确园区发展定位和目标，规划布局高水平生产性服务设施和高品质生活性服务设施。其二，高标准引进绿色项目。遵循绿色、低碳和循环发展的理念，积极引进国外绿色技术创新企业和项目，特别是引进层次高、理念新、带动作用明显的绿色项目，大力发展绿色循环经济产业链，持续引领我国工业园区的生态文明建设。其三，高效率提供国际化服务。全面落实准入前国民待遇加负面清单管理制度，加快复制推广自贸试验区创新成果，着力营造市场化、法治化、国际化、便利化的营商环境，构建高效、全面的国际化营商环境。

成都中法生态园位于成都经济技术开发区境内，辖区范围 39.8 平方公里，规划建设区为 14.52 平方公里。园区是依据中法两国元首见证签署的《关于生态园区经贸合作的谅解备忘录》设立的国别合作园区（2014），按照“绿色生态低碳中法国际合作样板、‘两业’融合国家试点公园新城”的功能定位，中法两国在智慧交通、智慧能源、高端装备制造、节能环保、绿色建筑等领域重点开展合资合作，努力打造中法两国间绿色低碳发展的典范。目前，以东风神龙汽车项目、弗吉亚汽车零配件项目、威马汽车全球研发中心为核心的汽车产业已经拥有 11 家整车企业和 300 余家零配件企业；以天然气分布式能源项目（苏伊士环能与川能投合资建设）为基础，绿色项目逐步向园区水环境修复与整治、电动汽车分享计划、可持续发展城市等国际合作项目拓展。园区积极打造投资贸易便利、行政许可便捷、要素获取容易、政策精准易享、法治保障完善、市场环境公平、符合产业发展特色的国际化营商环境新高地，在《中国城市营商环境投资评估报告（2019）》中荣获“中国国际化营商环境建设十佳产业园区”。

三、鼓励国际资本参与园区运营

为了进一步深化园区国际合作的程度，国务院印发《关于推进国家级经济技术开发区创新提升打造改革开放新高地的意见》（国发〔2019〕11号），鼓励和引导开发区通过资本市场开展国际合作。其一，股权结构国际化。支持地方人民政府对有条件的国家级经开区开发建设主体进行资产重组、股权结构调整优化，引入民营资本和外国投资者，开发运营特色产业园等园区，并在准入、投融资、服务便利化等方面给予支持。积极支持符合条件的国家级经开区开发建设主体申请首次公开发行股票并上市。其二，运营国际化。加快园区运营公司的混合所有制改革，引入民营资本、港澳地区及外国投资者，建立现代企业制度，完善法人治理结构，激活运营效率，提高运营的国际化水平。其三，管理国际化。积极争取合作国家（地区）的机构以派员等方式参与园区开发公司的管理和运行，借鉴和吸收国外先进的管理理念和方法，畅通国际合作的信息通道。

2019年11月29日，我国证监会核准中新苏州工业园区开发集团股份有限公司（中新集团）的首发上市申请；2019年12月20日，中新集团在上海证券交易所挂牌上市，拟募集资金净额13.62亿元。中新集团成为《关于推进国家级经济技术开发区创新提升打造改革开放新高地的意见》发布后，我国首个获批上市的国家级经济技术开发区开发运营主体。该集团是苏州工业园区的开发运营主体，5家股东来自中国、新加坡和中国香港特区，其中苏州工业园区股份有限公司持股52%，新加坡—苏州园区开发财团持股28%，港华投资有限公司10%，新工集团私人有限公司持股5%、苏州新区高新技术产业股份有限公司5%。中新集团以园区开发运营为主体板块，以产业载体配套和绿色公用为两翼支撑板块，通过板块联动、资源集聚，实现高水平产城融合的“一体两翼”协同发展格局。中新集团上市将有助于苏州工业园区提高开发建设的力度和质量，加快建设世界一流高科技产业园区，同时也为开发区开发运营提供中外合作市场化模式。

第六节　推行环境污染第三方治理

环境污染第三方治理是排污者通过缴纳或按合同约定支付费用，委托环境服务公司（环保管家）进行污染治理的市场化模式，体现了污染治理领域的污染者付费、市场化运作的基本原则。《国务院办公厅关于推行环境污染第三方治理的意见》（国办发〔2014〕69号）指出，环境公用设施、工业园区等领域是推行环境污染第三方治理的重点。未来，生态工业园区将率先推行和普及环境污染第三方治理模式，在环境污染市场化、专业化和产业化方面起到示范作用。在实际操作过程中，园区要优化选择特许经营、环境绩效合同服务和委托运营等第三方治理模式，不断创新治理机制，提升环境治理效率。

一、特许经营治理模式

特许经营治理模式是指工业园区管委会采用竞争方式依法授权中华人民共和国境内外的法人或者其他组织，通过协议明确权利义务和风险分担，约定其在一定期限和范围内投资建设环境基础设施（污水处理设施、污泥处理处置设施、垃圾收集处理设施、环境监测系统等），提供环境污染治理服务并获得收益。在特许经营治理模式中，生态工业园区通常采用PPP模式引入环境服务公司的投资，新建或改建扩建环境基础设施，以提高环境基础设施的运营效率和供给能力。新建项目通常采用BOT（建设—运营—移交）和BOO（建设—拥有—运营）等方式；存量项目（改建扩建）优先采用改建—运营—移交（ROT）方式。园区管委会通过特许经营权的授予和监管，来参与环境污染治理行为；取得特许经营使用权的环境服务公司（在一定期限内）开展经营活动，并按照环境服务的定价和收费机制确定收费标准，收取相关费用。特许经营治理模式以合同化的方式明确第三方服务机构在园区污染治理中的各项权利和责任，增强了第三方服务机构科技创新、参与环境管理的积极性，主动将全要素环境管理的服务理念前移，提升了园区整体的环境管理效率。

2015年3月，邢台清河经济开发区管委会与中持水务股份有限公司签订

《清河经济开发区污水处理厂投资改造和委托运营项目特许经营协议》，协议采用ROT模式，由中持水务股份有限公司投资1500万元，对污水处理厂进行技术改造，并安装采用智能排水管控系统，特许经营期限20年。中持水务股份有限公司依据ROT协议，在污水处理厂改造中增加了水解调节池、高效澄清池和臭氧脱色等工艺单元，实现稳定达标排放。同时，该公司还对园区主要排污企业的污水处理站延伸开展了设计消缺、工艺参数优化、设备置换维修等技术改造和委托运营，既拓展了其盈利空间又保证了来水预处理效果。通过智能排水管控系统，排污企业通过IC卡充值缴纳污水处理费，当污水排放超过所购排放量时，控制阀门自动关闭，污水无法外排，有效解决了该公司排水收费难的问题。

二、企业委托运营服务模式

委托运营服务模式是指园区排污企业通过签订托管运营合同协议的方法，委托环境服务公司对已建的治污设备进行管理、维修保养，并按协议约定支付托管运营费用。委托运营服务模式不仅能够降低企业环保成本（设备成本、运行成本和人力成本），而且能够弱化企业的环保风险，因而是解决园区企业经营效率低、环保风险大等问题的有效手段。在合同协议约定的期限内，环境服务公司对原有治污设施进行技术升级和工艺改造，确保达到合同约定的排污标准，并负担托管运营合同协议中规定的环境法律责任。排污企业对第三方治理机构的运营进行监督检查，并按照合同约定支付运营费用。

河北中煤旭阳焦化有限公司原有污水处理站两座，由于系统运行不稳定，不能有效达标排放。2015年4月，该公司委托河北协同环保科技股份有限公司，对焦化废水处理设施进行运营管理。河北协同环保科技股份有限公司对焦化废水处理站的设备进行改造，并在原有的污水处理工艺基础上进行优化调节，处理后的废水全部回用。河北协同环保科技股份有限公司根据进水COD指标范围和出水指标要求，制定差异化收费方式，按照重点污染物浓度实行阶梯处理价格，以保障公司运营收益。

三、环境绩效合同服务模式

环境绩效合同服务模式是指工业园区或工业集聚区引入环境服务公司对

区域环境污染进行综合型、总包式环境综合治理，双方以合同形式约定环境服务效果关系，并按照经过考核的环保成效支付费用。在环境绩效合同中，签约区域生态环境治理的环境服务企业或企业联盟是环境服务的供给主体，提供合同约定的环境治理内容，并承诺与园区管委会一起对治理效果终身负责；园区管委会是环境服务的需求主体，根据环境绩效考核指标进行监督和考核，确保支付能力并按效付费。环境绩效合同服务模式具有四大优点：一是对治理环境质量强约束，承诺终身负责；二是有效评定企业利益，避免其他干扰；三是加快修复治理环境进程，降低治理环境成本；四是保证环境治理和修复的综合系统持续效果。

河北省衡水工业新区是以工程橡胶、煤化工、盐化工、食品工业等产业为主导的产业集聚区，该园区拥有规模以上工业企业100多家，各企业污染物治理技术力量不足，污染物治理设施运营状况不稳定，常有排放超标现象。为此，园区管委会的投资公司与航天凯天环保科技股份有限公司共同投资成立衡水凯天环境工程有限公司，负责园区环境污染综合整治。衡水凯天环境工程有限公司服务内容涵盖生活污水、工业废水、中水回用、污泥处理、废气治理、监控平台建设等内容。该公司根据园区环境污染实际，从源头整体统筹规划，最大程度保证环境治理效果；衡水工业新区管委会建立收支平台，采取差异化收费方式，通过平台向排污企业收取污水处理费，确保支付能力；并按照绩效考核指标向衡水凯天环境工程有限公司支付运营服务费。

参考文献

[1] M. Chertow. Industrial Symbiosis: Literature and Taxonomy [R]. Annual Review of Energy and Environment, 2000 (25).

[2] R. Cote and E. Cohen – Rosenthal. Designing Eco – Industrial Parks: A Synthesis of Some Experiences [J]. Journal of Cleaner Production, 1998 (6).

[3] E. Lowe. Creating by – product Resource exchange: strategies for eco – industrial park [J]. Cleaner Prod, 1997 (5).

[4] R. Frosch and N. Gallopoulos: Steategies For Manufacturing [J]. Scientfic American, 1989 (261).

[5] J. Korhonen. Four ecosystem principles for an industrial ecosystem [J]. Journal of Cleaner Production, 2001 (9).

[6] R. Ayres, L. Ayres. Industrial Ecology: Towards, Closing the Materials Cycle [M]. London: Edward Elgar Publishers.

[7] M. Piore and C. Sabel. The second industrial divide – Possibilities for prosperity [M]. Basic Books, New York, 1984.

[8] F. Belussi, A. Sammarra and S. Sedita. Learning at the boundaries in an "Open Regional Innovation System": A focus on firms innovation strategies in the Emilia Romagna life science industry [J]. Research Policy. 2010 (39).

[9] D. Gibbs and P. Deutz. Reflections on implementing industrial ecology through eco – industrial park development [J]. Journal of Cleaner Production, 2007 (15).

[10] M. Zhou. China town: The socioeconomic potential of an urban Enclave [M]. Temple University Press, 1992.

[11] G. Fields. Employment, Income Distribution, and Economic Growth in

Seven Small Open Economies [J]. The Economic Journal. 1984, 94 (373): 74 – 83.

[12] Department of Trade and Industry, Energy White Paper: Our Energy Future – Create a Low Carbon Economy [M]. London: TSO, 2003.

[13] 苏伦·埃尔克曼:《工业生态学》,经济日报出版社 1999 年版。

[14] 赫尔曼·戴利、乔舒亚·法利:《生态经济学:原理和应用(第二版)》,中国人民大学出版社 2004 年版,第 97 – 102 页。

[15] 欧内斯特·劳爱乐、耿勇:《工业生态学和生态工业园》,化学工业出版社 2003 年版。

[16] 吴季松:《循环经济综论》,新华出版社 2006 年版。

[17] 王军:《循环经济的理论与研究方法》,经济日报出版社 2007 年版。

[18] 国家计委、国家科委:《中国 21 世纪议程——中国 21 世纪人口环境与发展白皮书》,中国环境科学出版社 1994 年版。

[19] 闫二旺:《产业经济学概论》,中国财政经济出版社 2017 年版。

[20] 迈克尔·波特:《国家竞争优势》,华夏出版社 2002 年版。

[21] J. 杰克逊等:《扩展衡量财富的手段:环境可持续发展指标(1997)》,北京环境科学出版社 1998 年版,第 185—280 页。

[22] 弗雷德里克·泰勒:《科学管理原理》,机械工业出版社 2013 年版。

[23] 威廉·戴明:《转危为安》,机械工业出版社 2016 年版。

[24] 迈克尔·哈默:《企业再造:企业革命的宣言书》,上海译文出版社 2007 年版。

[25] 汪中求:《精细化管理》,新华出版社 2005 年版。

[26] 詹姆斯·沃麦克:《改变世界的机器》,商务印书馆 1999 年版。

[27] 中华书局编辑部:《魏源集》,中华书局 1976 年版。

[28] 柯金虎:“工业生态学与生态工业园论析”,《科技导报》,2002 年第 12 期。

[29] 李世泽、成文豪、甘日栋:“中马两国双园互动发展亟待新突破”,《广西经济》,2017 年第 2 期。

[30] 张敏:“苏州工业园区的转型升级与创新发展”,《区域经济评论》,2018 年第 1 期。

[31] 柏露露、谢亚、管驰明:“中国境内国际合作园区发展与规划研究”,《国际城市规划》,2018 年第 2 期。

[32] 刘舒亚:“浅析江苏中外合作园区的发展创新之路”,《统计科学与实践》, 2015 年第 1 期。

[33] 刘雯:“国际合作园区的未来发展——来自中德生态园的启示”,《国际经济合作》, 2013 年第 3 期。

[34] 郭珉媛:“飞地经济的概念及其实践内涵”,《社科纵横》, 2013 年第 2 期。

[35] 焦斌龙:“关于将产业链招商确立为开发区招商引资主导方式的建议”,《大众标准化》, 2017 年第 6 期。

[36] 熊艳:“生态工业园发展研究综述”,《中国地质大学学报(社会科学版)》, 2009 年第 1 期。

[37] 石磊:“中国产业共生发展模式的国际比较及对策”,《生态学报》, 2012 年第 12 期。

[38] 袁飚、陈雪梅:“国外生态工业园运行和发展研究综述”,《未来与发展》, 2009 年第 12 期。

[39] 王兆华、尹建华、武春友:“生态工业园中的生态产业链结构模型研究”,《中国软科学》, 2003 年第 10 期。

[40] 李同升、韦亚权:“工业生态学研究现状与展望”,《生态学报》, 2005 年第 4 期。

[41] 武春友、邓华、段宁:“产业生态系统稳定性研究述评”,《中国人口·资源与环境》, 2005 年第 5 期。

[42] 江一平:“以财政政策促进循环经济发展的思考”,《环境保护》, 2008 年第 24 期。

[43] 金盛杨:“苏北生态工业园区环境保护信息化平台建设研究”,《低碳世界》, 2018 年第 7 期, 第 210-211 页。

[44] 韩睿思、徐长乐:“基于共生理论的‘一区多园’模式研究”,《科技管理研究》, 2016 年第 7 期。

[45] 杨丽花、佟连军:“基于社会网络分析法的生态工业园典型案例研究”,《生态学报》, 2012 年第 13 期。

[46] 李湘梅、肖人彬、曾宇等:“生态工业园共生网络的脆弱性”,《生态学报》, 2014 年第 16 期。

[47] 金永红、慈向阳:“生态工业园区产业共生链网结构模式研究”,《科技管理研究》, 2008 年第 9 期。

[48] 王元亮："生态工业园区共生评价指标体系的构建"，《安阳师范学院学院学报》，2015 年第 2 期。

[49] 冯之浚、刘燕华、周长益等："我国循环经济生态工业园发展模式研究"，《中国软科学》，2008 年第 4 期。

[50] 许乃中、曾维华、薛鹏丽等："工业园区循环经济绩效评价方法研究"，《中国人口·资源与环境》，2010 年第 3 期。

[51] 赖玢洁、田金平、刘巍等："中国生态工业园区发展的环境绩效指数构建方法"，《生态学报》，2014 年第 22 期。

[52] 雷明、钟书华："生态工业园区评价研究述评"，《科技进步与对策》，2010 年第 3 期。

[53] 宋叙言、沈江："生态绩效评价研究——以山东省生态工业园区为例"，《资源科学》，2015 年第 3 期。

[54] 刘戈、刘再兴："基于超效率 DEA 的辽宁省葫芦岛市经济园区投入产出效率评价"，《安徽农业科学》，2013 年第 4 期。

[55] 曲英、秦兰："中国生态工业园可持续发展评价指标体系研究"，《中国人口·资源与环境》，2013 年第 11 期。

[56] 王曙光、李桂香、崔兆杰等："生态工业园区产业共生效率的量化评价"，《工业技术经济》，2013 年第 6 期。

[57] 王崇梅、毛荐其："论工业园区产业链生态化创新"，《科技进步与对策》，2007 年第 8 期。

[58] 杨贵彬："生态工业园企业技术创新动因研究"，《生态经济》，2007 年第 2 期。

[59] 郭莉、Lawrence Malesu、胡筱敏："产业共生的'技术创新悖论'"，《科学学与科学技术管理》，2008 年第 10 期。

[60] 陈梓玉："工业园区环境保护与管理"，《资源节约与保护》，2015 年第 12 期。

[61] 刘娟："生态工业园区规划的理论综述"，《未来与发展》，2009 年第 6 期。

[62] 梁树广、王炳毅："生态工业园建设模式与管理模式之比较与选择"，《经济论坛》，2015 年第 12 期。

[63] 翟磊："开发区管委会职能与组织的动态平衡研——以天津经济技术开发区为例"，《南开学报（哲学社会科学版）》2015 年第 6 期。

[64] 张象枢、张迪、韩晓怡等:“生态工业园区政府创新研究——以天津经济技术开发区废物最小化俱乐部为例”,《资源节约与环保》,2007 年第 3 期。

[65] 洪璐、闵连星、王光玉:“不同组织模式生态工业园区发展的比较研究及启示”,《生态经济》,2011 年第 5 期。

[66] 李炅之、王梦珂、何丹:“社区商业模式选择的思考——以苏州工业园区邻里中心为例”,《世界地理研究》,2010 年第 4 期。

[67] 田金平、刘巍、藏娜等:“中国生态工业园区发展现状与展望”,《生态学报》,2016 年第 22 期。

[68] 孔慧芳:“国外生态工业园区发展模式的经验与借鉴”,《经济研究导刊》,2013 年第 4 期。

[69] 乔琦:“综合类生态工业园区建设绩效评估”,《环境工程技术学报》,2011 年第 1 期。

[70] 唐玲、孙晓峰、李健:“生态工业园区共生网络的结构分析:以天津泰达为例”,《中国人口、资源与环境》,2014,年第 S2 期。

[71] 宋平伟:“苏州工业园区政府管理创新研究”,《苏州大学》,2008 年第 11 期。

[72] 文娱、钟书华:“美国生态工业园区建设的特点及发展趋势”,《科技管理研究》,2006 年第 1 期。

[73] 冯慧娟、张继承:“论再生资源产业的发展”,《生态经济》,2009 年第 10 期。

[74] 钟琴道、姚杨、乔琦等:“中国生态工业园区建设历程及区域特点”,《环境工程技术学报》,2014 年第 5 期。

[75] 杨爍、胡山鹰、梁日忠等:“中国鲁北生态工业模式”,《过程工程学报》,2004 年第 5 期。

[76] 韩毓婧:“工业企业‘一企一档’建设在环保管理中的作用”,《中小企业管理与科技》,2015 年第 9 期。

[77] 魏峣、罗斌、周波等:“工业园区清洁生产审核的框架及关键点”,《四川环境》,2017 年第 S1 期。

[78] 周露、陈亢利、黄学军:“产业园区整体推动情洁生产审核的有关问题探讨”,《环境工程》,2017 年第 4 期。

[79] 李靖梅、李娜、李攀荣:“工业园区环境保护精细化管理模式和思

考”，《环境科技》，2017 年第 2 期。

[80] 黄福波、张艳、姜峰：“国内生态工业园区的环境管理对策浅析”，《环境保护与循环经济》，2011 年第 8 期。

[81] 邱衡明：“丰田精益生产与日本第二次奇迹”，《中国对外贸易》，2015 年第 2 期。

[82] 李爱民：“业务流程再造理论研究综述与展望”，《现代管理科学》，2006 年第 8 期。

[83] 王建国：“工业园区的环境应急管理分析”，《中国资源综合利用》，2016 年第 3 期。

[84] 罗宏：“国外工业园区的环境管理”，《环境导报》，2001 年第 1 期。

[85] 范育鹏、乔琦：“基于工业生态化建设的工业园区环境管理研究”，《中国环境管理》，2016 年第 5 期。

[86] 刘隽、张利军、纪涛：“中国工业园区环境管理的探讨”，《环境科学与技术》，2004 年第 6 期。

[87] 王兴平、钱德福、齐文：“基于‘空间准入’的开发区产业布局规划研究——以连云港经济技术开发区为例”，《规划师》，2008 年第 3 期。

[88] 张满银、杨丽芸、韩大海：“区域创新网络理论述评”，《当代经济研究》，2011 年第 6 期。

[89] 王兆华、尹建华：“工业生态学与循环经济理论：一个研究综述”，《科学管理研究》，2007 年第 1 期。

[90] 陆学、陈兴鹏：“循环经济理论研究综述”，《中国人口·资源与环境》，2014 年第 5 期。

[91] 唐岚：“原生与嵌入：上海生产性服务业集聚区形成的两种模式”，《当代经济管理》，2010 年第 12 期。

[92] 陈建军、陈国亮、黄洁：“新经济地理学视角下的生产性服务业集聚及其影响因素研究”，《管理世界》，2009 年第 4 期。

[93] 胡彬：“开发区管理体制的过渡性与变革问题研究——以管委会模式为例”，《外国经济与管理》，2014 年第 4 期。

[94] 王悦荣：“政府精细化管理的现实需求、制约因素与对策分析”，《学理论》，2010 年第 6 期。

[95] 王新伟：“论构建浙江更加科学长效的环保治理机制”，《当代经济》，2017 年第 32 期。

[96] 秦华江:“苏州工业园区的创新生态圈”,《半月谈》,2016 年第 4 期。

[97] 国务院发展研究中心课题组:“转变政府职能完善市场经济体制”,《经济研究参考》,2003 年第 2 期。

[98] 李炅之、王梦珂、何丹:“社区商业模式选择的思考——以苏州工业园区邻里中心为例”,《世界地理研究》,2010 年第 4 期,第 139 - 143 页。

[99] 贾康、孙洁:“公司伙伴关系 PPP 的概念、起源、特征与功能”,《财政研究》,2009 年第 10 期。

[100] 李善同、李华香:“城市服务行业分布格局特征及演变趋势研究”,《产业经济研究》,2014 年第 5 期。

[101] 毕斗斗、方远平:“生产性服务业集聚区发展的国际经验及启示”,《规划师》,2015 年第 5 期。

[102] 王晓玉:“国外社区商业发展的理论与实践”,《上海经济研究》,2002 年第 11 期。

[103] 李靖梅、李娜、李攀荣等:“工业园区环境保护精细化管理模式和思考”,《环境科技》,2017 年第 2 期。

[104] 唐亮:“精细化管理——高新区管委会服务创新路径”,《中国高新区》,2006 年第 11 期。

[105] 邱衡明:“丰田精益生产与日本第二次奇迹”,《中国对外贸易》,2015 年第 2 期。

[106] 吴卫星:“环境权入宪的比较研究”,《法商研究》,2017 年第 4 期,第 174 - 176 页。

[107] 张象枢、张迪、韩晓怡等:“生态工业园区政府创新研究——以天津经济技术开发区废物最小化俱乐部为例”,《资源节约与环保》,2007 年第 3 期。

[108] 石勇:“生态工业园区环境影响评价中的公众参与——以上海市莘庄工业区为例”,《科技创新与生产力》,2012 年第 9 期。

[109] 秦华江:“苏州工业园区的创新生态圈”,《半月谈》,2016 年第 4 期。

[110] 王英伟、杨成江、吴德东:“生态工业园区发展的 SWOT 分析”,《环境科学与管理》,2010 年第 5 期。

[111] 王悦荣:“政府精细化管理的现实需求、制约因素与对策分析”,

《学理论》，2010 年第 23 期。

[112] 宋雨萌：“工业共生系统的网络复杂性研究——以巩义市为案例”，清华大学，2006 年。

[113] 贾宝亮：“工业集中区域清洁生产审核推进与管理方法研究”，南开大学，2011 年。

[114] 李晓超：“生命周期评价在环境治理工程中的应用”，南京理工大学，2003 年。

[115] 李慧明：“循环经济政策评估——以天津经济技术开发区为例”，南开大学，2009 年。

[116] 吕颖：“日本循环经济的发展模式及其对中国的启示”，西北大学，2007 年。

[117] 文娱：“我国生态工业园区发展政策研究”，华中科技大学，2006 年。

[118] 黄颖：“蔗糖产业循环经济模式研究——以广西贵港国家级生态工业（制糖）示范园区为例”，华中科技大学，2005 年。

[119] 白静：“大连经济技术开发区行政体制改革问题研究”，东北财经大学，2012 年。

[120] 程磊：“化工生态工业园区规划设计与可持续发展评价”，大连理工大学，2007 年。

[121] 徐玲燕：“环境保护的社会机制”，浙江大学 2005 年。

[122] 张嘉诚：“苏州工业园区纳米产业集群发展战略研究”，苏州大学 2013 年。

[123] 浙江省经济和信息化委员会、浙江省环境保护厅．关于开展园区清洁生产示范试点的通知 [Z]. http: //www. doc88. com/p - 7718853696434. html, 2014 - 3 - 19.

[124] 浙江省政府办公厅，浙江省人民政府办公厅．关于加强环境资源配置量化管理推动产业转型升 [R]. http: //www. zj. gov. cn/art/2013/3/14/art_ 1582425_ 26044338. html, 2013 - 3 - 14.

[125] 国家发展和改革委员会，国家生态环境部．中华人民共和国清洁生产审核办法 [Z]. http: //www. ndrc. gov. cn/zcfb/zcfbl/201605/t20160519_ 802228. html . 2016 - 5 - 16.

[126] 欧盟委员会．欧洲关于企业社会责任的基本条件 [R]. 2001.

[127] 天津经济技术开发区环境保护局.2016 年度企业环境信息公开报告 [EB/OL]. http://www.teda.gov.cn/hjbhj/contents/2939/243228.html, 2017-6-2.

[128] 经济合作与发展组织.创新集群:国家创新体系的推动力 [R]. 科技文献出版社, 2001.

[129] 国家发展和改革委员会办公厅.关于开展产城融合示范区建设有关工作的通知 [Z]. 2015-7-6.

[130] 国家生态工业示范园区管委会国家生态工业示范园区建设年度评价报告信息公开表 (2016 年) [EB/OL]. http://kjs.mee.gov.cn/stgysfyq/glwj/, 2017-9-27.

[131] 浙江省经济和信息化委员会, 浙江省环境保护厅.关于开展园区清洁生产示范点的通知 [Z]. 2014-3-19.

[132] 生态环境部, 商务部, 科技部.关于加强国家生态工业示范园区建设的指导意见 [Z]. 2011-12-5.

[133] 吴苏贵、李显波:"上海推进城市精细化管理调研报告",《科学发展》, 2018 年第 1 期。

[134] 苏州工业园区工委, 园区管委会.苏州工业园区经济和社会发展"十三五" (2016-2020) 规划纲要 [Z]. 2016-3-3.

[135] 国家生态环境部, 商务部, 科学技术部.国家生态工业示范园区管理办法 [EB/OL]. http://www.mee.gov.cn/gkml/hbb/bwj/201512/t20151224_320098.htm, 2015-12-17.

[136] 天津子牙循环经济产业园管委会.天津子牙循环经济产业区产业总体规划 (2009-2020) [Z]. 2009 年 10 月.

[137] 日照市人民政府.日照市循环经济实施方案 [Z]. 2008-2-4.

[138] 生态环境部.关于推进环境污染第三方治理的实施意见 [EB/OL]. http://www.mee.gov.cn/gkml/hbb/bh/201708/t20170816_419759.htm, 2017-8-9.

[139] 烟台经济技术开发区管委会.烟台留学人员创业园有关政策规定 [Z]. http://cyyq.org/index.php?m=content&c=index&a=show&catid=34&id=79.2014-9-25.

[140] 北京经济技术开发区管委会.北京经济技术开发区实施网格化环境监管工作方案 [Z]. 2015-12-8.